浙江省社科规划课题成果：基于社会资本变动的浙江省外来农民工社会融入研究（21NDJC164YB）

浙江越秀外国语学院出版基金资助

外来农民工 社会融入研究

——以浙江省为例

滕丽娟 著

上海交通大学出版社
SHANGHAI JIAO TONG UNIVERSITY PRESS

内容提要

　　本书以社会资本为理论视角,立足浙江省,以浙江省外来农民工为具体研究对象,运用问卷调查、个案访谈法分析浙江省外来农民工城市社会融入概况及影响因素,基于此提出通过社会资本培育促进外来农民工城市社会融入的可行路径。

　　本书可供农民工问题的理论研究者,农民工市民化政策的制定者和执行者,农民工所在城市、企业、社区和有关组织的管理者参考使用。

图书在版编目(CIP)数据

外来农民工社会融入研究:以浙江省为例/滕丽娟
著.—上海:上海交通大学出版社,2023.3
　ISBN 978-7-313-28210-1

　Ⅰ.①外…　Ⅱ.①滕…　Ⅲ.①民工—城市化—研究—
浙江　Ⅳ.①D422.64

　　中国版本图书馆 CIP 数据核字(2022)第 245611 号

外来农民工社会融入研究——以浙江省为例
WAILAI NONGMINGONG SHEHUI RONGRU YANJIU——YI ZHEJIANGSHENG WEILI

著　　者:滕丽娟

出版发行:上海交通大学出版社　　　　　　地　　址:上海市番禺路 951 号
邮政编码:200030　　　　　　　　　　　　电　　话:021-64071208
印　　制:上海万卷印刷股份有限公司　　　经　　销:全国新华书店
开　　本:787mm×1092mm　1/16　　　　印　　张:12.25
字　　数:253 千字
版　　次:2023 年 3 月第 1 版　　　　　　印　　次:2023 年 3 月第 1 次印刷
书　　号:ISBN 978-7-313-28210-1
定　　价:58.00 元

前　言

　　农民工是中国城镇化进程中出现的特有的过渡性群体,在离开农村、进入城市、再到融入城市的过程中,每一个阶段都面临一系列问题,关乎着我国经济社会发展和现代化、城镇化进程,他们在城市的社会融入是中国城镇化进程中的关键一环。农村剩余劳动力向城市的转移是世界范围内城市化进程中必经的一个过程,而这一过程在中国的发生发展却呈现出鲜明的本土特点:在中国城镇化进程中,离开农村的农业剩余劳动力并没有顺利融入城市,而是形成了过渡性的农民工阶层,他们在空间上已经走出农村来到城市,在职业上已经离开农业转为非农,但制度身份却未发生转变。农民工阶层具有鲜明的中国特点,也面临亟须解决的系列问题。从农民工出现以来,这一群体的总量一直处于不断增加的趋势,近年来,农民工的流动方向、群体结构及分布特点呈现出一些新趋势,但农民工群体在中国城镇化进程中的地位、对一个城市经济社会发展的作用,以及在城市实现社会融入的需要没有消失。吸引外来农民工在城市安居乐业、实现社会融入是地方经济社会发展中的重要课题。

　　自农民工进城以来,这一群体已经成为城市建筑业、制造业和服务业一线工人的主体,在城市的日常运转和长远发展中占据不可或缺的地位。浙江省是一个制造业大省,省内的加工制造企业数量众多,用人需求大;浙江省还是一个民营经济强省,省内民营企业数量多,吸纳的外来农民工数量较大,故在浙江省经济社会发展中外来农民工的作用不可替代。2021 年 6 月 16 日,《中共中央　国务院　关于支持浙江高质量发展建设共同富裕示范区的意见》印发,其中指出要支持浙江高质量发展建设共同富裕示范区,打造新时代全面展示中国特色社会主义制度优越性的重要窗口。2021 年 7 月 19 日,浙江省发布《浙江高质量发展建设共同富裕示范区实施方案(2021—2025 年)》,对共同富裕示范区建设进行部署,提出紧紧围绕高质量发展高品质生活先行区、城乡区域协调发展引领区、收入分配制度改革试验区、文明和谐美丽家园展示区"四大战略定位",率先探索建设共同富裕美好社会,为实现共同富裕提供浙江示范。当前,浙江省正处在探索和实践高质量发展建设共同富裕示范区的重要时期,农民工群体的作用不可替代,农民工城市融入中的问题不容忽视,尤其更需要吸引外来农民工在浙江留下来、融进去。促进外来农民工在浙江实现城市社会融入,最大限度吸引人力资源乃至人口资源,以增强人力资源优势和人口资源优势,是浙江省在区域一体化战略中保持更大竞争力必须要应对的课题,也是浙江省在实现高质量发展建设共同富裕示范区中必须破解的课题。

在学界,解决外来农民工社会融入问题有多种思路和视角。本研究立足浙江省,以社会资本为理论视角,基于社会资本变动,考察外来农民工的社会融入状况,通过社会资本培育来寻求促进外来农民工实现社会融入的可行路径。

本书内容共有六章:

第一章交代了本研究的研究背景,阐述了本研究在理论和实践方面的意义,概括了主要的研究内容和研究方法。研究指出,在中国特色社会主义建设发展中,农民工是一个独特的社会群体,农民工社会融入是一个重要的社会问题,促进外来农民工实现社会融入,是浙江省实现高质量发展建设共同富裕示范区必须破解的重大课题。

第二章对农民工及其城市社会融入相关问题的理论做了研究综述,概述了农民工群体的总体状况和发展趋势,分析了农民工在城市社会融入中呈现出来的中国特点,借此强调了农民工城市社会融入问题的重要性和特殊性。该章列举了农民工问题理论研究中的学科维度和理论工具,交代了本研究的理论视角和理论工具,即本研究运用社会资本理论关注农民工问题,基于社会资本变动研究浙江省的外来农民工城市社会融入状况。社会资本理论是本研究的基本理论视角。

第三章对本研究的理论工具即社会资本理论进行了概括性综述,梳理了社会资本的内涵、分类、属性和功能,简要交代了运用社会资本理论分析和解决农民工问题的研究现状,并对社会资本和农民工城市社会融入的内在关联性进行了分析。本研究认为,农民工拥有的社会资本和他们在城市的社会融入能够相互作用、相互促进,以成熟完善的社会资本推动其在城市的社会融入,实现两者的良性互动,助推农民工最终完成市民化。

第四章对外来农民工的社会资本进行了归类,主要基于两种标准对其进行了分类,并对各类社会资本进行了概念阐释。本研究认为,从社会资本的地域来源来看,外来农民工拥有乡村社会资本和城市社会资本;从社会资本的性质来看,外来农民工拥有关系型社会资本和制度型社会资本。同时,本章着重分析了社会资本在外来农民工城市社会融入中的重要作用,考察了外来农民工的社会资本存量。本研究在指出社会资本具有积极作用的同时,特别强调了社会资本的消极作用,以期在使用社会资本时对这种消极作用予以制约。

第五章基于问卷调查、个案访谈等实地调研的数据、信息,对浙江省外来农民工的社会融入状况和城市融入的主要影响因素进行了分析,指出了浙江外来农民工城市融入的总体趋势和突出特点。本研究认为,影响外来农民工城市融入的主要因素可以归类为推动外来农民工城市融入的内部拉力和外部推力、制约外来农民工城市融入的内部推力和外部拉力。在外来农民工实现城市社会融入中,要强化内部拉力和外部推力,弱化内部推力和外部拉力。

第六章阐述了基于社会资本变动推动浙江省外来农民工城市社会融入的思路和建议。鉴于过去一段时期内新冠肺炎疫情影响下外来农民工社会资本面临的冲击和削减,本研究强调首先要维护外来农民工既有的社会资本,同时提出了拓展、完善社会资本来推动外来农民工城市社会融入的思路和建议。在给出具体思路和建议时,也考察了浙江省在服务外来农民工方面已有的好做法和成效,并做了列举性的梳理和交代。在此基础上本研究提出,要优化和完善制度型社会资本、培育和拓展关系型社会资本、利用社区功能、运用网络媒体作用、借助浙江省数字改革优势,提升外来农民工社会资本的质量与数量,优化外来农民工服务,强化外来农民工对浙江省的社会认同,推动他们在城市的社会融入进程。本研究还特别强调了要限制社会资本的消极作用,以弱化社会资本的消极作用在外来农民工社会融入中形成的内部推力,并给出了具体建议。

随着工业化、城镇化、现代化进程的推进,在未来相当长的一段时间内,外来农民工作为一个重要群体,一方面,他们在城市的经济社会发展中会始终发挥其不可替代的重要作用,另一方面,在他们作为过渡性阶层消失之前,始终存在外来农民工城市社会融入的问题。本研究提出基于社会资本变动促进浙江省外来农民工城市社会融入的思路和建议,希望能够为浙江省促进外来农民工增强社会认同、实现社会融入提供参考和借鉴,也希望能够为全国范围内解决农民工问题、推动农民工实现城市社会融入提供一定的参考和借鉴。

在本研究的文献综述、理论研究和实证调研中,我们深深体会到,农民工是中国特定发展阶段的一个重要群体,仍然面临着需要解决的事关个人生存发展和国家经济社会进步的一系列问题,这一群体中的绝大多数积极向上,尽自己所能在实现着对美好生活的向往和追求。随着我国城镇化、现代化步伐的迈进,农民工作为过渡性的阶层终归有一天会消失,成为彻底融入城市社会的普通市民,在这个阶层消失、实现群体融入的过程中,还需要在理论和实践方面进行不断的研究探索。

Contents

目　　录

第一章

绪　论

在全面建设社会主义现代化国家的进程中,人数众多的农民工对经济社会发展有着重要影响,是一个必须高度关注的独特社会群体。农民工逐步实现在城市社会的融入,是现代化进程中必须解决的一个重要社会问题。研究外来农民工社会融入问题,是推动我国经济社会进一步发展和浙江省实现高质量发展建设共同富裕示范区必须破解的重大课题,具有重要的理论意义和现实意义。

第一节　研究背景

(一)农民工:一个独特的社会群体

农民工群体自产生以来,伴随着工业化、城镇化和现代化的进程,数量迅速增加、规模逐步扩大。改革开放四十多年来,农民工群体的数量、规模趋势及流动走向等不断发生变动,并对社会经济发展发挥着越来越重要的作用。与此同时,与这一群体相关的一系列亟待解决的问题也不断发生和演进,备受政府、社会和学术界的关注。近年来,由于乡村振兴战略实施等系列因素的影响,农民工的总体规模、流动走向、分布状况和城市融入等方面发生了一些新变化,对农民工流出地和流入地的社会经济发展和城镇化进程都产生了新的影响。

2003年9月,中国工会十四大报告首次明确指出:农民工已经成为我国工人阶级的新成员和重要组成部分。2004年中央"1号文件"又明确指出,进城就业的农民工已经成为产业工人的重要组成部分。由此可见,农民工已经成为我国产业工人的重要组成部分,并逐步成长为产业工人的主力军之一,对城市发展、乡村建设和社会建设发挥着不可替代的重要作用。需要关注的是,尽管官方话语已明确指出农民工是产业工人的组成部分,但是现实中他们仍然是一个过渡阶层,在职业上呈现出"亦农亦工"的特点,从身份上来看又"非工非农",他们虽然常年生活、工作在城市,但还未能完全融入城市。

从群体特点来看,农民工进城务工之后具备了工人阶级的基本特征:第一,农民工以自己的工资收入作为主要生活来源,具备产业工人的基本特征。由于农业生产力的提高和城乡二元体制的持续性松动,农民工作为农村剩余劳动力进城务工,谋求生存和发展,他们已经像工人一样,基本以城市务工所得作为主要的家庭生活来源,仍然保留的农村承包地,他们多数已经不再直接经营,转包土地的所得很少,不能作为主要生活来源。第二,农民工直接参与社会化大生产,逐渐与先进生产力相联系。农民工基本进入城市的第二、第三产业从事具体工作,在现代化生产生活中不断得到熏陶、锻炼、改造,逐渐掌握一定的工作技能并不断提高自身素质,作为工人阶级的一部分,逐步融入社会化大生产中。第三,农民工在思想观念、行为上与工人阶级日渐趋同。农民工进入城市社会的现代化生产生活大环境中,受到现代化生产秩序和规则的约束、工业文明和城市文明的熏陶,农民小生产者的自由散漫属性会逐渐弱化直至消失,逐渐形成较强的组织性、纪律性。这些属性都有利于农民工最终融入城市、成为市民。近年来,农民工群体规模变化的同时,也呈现出一些新特点,比较突出的是:在职业上,以新生代农民工为主体的农民工群体由原来的亦工亦农向全职工人转变;在进城目标上,从原来的谋求生存向追求个人发展和市民权利转变;在流动方向上,由以前呈现季节性的城乡流动向定居城市、谋求融入转变。

(二)农民工的社会融入:一个重要的社会问题

随着农民工规模不断扩大,在经济建设和社会发展中作用的凸显,政府社会和学术界日渐关注农民工在务工地的社会融入问题。在现代化和工业化进程中,城镇化成为不可阻挡的进程,是社会、经济发展的重要动力。城镇化突出表现在以下几个方面:农村人口比重下降、城镇人口比重上升;产业结构从农业经济向工业经济、服务业经济转变;社会结构从农村社会向城镇社会演进。在城镇化进程中,大量农村人口从农村涌向城市,社会身份从农民转变为农民工,继而要从农民工的过渡身份逐步融入城市社会,最终成为城市市民的一分子。

改革开放以来,中国城镇化水平逐步提升。2012 年,中国社会科学院社会学研究所、社会科学文献出版社发布的《2012 年社会蓝皮书》指出,中国城镇人口占总人口的比重在 2011 年达到 50% 以上,城镇人口首次超过农业人口。同时,在城市化进程中有29.7% 的农业户籍人口已经居住在城镇。[①] 2019 年,我国城镇化率达到 60.6%,城镇化水平首次超过 60%,这是一个重要的节点。[②] 2021 年,第七次全国人口普查数据显示,居住在城镇的人口为 90 199 万人,城镇人口比重达到 63.89%。[③] 需要指出的是,城镇化率是指城镇人口占总人口的比例,这里的城镇人口是指居住在城镇的人口,主要按照居住地和所从事的产业进行归类。在统计上,城镇人口为在城镇居住时间超过 6 个月以上、以从事非农产业为主的人,2019 年城镇化率的测量是第一次按常住人口计算城镇化率。城镇化程度不仅仅是城镇居住人口比例的显示,还应该包括新转移到城镇的农业人口在城市的融入和市民化程度。在城镇人口占总人口的比重从 1978 年的 20% 提高到

---

① 汝信、陆学艺、李培林:《社会蓝皮书:2012 年中国社会形势分析与预测》,社会科学文献出版社 2011,第 2 - 3 页。

② 李培林、陈光金、王春光:《社会蓝皮书:2020 年中国社会形势分析与预测》,社会科学文献出版社出版 2020,第 1 - 2 页。

③ 见国家统计局网,《第七次全国人口普查公报(第七号)》,http://www.stats.gov.cn/ztjc/zdtjgz/zgrkpc/dqcrkpc/ggl/202105/t20210519_1817700.html。

2011 年的 50%、城镇化水平达到 50% 这个重要节点后,党的十八大部署了"新型城镇化"建设。"新型城镇化"的核心是人的城镇化,农业人口转移成为城市居民是关键内容,农民工能否完全融入城市、彻底转换为市民,是衡量城镇化程度和城镇化健康发展程度的重要指标。农民工在城市实现市民化,不仅仅是完成了地域变迁和职业转换,还应该包括身份转换和观念转变。在城市化、现代化进程中,从一个原本生活在农村,从事农业生产,具有农村文化观念、生活方式及价值观念的农民,转变为生活在城市,从事各类非农业生产,具有现代化城市文明、生活方式、价值观念的市民,才能算是完成了身份上从农民到市民的真正转变。由此可见,农民工市民化是城镇化的题中应有之义。

中国农民工从农村转移到城市,首先实现了地域转换,在空间上成为工作生活在城市的一分子。来到城市之后,为了生存发展,农民工开始求职就业,谋得属于他们的第一份工作,同时也实现了职业转换,成为在城市里从事非农业生产的工人。在这之后,农民工开始了在城市社会的基本生活,但是受原有城乡二元体制的影响,地域和职业的转换并不能让农民工同时实现身份转换,他们没有顺利转变成在城市里拥有制度身份的正式成员。城乡二元体制下城乡分割的户籍制度、社会保障制度、生活方式、价值观念等横亘在农民融入城市的进程中,让他们只能暂时停留在已经进入城市并且从事着非农产业,但却不能在制度身份和文化观念等方面完全融入城市的特殊处境,成为城市化进程中的过渡性群体。基于他们在职业身份和制度身份上具有亦工亦农的特点,故被称为"农民工"。从农民工形成的过程和缘由来看,具有中国特点的城乡二元社会体制和机制是根本,与此相关的一系列制度政策、法律法规、文化观念等是关键。农民工这个因正常城市化受阻而形成的人数众多的过渡性群体的存在,与世界城镇化过程不相一致,也不符合中国城镇化的最终要求,因此农民工的城市社会融入问题,成为中国城镇化进程中必须要破解,但在短时间内又难以解决的重要课题。

2019 年全国农民工数量已经达到 29 077 万人,其中有 17 425 万农民工外出务工,包括 7 500 万跨省务工的外来农民工。[①] 自 2020 年以来,受新冠肺炎疫情冲击,一段时期内全国农民工总数和外来农民工数量都开始呈现明显减少的趋势,2020 年全国农民工总数下降到 28 560 万人,比 2019 年减少了 517 万人,其中外出农民工 16 959 万人,比 2019 年减少了 466 万人。[②] 尽管农民工总数和外来农民工数量都出现减少趋势,但农民工群体在城镇化进程中的定位、对社会经济发展的作用,以及社会融入的相关问题都没有变。自农民工进城以来,这一群体已经成为城市制造业和服务业一线工人的主体,吸引外来农民工稳定就业、定居城镇、实现社会融入,最终完成市民化,是社会经济发展中的重要课题。浙江省是一个经济发达省份,又是一个制造业大省,民营经济占比也很高,

① 见国家统计局网,《2019 年农民工监测调查报告》[R/OL],http://www. stats. gov. cn/tjsj/zxfb/202004/t20200430_1742724.html。

② 见国家统计局网,《2020 年农民工监测调查报告》[R/OL],http://www. stats. gov. cn/xxgk/sjfb/zxfb2020/202104/t20210430_1816937.html。

是吸引外来农民工数量较多的省份。农民工在浙江省高质量发展建设共同富裕示范区和全面建设社会主义现代化中具有不可替代且不可忽视的重要作用。在长三角区域一体化发展上升为国家战略、浙江省迈向更高发展阶段的过程中，更需要吸引外来农民工留下来、融进去。促进外来农民工实现社会融入，最大限度吸引人力资源乃至人口资源，以增强人口资源优势和人力资源优势，是浙江省在区域一体化战略中保持更大吸引力和竞争力必须应对的重大课题，也是浙江省实现高质量发展建设共同富裕示范区必须破解的重大课题。

第二节 研究意义

（一）理论意义

本研究拓展了研究农民工问题的理论视角，提供了研究农民工社会融入问题的理论借鉴。农民工社会融入问题是近年来学术界关注的热点问题，如何推动和实现农民工社会融入，学者们对此从不同角度进行研究，并给出了一系列具体建议和措施，也有很多学者已经将社会资本理论引入农民工问题的研究，已有的研究或阐述社会资本在农民工问题中的作用，或用社会资本解释农民工流动的原因等，对如何通过社会资本变动来解决农民工问题的相关成果还不够多。本研究引入社会资本理论分析浙江省外来农民工的城市社会融入进程，系统阐述社会资本之于农民工城市社会融入的功能，关注浙江省外来农民工的社会资本变动及其存量，考察社会资本变动下外来农民工城市社会融入的基本情况，寻求基于社会资本变动以促进外来农民工深化城市社会融入的应对措施，拓展了农民工问题研究的理论视角，可以为研究城镇化和乡村振兴战略背景下出现的农民工问题的新情况、新特点、新趋势提供理论参考，为地方政府和社会应对农民工市民化问题、促进外来农民工实现社会融入提供了一定的理论借鉴。

（二）实践意义

浙江省外来农民工数量较多。第七次人口普查数据显示，浙江省常住人口共64 567 588人，与2010年第六次全国人口普查数据相比，增长了10 140 697人。在浙江省常住人口中，流动人口达到了25 557 450人，占全部常住人口的39.6%，其中省外流入16 186 454万人，占常住人口的25.0%。[①] 浙江省作为沿海经济发达省份，近年来吸引、吸纳了大量省外人员来浙江就业、创业，其中包括大量的外来农民工群体，这些外来劳动力对浙江省经济社会发展的作用不可替代。解决外来农民工社会融入问题在浙江省迈向更高质量发展的过程中至关重要。

---

① 见浙江省统计局网，《浙江省第七次人口普查主要数据（新闻发布稿）》，http://tjj. zj. gov. cn/art/2021/5/13/art_1229129213_4632760. html。

（1）为浙江省推动外来农民工深化社会融入提供参考。

浙江省是外来劳动力流入大省，第七次全国人口普查数据显示，过去十年浙江省保持较高人口增长速度，与 2010 年第六次全国人口普查数据相比，全省常住人口数量增加 10 140 697 人，增长 18.63%，年均增长 1.72%。[①] 浙江省每年吸纳大量中西部地区的农民工来到省内求职、谋求生活发展，对外来劳动力较大的吸引力给浙江省带来巨大的经济效益和社会效益，因而推动外来农民工在浙江省实现社会融入，是浙江省经济社会发展中的重要课题。

本研究通过分析社会资本在促进农民工社会融入中的功能，考察浙江省外来农民工的社会资本存量变动与外来农民工社会融入趋势及特点，探索了基于社会资本培育促进浙江省外来农民工社会融入的应对思路，为浙江省应对在乡村振兴战略等形势下产生的外来农民工返乡回流，化解制约农民工在城市社会融入的推力因素，促进外来农民工增强社会认同，推进外来农民工实现社会融入提供了参考。

（2）有助于全面建成社会主义现代化强国进程中农民工市民化问题的解决。

2021 年中国共产党建党一百周年之际，我们实现了第一个百年奋斗目标，在中华大地上全面建成了小康社会，开始向全面建成社会主义现代化强国的第二个百年奋斗目标迈进。[②] 第一个"百年奋斗目标"的实现基本解决了中国的绝对贫困问题，第二个"百年奋斗目标"则要实现共同富裕，实现经济、政治、社会、文化生态的全面发展。中国共产党建党一百周年之际，全面建成社会主义现代化国家的时间表已经制定，路线图已经绘就。浙江省作为东部地区的发达省份，在全面建成社会主义现代化强国中担负重要使命，其在"十四五"发展目标和 2035 年远景目标中提出，到 2035 年将基本实现高水平现代化建设，成为新时代全面展示中国特色社会主义制度优越性的重要窗口。推进农民工市民化、加快推进城镇化，是浙江省在打造"重要窗口"、争创社会主义现代化先行省进程中必须破解的重要任务。

本研究探索通过培育拓展社会资本以增强外来农民工对浙江省内务工所在城市的社会认同、推动外来农民工逐步乃至最终完全实现城市社会融入的具体对策，可以拓展农民工市民化的具体思路和对策。通过研究社会资本对农民工城市社会融入的主要功能和积极影响，也期待能够引起地方政府对社会资本的进一步重视，在社会资本培育中发挥政府不可替代的主导作用，主动培育农民工融入城市社会所需的相关社会资本，为浙江省在打造社会主义现代化建设先行省中破解农民工市民化问题提供可能的借鉴。

（3）有助于浙江省实现高质量发展推进共同富裕示范区建设。

《中华人民共和国国民经济和社会发展第十四个五年规划和 2035 年远景目标纲要》

① 见浙江省统计局网，《浙江省第七次人口普查主要数据（新闻发布稿）》，http://tjj.zj.gov.cn/art/2021/5/13/art_1229129213_4632760.html。
② 见新华网，《习近平：在庆祝中国共产党成立一百周年大会上的讲话（2021 年 7 月 1 日）》，http://www.xinhuanet.com/2021-07/01/c_1127615334.htm。

（简称"十四五"规划）中提出，国家支持浙江高质量发展建设共同富裕示范区。2021年6月，《中共中央　国务院　关于支持浙江高质量发展建设共同富裕示范区的意见》印发（简称《意见》），按照《意见》给出的时间表，到2025年浙江的共同富裕示范区建设要取得实质性进展，人均地区生产总值达到中等发达经济体水平，以中等收入群体为主体的橄榄型社会结构基本形成；到2035年浙江基本实现共同富裕，制度体系更加完善。[①]2021年7月，浙江省发布《浙江高质量发展建设共同富裕示范区实施方案（2021—2025年）》，对橄榄型社会结构提出了明确的标准，其中指出，城乡区域发展差距、城乡居民收入和生活水平差距显著缩小，常住人口城镇化率达到75%，城乡居民收入倍差缩小到1.9以内，设区市人均可支配收入最高最低倍差缩小到1.55以内，城镇居民、农村居民内部高低收入人群收入差距持续缩小，低收入群体增收能力、生活品质和社会福利水平明显提升。[②]要实现橄榄形社会结构建设，不能忽视外来农民工这一人数众多的群体。

本研究基于社会资本变动对浙江省外来农民工社会融入问题进行研究，从拓展和完善社会资本的角度来探索推动外来农民工社会融入的路径。培育农民工社会资本，特别是制度型社会资本，从措施到目标涉及诸多方面，如：提高外来农民工的劳动收入、改善生活质量、缩小与城市市民的相对差距、扩大外来农民工的比较利益；完善外来农民工的养老医疗等基本社会保障，使外来农民工逐步享受到与市民均等的社会福利，实现基本公共服务均等化，增强外来农民工的主人翁意识等。这些推动外来农民工社会融入的举措与浙江省高质量发展建设共同富裕示范区的标准和目标恰好是一致的，有助于浙江省推动高质量发展建设共同富裕示范区目标的实现。

（4）有助于浙江省吸引外来人口，增强人力资源优势。

全国第七次人口普查数据显示，过去十年人口地区分布与经济发展关联度较高。与2010年相比，东部地区人口所占比重上升2.15个百分点，西部地区上升0.22个百分点，中部地区下降0.79个百分点，东北地区下降1.20个百分点。[③]在人口流动分布和经济发展的关系上，呈现人口向经济发达地区流动和集聚的明显趋势，而数量较多、质量较高的外来流入人口，则进一步增强了流入地的经济活力和发展能力。本次全国人口普查中显示出浙江省快速的人口增长趋势，一方面是浙江省在高质量发展中地区吸引力的表现，另一方面流入的人口资源和人力资源对浙江省经济社会发展也起到了不可忽视的重要作用。人口资源是经济社会发展中的重要资源，跨省流动人口以青壮年为主，拥有相

---

① 见中国共产党新闻网，《中共中央国务院关于支持浙江高质量发展建设共同富裕示范区的意见（2021年5月20日）》，http://cpc.people.com.cn/n1/2021/0611/064387-32128316.html。

② 见浙江新闻网，《浙江高质量发展建设共同富裕示范区实施方案（2021—2025年）》，https://zjnews.zjol.com.cn/202107/t20210719_22819041.shtml。

③ 见国家统计局网，《第七次全国人口普查公报（第三号）》，http://www.stats.gov.cn/ztjc/zdtjgz/zgrkpc/dqcrkpc/ggl/202105/t20210519_1817696.html。

对较高的知识和技能且综合素质和能力较强,对流入地经济社会发展的支持和促进作用是显而易见的。

近年来,各地区都纷纷制定招贤纳才、吸引人口的政策措施,以促进地方经济社会发展。浙江省在吸引人才和外来务工人员方面的政策措施更是颇有力度,特别是在2020年新冠肺炎疫情影响之下,依然在复产复工、吸引外来人员方面亮点频出。对外来人口和人才,引进来,还要留得住、融进去,才能在人力资源竞争中占得先机。本研究从培育社会资本视角寻求促进浙江省外来农民工社会融入的思路和举措,有助于推动外来农民工在浙江省留下来、融进去,逐步实现市民化,有助于吸引更多外来人口流入浙江、融入浙江,增强人力资源优势,充分发挥人口优势和人才优势在浙江高质量发展中的作用,增强浙江省经济社会发展的吸引力和竞争力。

第三节 研究内容与研究方法

(一)研究内容

本研究从社会资本理论入手,梳理社会资本理论和农民工社会融入相关的理论,阐明社会资本与农民工社会融入之基本内在关联。通过梳理社会资本内涵、基本分类和功能,分析它在农民工社会融入中的重要推动作用,并揭示社会资本不可忽视的消极作用。鉴于社会资本在外来农民工社会融入中不可忽视的重要作用,外来农民工实际拥有多少资本、拥有的社会资本质量如何至关重要,由此,本研究接着考察并分析变动中的浙江省外来农民工的社会资本存量、社会资本变动趋势及变动特点。通过调查问卷和个案访谈,了解浙江省外来农民工社会融入现状及影响外来农民工社会融入的主要因素,根据浙江省在促进外来农民工融入中已有应对及不足,提出基于社会资本培育促进浙江省外来农民工实现社会融入的应对路径。

(二)研究方法

本研究主要从社会学、政治学、心理学、人口学的视角对农民工城市社会融入问题进行研究,研究中也借鉴了这些学科的相关研究方法。在文献研究、理论研究的基础上,通过随机个案访谈、抽样问卷调查、实地调研考察等形式收集资料,力争做到理论研究与实证研究相结合。

(1)文献研究法。

对大量文献的阅读综述和相关资料的搜集整理是本研究的基础,研究中借助网站资料、期刊文章、有关部门的数据资料,了解和把握全国农民工的基本情况、研究农民工问题的基本理论视角和基本观点,掌握浙江省农民工的基本情况,解决农民工问题的制度、政策、法规、措施和创新之举,通过对大量文献中的观点进行总结、分析、归纳,形成本研究立论的主要理论支撑。

（2）理论研究法。

对本研究相关的推拉理论和社会资本理论进行搜集、整理、总结、归纳，为本研究提供理论工具，以借鉴推拉理论来分析影响外来农民工社会认同和社会融入的因素，运用社会资本理论来分析外来农民工拥有的社会资本在城市融入中的重要作用、考察外来农民工社会资本存量、探索基于社会资本变动推进浙江省外来农民工社会融入的应对思路。

（3）实证研究法。

为掌握第一手资料，给予研究论证以有效的支撑，本研究进行了一定的实证调研。通过抽样问卷调查、随机个案访谈、在有关部门的实地调研，了解浙江省外来农民工社会资本存量、外来农民工对所在城市的社会认同和社会融入状况、影响社会融入的主要因素等，为本研究提供实证资料。本研究还借鉴了国家和浙江省关于农民工情况的一些调研资料和调研报告的数据和结果。

（4）系统研究法。

将浙江省外来农民工的社会融入问题放置在一个相互联系、相互影响的系统中去分析和研究，既要关注农民工社会融入的已有问题，更要关注农民工社会融入中可能发生的新情况；既要看到浙江省内农民工社会融入的情况，也要关注全国农民工社会融入的整体状况；既要以微观的视角看到影响浙江省外来农民工社会融入的因素，也要关注宏观视角中国家层面的影响因素。推进浙江省外来农民工实现城市社会融入既要关注外来农民工在城市拥有的社会资本的变动，也要关注该群体在家乡拥有的社会资本的变动。要看到外来农民工城市社会融入是多种影响因素作用的结果，不能孤立地分析问题、割裂问题的整体性，要用系统分析的方法去研究。

本研究运用以上研究方法，从社会资本视角入手，进行文献综述和理论分析，阐明社会资本与农民工城市社会融入的内在关联、社会资本在农民工形成城市社会认同和实现社会融入中的作用；通过调查问卷、个案访谈和实地观察等方法对浙江省的外来农民工社会资本存量及其变动趋势和突出特点、社会认同和社会融入的现状及影响因素进行调查研究，为本研究提供现实依据；在理论研究和实证研究的基础上，探索培育社会资本、促进浙江省外来农民工实现城市社会融入的可行对策。

第二章

农民工及其社会融入相关问题的
理论梳理

农民工产生以来，其群体特点和流动趋势一直发生着变化，在从乡村流向城市、进一步融入城市的过程中，也充满了基于中国国情、具有中国特点的特殊性和复杂性。学术界对农民工问题的关注和研究也从未停止，学者们从不同的学科维度、运用多种理论工具，从农民工的概念、农民工社会融入的内涵、解决农民工问题的对策等方面，对农民工相关问题展开研究。近年来，把社会资本与农民工问题关联起来的研究日渐增多，但立足浙江省、基于社会资本对农民工社会融入问题进行研究的成果还不多。因而笔者基于已有的研究成果和研究需要，运用社会资本理论关注外来农民工社会融入问题。

第一节　农民工的总体状况和发展趋势

一、农民工的概念界定及群体特点

农民工产生于改革开放之初的 20 世纪 80 年代。在农民工的产生发展和流动变迁中，学术界和官方对这一群体的概念界定也几经变化。

关于农民工这一群体的概念界定，政府相关文件和行政法规中已有具体表述。2003年 9 月 23 日，在中国工会十四大的开幕式报告中，时任中华全国总工会主席王兆国首次谈到"一大批进城务工人员成为工人阶级的新成员"，还谈及将进城务工人员组织到工会中来的问题，在这里将农民工简单称为"进城务工人员"①。2004 年在中央"一号文件"中首次提及农民工，文件指出，进城就业的农民工已经成为产业工人的重要组成部分，在这里用"进城就业的农民工"表述这一群体。② 国家统计局在历年农民工监测调查报告中这样界定农民工，"农民工指户籍仍在农村，在本地从事非农产业或外出从业 6 个月及以

---

① 见四川机关党建网，《王兆国在中国工会第十四次全国代表大会上的报告》，http://www.scjgdj.gov.cn/B000000095/200805/41845.html。
② 见中国政府网，《中共中央国务院关于促进农民增加收入若干政策的意见》，http://www.gov.cn/test/2005-07/04/content_11870.htm。

上的劳动者"①,将外出从事非农产业工作的时间界定为 6 个月及以上。2019 年国务院制定通过的《保障农民工工资支付条例》第二条第二款规定"本条例农民工,是指为用人单位提供劳动的农村居民",这是首次在行政法规层面对"农民工"概念做出界定。城市社会对农民工的称谓也由 80 年代初的民工,逐步转变为农民工。目前很多城市为增强外来农民工的城市归属感,将外来农民工称为新城市人,如"新杭州人""新绍兴人"等。

学术界关于农民工的概念则表述不一。根据国家文件法规中已有对农民工概念的表述和这一群体客观存在的实际特征,可以确定农民工这一群体有几个最具代表性的基本要素:户籍所在地;具体从事的职业;主要收入来源;还有一个必须合法的要素,就是年龄。从以上维度出发可看出该群体的大致画像,即农民工的户籍在农村,户籍身份是农民;尽管在农忙时可能会回乡进行春种秋收,暂时性务农,但他们主要从事的工作是非农工作;他们在农村有自己的承包地和可能的农业收入,但以城市务工的非农劳动收入为个人和家庭的主要生活来源;农民工有年龄较大的传统农民工,也有 80 后、90 后,甚至00 后的农民工,但年龄一定要在 16 周岁以上,因为《中华人民共和国劳动法》第十五条明确规定:"禁止用人单位招用未满十六周岁的未成年人"。由此,本研究将农民工的概念界定为:农民工是指从农业人口中分化出来,户籍仍然在农村,常年或一年中大部分时间在城市从事非农产业工作,凭个人劳动获得工资收入,以非农生产所得作为主要生活来源,且年龄在 16 周岁以上的一个社会群体。农民工作为中国现代化、城镇化进程中出现的过渡性群体,处在一种职业身份与制度身份不相一致的困境之中。从户籍上来看,他们的制度身份属性是农民;从职业和生活来源来看,他们的职业身份属性是工人。

整体来看,农民工群体具有如下几个突出特征:首先,农民工以自己的工资收入作为主要生活来源。由于农业经济体制的改革、农业劳动生产率的提高和农民工个人意愿及自身发展需要等原因,农村大量剩余劳动力涌入城市,以务工所得作为主要的家庭生活来源,在农村虽有承包地,但他们并不直接经营,而是转包或由他人代种,农业生产所得极少或彻底丧失,不能作为主要生活来源,农民工已经像工人一样,以劳动取得工资收入并将其作为生活的主要来源。其次,农民工进城从事非农产业工作,直接参与社会化大生产,逐步融入先进生产力。进城务工的农民工在非农产业工作中不断被锻造、改变,日渐融入社会化大生产中,掌握一定的生产技能并不断提高自身素质,同工人阶级一样,日渐成为和社会化大生产直接联系的先进生产力的代表。第三,农民工在思想观念、行为上与工人阶级日渐趋同。农民工进入社会化大生产后,受到社会化大生产秩序和规则的约束、工业文明和城市文明的熏陶,加之农民本身具备的吃苦耐劳等优秀品质,会逐渐淡去农民小生产的自由散漫属性,逐渐形成高度的组织性、纪律性。农民工具备的这些特点,一方面决定了这一群体在城镇化进程中无论是否顺利、无论用时长短,终将会完成过

---

① 见中国政府网,《2016 年农民工监测调查报告》,http://www.gov.cn/xinwen/2017-04/28/content_5189509.htm#1.

渡,必然会逐步融入城市,实现市民化;另一方面,这些特点在农民工融入城市社会的过程中也表现出双重影响,某些特点有助于农民工融入城市社会,某些特点又成为农民工顺利融入城市社会的制约因素。

二、农民工发展变动趋势

为较为准确地了解全国农民工的规模、流向、分布以及在城市的生活就业等情况,2008 年以来,国家统计局开始实施农民工监测调查制度。在全国 31 个省(自治区、直辖市)的农民工输出地,按季度采用入户访问调查的形式,在一些调查县(区)抽选部分行政村和农村劳动力作为调查样本,对农民工开展监测调查,定期发布相关数据。根据国家统计局历年农民工监测调查报告,特别是 2016 年至 2020 年农民工监测调查报告的数据信息,可见农民工流动的总体趋势以及反映出来的新情况。

(一)全国农民工总量增加,增速呈动态波动趋势

自 2010 年以来,农民工总量继续增加的同时,增速开始持续小幅回落(见图 2-1)。

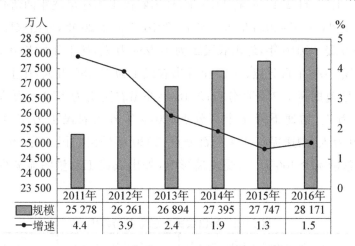

	2011年	2012年	2013年	2014年	2015年	2016年
规模	25 278	26 261	26 894	27 395	27 747	28 171
增速	4.4	3.9	2.4	1.9	1.3	1.5

图 2-1　2011—2016 年农民工总量及增速①

自 2016 年开始,农民工总量持续增加,增速有升有降,呈波动状态。国家统计局农民工监测调查报告显示,2016 年农民工总量为 28 171 万人,较上年增加 424 万人,增长1.5%,增速提高 0.2 个百分点;2017 年农民工总量为 28 652 万人,较上年增加 481 万人,增长 1.7%,增速提高 0.2 个百分点;2018 年农民工总量为 28 836 万人,比上年增加184 万人,增长 0.6%,增速出现明显回落,比上年回落 1.1 个百分点;2019 年农民工总量达到 29 077 万人,比上年增加 241 万人,增长 0.8%,增速回升 0.2 个百分点;2020 年,受新冠肺炎疫情影响,农民工总量明显减少,比上年减少 517 万人,下降 1.8%,增速回

---

① 见中国政府网,《2016 年农民工监测调查报告》,http://www.gov.cn/xinwen/2017-04/28/content_5189509.htm #1。

落 2.6 个百分点,总体规模缩小为 2019 年的 98.2%(见表 2 - 1)。

表 2 - 1　农民工总量变动趋势

年份	农民工总量/万人	增长数量/万人	增长幅度/%
2016	28 171	424	1.5
2017	28 652	481	1.7
2018	28 836	184	0.6
2019	29 077	241	0.8
2020	28 560	− 517	− 1.8

注释:根据国家统计局农民工监测调查报告历年数据整理

(二)外出农民工总量小幅微增,增速波动回落

国家统计局农民工监测调查报告中所称的"外出农民工",是指"在户籍所在乡镇地域外从业的农民工"。自 2011 年至 2016 年,外出农民工增速呈逐年回落趋势,增速分别为 3.4%、3%、1.7%、1.3%、0.4%和 0.3%。2016 年至 2020 年,外出农民工总量继续增加,增速波动中放缓。2016 年,外出农民工为 16 934 万人,比上年增长 0.3%,总量增加 50 万人,增速回落 0.1 个百分点;2017 年外出农民工为 17 185 万人,比上年增长 1.5%,增加 251 万人,增速提高 1.2 个百分点;2018 年外出农民工为 17 266 万人,比上年增长 0.5%,增加 81 万人,增速下降 1 个百分点;2019 年外出农民工为 17 425 万人,增长 0.9%,增加 159 万人,增速提高 0.4 个百分点;2020 年外出农民工为 16 959 万人,比上年下降 2.7%,总量减少 466 万人,受疫情影响,外出农民工总量明显减少,增幅大幅下降(见表 2 - 2)。

表 2 - 2　外出农民工总量变动趋势

年份	外出农民工数量/万人	增加数量/万人	增长幅度/%
2016	16 934	50	0.3
2017	17 185	251	1.5
2018	17 266	81	0.5
2019	17 425	159	0.9
2020	16 959	− 466	− 2.7

注释:根据国家统计局农民工监测调查报告历年数据整理

(三)外出农民工省内就业增加,跨省流动减少

国家统计局农民工监测调查报告数据显示,2016 年,外出农民工中跨省流动农民工为 7 666 万人,增加人数比上年下降 1%,总量占外出农民工 45.3%,比上年下降 0.6 个百分点;2017 年,在外出农民工中跨省流动农民工为 7 675 万人,与上年基本持平,总量

没有明显增加;2018 年,在外出农民工中到省外就业的农民工为 7 594 万人,增加人数比上年下降 1.1%;2019 年,在外出农民工中跨省流动农民工为 7 508 万人,增加人数比上年下降 1.1%;2020 年,在外出农民工中,跨省流动农民工 7 052 万人,增加人数比上年下降 6.1%(见表 2-3)。

可见,新增农民工中,外出农民工比重呈逐步下降趋势,本地农民工数量逐年增加的同时比重也明显加大。外出农民工呈现省内就业数量增加、省外流动不断减少的趋势,新增外出农民工主要在省内流动。

表 2-3 跨省流动农民工总量变动趋势

年份	外出农民工数量/万人	增加数量/万人	增长幅度/%
2016	7 666	-79	-1
2017	7 675	9	0.1
2018	7 594	-81	-1.1
2019	7 508	-86	-1.1
2020	7 052	-456	-6.1

注释:根据国家统计局农民工监测调查报告历年数据整理

(四)外出农民工流向东部地区的数量减少,中西部地区持续增加

国家统计局农民工监测调查报告显示,在东部地区务工的农民工数量近年来呈递减趋势,2016 年比上年减少 48 万人,下降 0.3%;2018 年比上年减少 185 万人,下降 1.2%;2019 年比上年减少 108 万人,下降 0.7%;2020 年比上年减少 568 万人,下降 3.6%。

在中部地区务工的农民工数量呈增加趋势,2016 年比上年增加 147 万人,增长 2.6%;2017 年比上年增加 166 万人,增长 2.9%;2018 年比上年增加 139 万人,增长 2.4%;2019 年比上年增加 172 万人,增长 2.8%;2020 年比上年增加 4 万人,与上年基本持平。

在西部地区务工的农民工数量也逐年增加,2016 年比上年增加 275 万人,增长 5.3%;2017 年比上年增加 270 万人,增长 4.9%;2018 年比上年增加 239 万人,增长 4.2%;2019 年比上年增加 180 万人,增长 3.0%;2020 年比上年增加 106 万人,增长 1.7%(见表 2-4)。

表 2-4 外出农民工流向趋势

年份	流向地区	流动人数/万人	增加数量/万人	增加幅度/%	占农民工总量比重/%
2016	东部	15 960	-48	-0.3	56.7
	中部	5 746	147	2.6	20.4
	西部	5 484	275	5.3	19.5
	东北	904	45	5.2	3.2

年份	流向地区	流动人数/万人	增加数量/万人	增加幅度/%	占农民工总量比重/%
2017	东部	15 993	33	0.2	55.8
	中部	5 912	166	2.9	20.6
	西部	5 754	270	4.9	20.1
	东北	914	10	1.1	3.2
2018	东部	15 808	−185	−1.2	54.8
	中部	6 051	139	2.4	21.0
	西部	5 993	239	4.2	20.8
	东北	905	−9	−1.0	3.1
2019	东部	15 700	−108	−0.7	54.0
	中部	6 223	172	2.8	21.4
	西部	6 173	180	3.0	21.2
	东北	895	−10	−1.1	3.1
2020	东部	15 132	−568	−3.6	53.0
	中部	6 227	4	0	21.8
	西部	6 279	106	1.7	22.0
	东北	853	−42	−4.7	3.0

注释:根据国家统计局农民工监测调查报告历年数据整理

其中,浙江省所处的长三角地区,近年来农民工流入总量也呈波动趋势,2019年以来,受疫情等因素影响,来江浙沪就业的农民工数量出现下降,2019年比上一年减少61万人,下降1.1%;2020年比上一年减少212万人,下降3.9%(见表2-5)。

表2-5 浙江省所在区域农民工流入趋势

年份	所在地区	流入数量/万人	增长人数/万人	增长比例/%
2017	长三角地区	5 387	78	1.5
2018	长三角地区	5 452	65	1.2
2019	江浙沪地区	5 391	−61	−1.1
2020	江浙沪地区	5 179	−212	−3.9

注释:根据国家统计局农民工监测调查历年数据整理

(五)流动中的农民工群体发生明显转变和内部分化

自20世纪80年代产生以来,农民工群体以其突出特点日益引起社会和学术界的普遍关注。传统农民工在职业属性上亦工亦农，流动轨迹呈季节性城乡往返，进城目标是获取收入以改善生活。随着城镇化、现代化的推进，农民工规模越来越庞大，群体特点也发生了明显转变。

首先，从业特点发生明显转变。农民工刚进城时，在城市里找到工作，农忙季节也都会返乡从事农业生产，对于农民工而言，农业生产才是他们赖以生存的根本，进城打工只是为了增加些许收入以改善生活，所以，亦工亦农是他们最突出的从业特点。随着农村生产力的不断提高、城镇化的持续推进，农民工在城市的非农劳动收入逐渐成为维持他们生活的主要收入，家乡的农业生产或因为农业生产力的提高仅由家人就可以完成，或因为在收入中比重下降而逐渐不被重视，或直接转包而无须再回乡务农，越来越多的农民工逐渐开始全职从事非农业生产，尤其是新生代农民工成为农民工的主体之后，他们基本上都以个体或家庭的形式常年在城市全职从事非农业生产。

其次，流动方向呈现新轨迹。农民工出现之初，由于家乡农业生产的需要、农民工对家庭的依赖和对传统乡土生活的眷恋等原因，农民工会在春种、夏锄、秋收等农忙季节回乡务农，也会在中秋节、春节等传统节日大规模返乡与家人团聚，呈现出非常明显地在城乡之间的季节性流动。随着城镇化进程的推进和农民工从业特点的转变，多数农民工在春种秋收等农忙季节不再返乡务农，之前大规模季节性城乡往返流动的情况不再明显，外来农民工只在春节这个中国最重要的传统节日回乡探亲团聚。举家进城的农民工，或由于工作的需要以及个体增加收入的需要而留在城市继续工作的农民工，也会选择在务工地过年而不回乡，这种现象已经愈发普遍。农民工已经由季节性的城乡往返流动转变为长居城市或者定居城市，流动轨迹发生明显变化。

再次，进城目标发生质的改变。20世纪80年代农民工刚刚进城时，对城市社会充满未知，进入完全陌生的环境中，物质生活和精神生活都比较匮乏，但是他们千方百计寻找立身之地、安身之所，克服各种困难寻找工作并坚持下去，除非万不得已，否则未赚取到一些收入，他们不甘心离城回乡。这个时期改革开放刚刚起步，中国农村生产力水平很低，农村的生活很艰难，能够利用农闲时节进城找到一份工作，赚取点收入以改善家里的生活状况，基本是这一时期农民工进城的普遍想法。随着农村生产力的提高及生活条件的改善，谋求生存已经不是第一目标，进城农民工随着对城市社会越来越多的认识和了解，通过对城市和农村各方面的对比和衡量，逐步对城市有了新的期待和憧憬。在城市留下来、发展下去，有朝一日可以和城市市民一样定居城市、共享城市文明，逐渐成为越来越多农民工的梦想和追求。外来农民工的进城目标已经由赚收入、求生存转变为求发展、求平等。

最后，农民工群体内部发生分化。从20世纪80年代第一批农民工进城以来，在几十年的发展变迁中，由于个人认知、教育程度、天资差异、后天努力程度及流入地选择等方面的差异，这一群体内部也发生了明显的改变和分化。其中有一部分农民工，由于受教育程度较高或天资聪颖、吃苦耐劳、视野开阔、眼光长远等个体原因，加之现代化及城镇化进程中体制及制度的支持,已经在流入的城市拥有了户籍、社保、住房、稳定的工作和可靠的收入,与所在城市社会融为一体,成为市民;还有比例较大的一部分农民工越来越认同城市,期待融入城市,并正在为融入城市作出积极努力;也有一部分农民工,虽然喜欢城市生活,认同城市文明,对融入城市也充满期待和幻想,但由于个人能力不足,或家庭负担过重、无法承担融入成本等原因,感觉融入城市无望而放弃融入,无奈地漂泊在城市或回到家乡就业;还有一部分农民工,在城市打拼中积累了职业技能、开阔了视野、提升了个人素质、拓展了社会资本,看到乡村振兴的好政策和在农村发展的好机会,主动选择回流乡村,返乡创业,带动一方发展致富。

农民工的这些转变和分化,更需要城市社会从体制制度、政策观念等方面尽快作出实质性调整,尽快将外来农民工真正纳入城市体系,实现外来农民工在城市的社会融入,提高城市治理能力和治理体系的现代化,从深度和广度上推进城镇化进程。在近年来全国农民工的数量、区域流动及就业方向等呈现新特点、新形势和新趋势下,吸引和留住外来农民工,并使外来农民工实现在流入地的社会融入,是浙江省在新阶段的发展中必须应对的课题。

第二节　农民工城市社会融入的本土特点

在国家工业化和城镇化的进程中,农村剩余劳动力最终实现非农化、市民化是一个必然的过程和趋势。在我国现代化、城市化进程中,农村剩余劳动力从农村向城市转移、由农民向市民转化却呈现出独具中国特点的特殊性和复杂性。

一、农民工城市社会融入的特殊性

多年来,农民工社会融入及其市民化问题一直是学术界研究的热点。农村人口向城市的转移在世界城市化中具有共性。关于移民问题,国内外学术界早有研究,成果也颇多,国际移民问题研究的理论及相关研究成果,对我国农民工问题的研究、应对和解决提供了重要的启示和借鉴。但是在中国农村人口城镇化进程中,在二元体制下形成的农民工却极具个性。农民工在城市的社会融入呈现出与国际移民不一样的特殊性。

城镇化的本质是实现人口由农村向城镇的转移,城镇化政策的核心也应是促进人口的城镇化。在发达国家社会经济发展的历史中,随着工业的发展、城市的扩张,农村剩余劳动力从农村转移到城市,在工业发展中实现了非农就业,在城市扩张中实现了在城市的定居,完全实现了与城市社会生活的一体化,在这个过程中,工业化、城镇化和农村人口的非农化、市民化基本是同步协调完成的,农村剩余劳动力的地域转移、职业转换和身份转变是一致的。但是,中国农村劳动力向城市的转移却表现出独有的特殊性。在中国,农村剩余劳动力从乡村到城市、由农民到市民,在地域转移、职业转换和身份转变上呈现出非常特殊的状态。

首先，地域转移不彻底。随着农业生产力的发展和工业化的推进，农村逐步出现数量不断增加的剩余劳动力，城市出现越来越多需要新的劳动力的工作岗位，在国家人口迁移政策不限制人口自由流动的前提下，为谋求更高的经济收入、更好的发展前景，一些眼界开阔、有胆有识的农民开始离开农村、来到城市，谋求一份能比在农村务农获得更高经济收入的工作，以期改善在农村的生活质量，中国最早的农民工就是在这种情况下产生的。怀揣这种增加收入、改善生活的淳朴愿望进城，这些农村剩余劳动力只要在城市谋得一份工作，通过劳动获得收入，于原本只靠农业生产获得经济收入的他们而言，就是一笔额外收入，是意外之喜。他们的根基在农村，主要的生活来源还是农业生产，只有在农闲时节或家里劳动力相对剩余的时候才会到城市来打工。所以，这些农村劳动力刚刚进城务工时，赚钱几乎是唯一目标，在城市打工赚到的所有收入也会全部带回农村老家；他们在城市打工的季节性也比较明显，在农忙时节、春节这些重要的时期他们都会回家务农、返乡与家人团聚，回归他们原来的生活圈子和生活状态。所以，农民工在进城务工之初，就在城乡之间进行频繁的往返流动，而不是从农村直接进入城市再无回转。随着我国城乡二元社会结构的松动，农业生产力的进一步提高和城市化工业化的进一步推进，农民工也出现代际变化。城市的工作机会和工作岗位越来越多，在城市发展的空间和可能性也越来越大，现代化的城市社会和生活方式也越来越具有现实的吸引力，农民工对城市生活的主观心理也发生重大转变，从最初进城时对城市生活可望而不可即逐渐发展为憧憬向往和追求城市生活。由此，赚钱不再是农民工进城务工的唯一目的，改善在农村的生活质量也不是他们最终的目标。但是这种主观上对城市生活的向往追求并没有让农民工就此定居城市、彻底离开农村。由于城乡二元结构的长期存在带来的一系列影响，农民工不能够在进入城市谋得工作开始就实现身份的转变，他们也就无法做到没有后顾之忧的彻底留在城市。所以到目前为止，农民工群体还未能彻底完成从农村到城市的地域转移，而是一直处于在城乡之间流动的状态。

其次，职业转换不充分。改革开放后，农村实行以户为单位的家庭联产承包责任制，只要家庭内部能够解决农业生产的基本劳动力需求（即一个劳动力的离开不会严重影响这个家庭的农业生产），相对剩余的劳动力就可以外出打工赚钱；或者虽然家庭劳动力并没有相对剩余，但是在非农忙季节各农户之间还可以通过互帮互助的方式完成基本的农业生产劳动。所以，在城市有赚钱机会、有外出赚钱可能的农村青壮年劳动力，在农闲时节就离乡进城，谋求贴补家用、改善生活的一份工作。由此可见，农民工最初进城，在城市里谋取的工作都是暂时的、补充性的。亦工亦农是这个阶段进城务工的农村劳动力的基本特点，而且在这个阶段，农业生产是农民工生存发展的根本。这也是"农民工"这一称谓的由来。从农民工产生之初，每一个农民工个体在进城务工时，都未能彻底完成职业转换。随着工业化、城镇化的推进及农民工进城时间的累积，农民工在城市发展的机会逐步发生质的改变，他们对城市的适应度和认同度也越来越强，越来越多的农民工开始彻底脱离农业生产,以城市非农业生产作为唯一的工作,逐步脱离了亦工亦农的工作状态。但是,由于农民工还不能彻底融入城市,城市社会还不是所有农民工能够长久定居的安居乐业之地,依然有一部分人飘移于农业生产和非农业生产之间。这个从农业生产中出现的剩余劳动力群体依然未能彻底完成职业身份的转换。

最后,身份转变不成功。在农村剩余劳动力向城市转移的过程中,由于城乡二元机制的制约,这一群体没有在第一时间完成市民化的身份转变,而是陷于地域上城乡流动、职业上亦工亦农、身份上非工非农的尴尬处境,成为一个过渡性群体。而且,从改革开放之初农民工产生以来,至今已有几十年的历史,农民工在这一过程中发生了重大变化,但是农民工身份依然是亦工亦农又非工非农,未完全完成身份转变。制约他们同时实现身份转变的根本因素就是城乡二元结构,特别是其中的城乡二元户籍制度。在长期存在的城乡二元结构中,农民和市民逐渐形成了完全不同的城乡二元的文化、心理、生活方式、价值观念。农民工进城,首先遭遇到制度瓶颈,不能完成社会身份的转变,与此同时,农民工群体在思想观念、社会生活等方面难以与市民融为一体,难以实现在城市社会的深度融入。这一人数众多的农民工群体,未能顺应工业化、城镇化和现代化进程完成身份转变,他们不是完全意义上的农民,也不是完全意义上的市民。这是中国工业化、城镇化、现代化进程中的特殊性,也是工业化、城镇化、现代化进程中必须破解的重要课题。

二、农民工城市社会融入的复杂性

农民工分布在城市的各个行业,在加工制造业,建筑业及交通运输、物流快递、环卫家政、外卖餐饮等服务业中占据重要地位,是推动城市经济社会发展的重要力量。促进农民工群体实现在城市社会的融入,在城市安居乐业、共享城市文明、共享发展成果,是城镇化的需要,更是全面建设社会主义现代化的需要。但是受城乡二元社会结构和相关制度、思想观念等方面的影响,农民工融入城市问题并非一朝一夕的存在,解决起来也非一朝一夕能完成。

首先,农民工城市社会融入的过程和现状呈现出复杂性。一是农民工的融入意愿和融入能力不相符。农民工实现在城市社会的融入需要具备较强的主观融入意愿和足够的客观融入能力。稳定的工作岗位、理想的就业状态、较高的工资收入、完善的社会保障、安稳的定居之所、舒适的生活方式、合理的消费结构、较高的教育水平、可持续的继续教育和职业培训、有落户的可能等,这些方面是保障农民工实现城市社会融入的客观条件,也就是农民工的客观融入能力。目前农民工的客观融入能力明显不足。在融入城市社会的主观意愿上,农民工也表现出明显的差异性,总体看来,农民工群体越来越期待和追求在城市的定居发展和融入,但也有一些农民工因为自身条件和制度政策等原因没有明确的融入意愿,甚至有农民工还有明显的回流农村的想法。整体上,农民工群体的城市社会融入意愿和他们具备的客观融入能力还不相符,突出表现为客观融入能力不适应主观融入意愿。二是职业身份与社会身份转换不一致。受各种制约性因素的综合影响,农民工进城的过程中出现了职业身份和社会身份转变的错位。他们来到城市，首先以劳动力身份暂时进入劳动力市场，但还不能成为永久性居民并融入当地社会生活；农民工进城后，首先改变的是生活场所和职业性质，但并没能同步发生社会身份的转换，生活地域场所、工作职业范围和社会网络空间始终没有实现最终的有机统一，由农民向市民的过渡始终处于过程中，而没有演变成为最终结果。三是心理观念与行为层面的变化不协调。农民工进入城市，客观上实现了在地理空间上由农村向城市的转移，求职成功后实现了职业身份由农民到工人的转变，但是，他们在心理观念和行为方面并没有同步发生转变。一直以来，进城农民工把流入地看作暂居之所而不是久居之地，把身处城市中的自己看作是外来人和过客而不是主人，把工作生活的城市看作是市民的而不是"我们的"。而且，不同农民工由于自身客观条件和主观因素的影响，在心理和观念上对所在城市的看法、自己在城市中的定位还存在差别，基于这些因素的影响，农民工融入城市的行为选择也完全不同。由此，农民工群体中不同个体的市民化进程也并不完全一致，有已经实现了城市融入、完成市民化的农民工；有正在进行城市融入、处于半市民化状态中的农民工；也有难以实现城市融入，但又不想回农村，而在城市社会呈现边缘化的农民工。群体内部的不断分化，呈现出农民工群体异质性发展的趋势。随着进城时间的延长、社会变迁的加剧，这种分化趋势很可能会加大推动农民工实现城市社会融入的难度。

其次，农民工在城市社会融入层面和融入维度上呈现出多面性和复杂性。在中国，"农民工市民化"主要指农民工在中国城镇化和现代化进程中，在身份上获得与城市居民相同的合法身份和相应的社会权利的过程。[①] 具体来讲就是在行为方式、生产生活方式、社会权利、制度身份、社会地位、价值观念、文化心理等方面与城市社会逐步融合的过程。在农民工融入城市社会的过程中，要让农民工逐步在基本公共服务享受、基本权利保障、社会经济适应等方面与城市居民无差别，同时还应该不断提升农民工的基本素质，尤其是科学文化素质，逐步转变思想观念、行为方式、生活习惯，不断改善城市生活质量，使他们积极参与城市社会活动等，最终实现与城市社会的融合。这些方面是中国城镇化进程中农民工最终实现城市社会融入的关键。而城市社会融入则是农民工实现市民化的根本。

三、农民工城市社会融入的内涵

国内关于农民工城市社会融入问题的研究，以不同视角、不同学科、不同理论进行探究，在农民工社会融入的维度、层面、原因、举措方面提出了系列观点。关于到底何为农民工在城市的社会融入问题，国内学术界对农民工社会融入的维度、要素等形成多种观点。如"三要素"说，田凯等学者认为，社会融入就是经济层面、社会层面、文化层面的融

---

① 刘传江、徐建玲：《第二代农民工及其市民化研究》，《中国人口·资源与环境》2007 年第 1 期，第 6－10 页。

入,因为流动人口融入城市需要具备职业、社会生活、价值观三方面的基本条件。[1] 褚清华等学者认为社会融入包括经济融入、行为适应、心理融合三个维度,且三者之间呈递进的关系。这三个维度中,经济融入程度主要考察农民工的工作环境以及消费特点,行为适应主要考察农民工进城后的社会参与方式、工作方式的转变和户籍所在地对其社会参与的影响等,文化融合主要考察进城农民工与城市社会交往中的身份认同、心理状态、城市社会对农民工的接纳度等。[2] 如"四因素"说,比较有代表性的有:认为农民工社会融入包括经济融入、文化融入、行为适应、身份认同,如张文宏、雷开春[3]、杨菊华[4]等;认为农民工社会融入包括经济层面融入、社会层面融入、制度层面融入和心理层面融入[5]。学界基本都认为农民工社会融入主要有四方面的维度,这几个维度之间相互影响或呈依次递进的关系。此外还有"五因素"说等。

从农民工立足城市、在城市正常生活、可持续发展等基本条件来看,本研究认为,农民工在城市的社会融入主要包括经济层面融入、社会生活融入、身份认同融入、文化层面融入等方面。基于中国现代化、工业化、城镇化进程中的特殊性,农民工从农村转移到城市、从农民变成市民的复杂性特点,农民工社会融入可以概括性地表述为:农民工社会融入是指农民工能动地与流入地进行各方面持续性互动,最终融入流入地的行动过程。但这并不意味着农民工一定要完全无差别等同于原有市民(各个维度的融合和同化也无须完全同步),城市原有市民本来也存在各种群体、阶层等分化。农民工融入城市,既可以成为城市原有市民中的某一群体和阶层,也可以以新群体、新阶层的形式存在,成为城市里的一员,共享城市改革发展成果、城市基本公共服务以及城市发展建设的权利和义务,有主人翁意识、有归属感,能安居乐业、无后顾之忧地生活在城市,即应该视为城市融入的成功。追求与市民各方面的绝对无差别、各维度融入的同步,在农民工市民化过程中是不客观也是不必要的。同时,在农民工融入城市社会的过程中,这一群体本身也会产生内部分化,形成不同的阶层和群体,这也是客观存在的。

第三节　本研究的相关理论与本研究视角

对农民工社会融入问题,国内学者从社会学、心理学、政治学、人口学等视角,围绕农

---

① 田凯:《关于农民工的城市适应性的调查分析与思考》,《社会科学研究》1995 年第 5 期,第 6 页。

② 褚清华、杨云彦:《农民工社会融合再认识及其影响因素分析》,《人口与发展》2014 年第 4 期,第 28 - 36 页。

③ 张文宏、雷开春:《城市新移民社会融合的结构、现状与影响因素分析》,《社会学研究》2008 年第 5 期,第 117 - 141 页。

④ 杨菊华:《从隔离、选择融入到融合:流动人口社会融入问题的理论思考》,《人口研究》2009 年第 1 期,第 17 - 29 页。

⑤ 王佃利、刘保军、楼苏萍:《新生代农民工的城市融入——框架建构与调研分析》,《中国行政管理》2011 年第 2 期,第 111 - 115 页。

民工社会融入中存在的问题、推动农民工社会融入的对策等方面进行研究。为解释农民工城乡流动和城市社会融入等问题,学者们把相关领域的理论引入农民工研究领域,从多种角度、运用多种理论对农民工问题进行研究和解释。本研究关注如下几种相关理论,并从中确定了研究视角。

一、本研究相关的农民工社会融入解释理论

(一) 推拉理论

"推拉理论"最早可以追溯到 19 世纪。英国学者雷文斯坦(Ravenstein)于 1885 年发表题为《人口迁移之规律》的论文,对人口迁移问题进行专门研究。雷文斯坦在他提出的人口迁移规律中认为,农村人口向发达的城市迁居是人口流动的主要方向,但同时也存在反向流动;农村人口向城市的流动是逐步递进的,先流动到城镇周边,再流动到城镇里面;从人口迁移的主要流向是工商业发达的城市可见,人口流动原因主要是经济原因。[1]

为研究人口流动的原因,20 世纪 50 年代末,唐纳德·博格(Donald Bague)首先提出了"推拉理论",他认为人口流动的目的是改善生活条件,流入地有利于改善生活条件的因素就成为人口流入的拉力,流出地不利的生活条件就是人口流出的推力,人口流动就由这两种力量所决定。流入地的拉力和流出地的推力是同时存在的,当流入地拉力大于流出地推力时,人口流动就会发生。[2]

20 世纪 60 年代,美国学者李(Lee)形成了系统的"推拉理论"来解释人口迁移。他把影响人口迁移的因素分为"推力"和"拉力"两个方面,人口迁移的动力由迁出地的推力与迁入地的拉力共同构成,"推力"因素促使移民离开原居住地,是影响人口迁移的消极因素;"拉力"因素吸引移民迁入新的居住地,是影响人口迁移的积极因素。李还认为,拉力和推力在流出地和流入地实际上都是并存的,即迁出地既有推动人口迁出的推力因素,也有制约人口迁出的拉力因素;迁入地既有吸引人口迁入的拉力因素,也有阻碍人口迁入的推力因素。同时,李还指出影响人口迁移存在第三种因素,即"中间障碍和个人因素",其中包括迁移空间距离的远近、迁移的物质成本、语言文化的差异、移民个人的理性价值判断等。[3]

由此可见,李的推拉理论多方面考虑了经济因素、人口学因素、社会学因素等,能够从更宏观的角度解释劳动力转移的动因。然而,李只是将第三种因素作为推拉力量的补充,缺乏足够的关注,同时,他将人口迁移只看作移民本人理性选择的结果,没有考虑到制度等客观因素。[4]

---

[1] 刘风、葛启隆:《人口流动过程中推拉理论的演变与重塑》,《社会科学动态》2019 年第 10 期,第 26 - 31 页。

[2] Donald J. Bague, *Principles of Demography* (New Jersey: John Wiley & Sons, Inc, 1969), pp. 753 - 755.

[3] Everett S. Lee, "A theory of Migration," Demography, No.3(1966):47 - 57.

[4] 方永丽、胡雪萍:《农业转移人口市民化进程中的"推力—拉力"分析》,《中国农业资源与区划》2017 年第 8 期,第 169 - 175,182 页。

国内学者已经把"推拉理论"运用到中国农民工流动问题的研究中。但原本的"推拉理论"在中国的语境中并不完全贴合,推拉理论认为人口流动的目的是改善生活,促使人口作出流动选择的动因主要就是经济因素,即人口流动必然从经济水平低的地方向经济水平高的地方流动;在人口流动的选择方面,只是流动人口基于以经济条件为主的因素作出来的主观选择。但是在我国的农民工流动中,影响动因不仅仅是经济因素,作出流动的选择也不仅仅是农民工基于经济因素作出来的主观理性选择。实际上,我国农民工流动中,除去经济因素和农民工的主观意愿之外,社会体制、社会制度发挥着更加不可忽视、不可违背,甚至是决定性的影响作用。我国市场经济还不是特别完善,人口流动不能够仅仅取决于经济因素,农民工的乡城流动受到户籍制度、社会保障制度、就业制度、教育制度等一系列条件的限制,农民工还不能仅仅考虑经济条件而进行自由流动。基于中国农民工流动的大环境和相关限制性条件的存在,在运用推拉理论研究农民工问题时,国内学者在原有理论框架内拓展了更多影响农民工流动的迁出地推力因素和迁入地拉力因素,以此来解释农民工的流动方向和流动原因,并在此基础上寻找解决农民工问题的应对策略。黄少安、孙涛将农村土地产权制度、户籍制度等制度因素纳入农民工城乡流动的"推拉理论"中。[1] 刘庆乐则将户籍制度看作城乡人口流动的调节性变量,指出户籍制度通过身份认同来影响居民理性流动的预期,而且随着户籍制度的变革,户籍对城乡人口流动的作用也在发生变化。[2] 许恒周、殷红春、石淑芹将农民工宅基地退出纳入影响农民工城乡迁移的因素。[3] 李斌等分析了包含农业技术进步、新型城镇化和农村剩余劳动力转移在内的农村推力因素和新型城镇化等的城市拉力因素,认为这些推力、拉力能够显著促进农村剩余劳动力向城镇非农产业转移。[4] 李笑晓等则比较全面地分析概括了城市和乡村的推力和拉力因素,强调了促使农民工流向城市的因素:城市的公共基础设施、基本公共服务、就业生活条件、文化生活、就业资源以及政府不断完善的制度政策等拉力因素,乡村不便的生活条件、相对较低的经济收入、明显落后的公共基础设施建设和文化娱乐活动、年轻一代对城市的向往和追求等推力因素。同时她们也关注影响甚至阻碍农民工流入城市的城市推力和农村拉力因素,认为城市推力因素包括城市生活成本高、产业转型升级导致低门槛的就业岗位减少、收入相对偏低、户籍制度及相关制度对农民工享受城市公共服务均等化的制约、住房问题难解决、社会地位不高等;农村拉力因素则包括乡村振兴战略下农村就业机会增多及收入增加、乡村社会环境和条件改善、

---

① 黄少安、孙涛:《中国的"逆城市化"现象:"非转农"——基于城乡户籍相对价值变化和推拉理论的分析》,《江海学刊》2012 年第 3 期,第 90 - 96 页。

② 刘庆乐:《推拉理论、户籍制度与中国城乡人口流动》,《江苏行政学院学报》2015 年第 6 期,第 70 - 75 页。

③ 许恒周、殷红春、石淑芹:《代际差异视角下农民工乡城迁移与宅基地退出影响因素分析——基于推拉理论的实证研究》,《中国人口·资源与环境》2013 年第 8 期,第 75 - 80 页。

④ 李斌、吴书胜、朱业:《农业技术进步、新型城镇化与农村剩余劳动力转移——基于"推拉理论"和省际动态面板数据的实证研究》,《财经论丛》2015 年第 10 期,第 3 - 10 页。

政府鼓励和支持农村创业的制度政策和资金支持等。[①]

从中国城乡发展和农民工流动的实际情况可以发现,农民工从农村流动到城市,最终实现社会融入、成为城市市民的普通一员的过程中,既有农村和农业方面的因素,也有城市和工业方面的因素。在流动两端的城市和农村中,推力因素和拉力因素是并存的,它们同时存在、共同作用,以此来影响农民工的流动及其市民化的实现。显而易见的是,在这过程之中,城市内拉力和农村外推力是积极因素,城市内推力和农村外拉力是消极因素。城市和乡村的推力和拉力,究其根本而言,就是农民工乡城流动中的城乡优劣因素比较,因此,研究当前我国农民工融入城市的推力与拉力具有重要意义。但截止到目前,应用"推拉理论"来分析农民工社会融入、推进农民工市民化的成果还不多见。这一理论可以在本研究的农民工社会融入影响因素的剖析中起到应有作用。本研究借鉴"推拉理论",基于中国实际情况,将外来农民工城市社会融入的影响因素分为推动融入的城市内部拉力和城市外部推力、制约融入的城市内部推力和城市外部拉力,在此基础上探索强化推动因素、弱化制约因素的途径和措施,以促进外来农民工的城市社会融入。

(二)社会资本理论

社会资本理论从产生以来,不同领域的学者基于不同的研究需要对这一理论进行研究和解读,不断被运用到越来越广泛的学科领域,用以解决经济发展、社会治理、阶级阶层变动、人口流动、矛盾冲突等多方面的问题。随着社会资本理论在政治学、经济学、社会学、人口学等领域的应用日益广泛,社会资本理论研究的日益深入和拓展,国内外很多学者把社会资本理论应用到国际或地区移民以及流动人口迁移的研究中,用社会资本的内涵和功能等来阐释流动人口的跨区域流动以及社会融入等状况,并以此来解释促使他们流动的原因,寻找应对相关问题的举措。

在全球化、工业化、城市化的大背景下,人口迁移成为比较普遍的现象,农村人口也出现大规模的自由流动。通常情况下,人口的迁移和流动基本都是为了更好地生存、发展,迁移和流动的方向基本是从落后或欠发达地区流向先进或比较发达的地方,迁移和流动的群体也基本是经济条件、社会地位、生活质量及文化水平等相对不高的,这些流动人口在流动中不可避免地面临着和迁入地经济条件、社会地位、生活质量和文化水平较高的群体交往甚至相融的需要和可能。哪些因素影响人口的流动、流动人口在进入迁移地中需要应对哪些问题、和本地及本地人口相融过程可能会出现什么情况、流动人口如何才能顺利实现融入、如果融入失败是否会出现明显的流动人口回流、这些对经济社会发展会造成什么影响等,这些都是人口流动中必然要面对和回答的问题。社会资本理论以其强大的解释力,在已有的研究中对这些方面的问题都有涉及。

运用社会资本理论解释流动人口问题的研究成果已有很多,已经成为研究流动人口问题的重要视角,是解释流动人口动因、应对流动人口相关问题的重要理论工具。当前,

---

① 李笑晓、支文:《基于"推拉理论"的农民工流动分析》,《科技经济导刊》2019 年第 23 期,第 23－29 页。

社会资本理论已经被运用到农民工问题研究领域,用以解释农民工流动和社会融入的原因、流向、归宿等相关问题,寻找促进农民工社会融入应对策略等,都显示出社会资本理论在农民工问题研究中不可忽视的作用。本研究在已有研究的基础之上,尝试以社会资本为理论视角,基于社会资本变动来研究浙江省外来农民工社会融入问题。

二、本研究的视角

在西方已有移民研究理论的基础之上,国内对农民工问题的研究既有继承性,又有创新性。但总体来看,还存在一些不足之处。第一,农民工问题的研究理论需要进一步借鉴、吸收、创新。已有的研究对西方移民理论的继承性较强,西方移民研究开始早、历时长、角度多、成果丰,确实能够给我国农民工问题研究提供借鉴和参考。但需要注意的是,中国语境中的农民工问题及其城市社会融入与国外大不相同。因此,西方移民理论并不完全适用于解释中国农民工社会融入问题。第二,对农民工社会融入的研究视角还需进一步丰富和拓展。已有研究中,改进和创新城市社区治理方式和农民工服务管理模式是重要关注点,但是多将农民工作为具有循环特点的流动人口进行纵向管理和服务,政府政策、社区的服务管理、用人单位提供的条件和保障等,无不体现着鲜明的纵向管控色彩。将农民工群体视为线性流动的移民人口,助推农民工实现社会融入的横向综合社会治理和服务机制还显得不够。第三,农民工社会融入的关注点还需因时因势进行拓展和深入。已有研究多关注农民工社会融入中的经济因素,对社会、文化、心理因素的研究还需进一步深入;在农民工城市融入的应对措施上,也更多关注原有城乡二元体制下的制度和政策,对其城市融入中的社会适应、文化接纳、心理融入等方面还需要进一步深入。

近年来,学者们从多个角度研究农民工及其市民化问题。从身份认同、职业认同、文化认同、地位认同等方面考察农民工的社会认同问题;亦有研究关注农民工在自我认同、对城市的归属感、城乡的心理距离等方面和传统农民工的差异问题;也有学者探讨农民工社会认同的重要意义。把社会资本和农民工市民化关联起来的研究近几年开始出现,但已有研究成果中,将社会资本和农民工社会融入问题关联起来的研究成果还不多,立足浙江省基于社会资本对农民工社会融入问题进行研究的成果较少;已有相关研究更多关注农民工在城市的权益保障和生存发展、关系型社会资本、社会资本的积极作用等相关问题,对外来农民工社会融入、制度型社会资本、社会资本的消极作用等关注不够。因而,运用社会资本理论关注浙江省外来农民工社会融入问题,把社会资本和外来农民工社会融入问题关联起来,基于社会资本变动考察和剖析浙江省外来农民工社会融入相关问题,并探索培育和完善农民工的社会资本以促进浙江省外来农民工实现社会融入的应对策略,是本研究的基本视角。

第三章

社会资本理论及其运用综述

　　自社会资本概念诞生以来,国内外相关领域学者就开始对其进行研究和阐述。社会资本理论的不同代表人物以各自的学科为背景,从不同的研究领域出发,基于研究解决不同问题的需要,分别从不同的视角阐述社会资本理论,对其予以不同的解读和界定,在主要论述其积极作用的同时,近年来也有学者开始关注社会资本的消极作用,社会资本的运用范围也越来越广。本研究的视角是基于社会资本变动,研究和解释浙江省外来农民工的社会融入问题,因而需要对社会资本理论予以具体关注,尤其要关注社会资本的内涵、分类和基本功能,以解释和应对浙江省外来农民工的社会融入问题。

第一节　社会资本的提出和理论发展

　　"社会资本"这一概念最早作为经济学术语出现,是由"资本"一词演变而来。随着研究的深入和解决不同领域问题的需要,逐步发展为在社会学、政治学、管理学以及人口学等领域通用的概念。国内外很多学者从各自的研究领域和研究对象出发,对社会资本进行了不同的界定和解读。

一、社会资本理论的提出和发展

　　法国著名社会学家皮埃尔·布迪厄(Pierre Bourdieu)最早在社会学领域对社会资本进行了初步的分析。布迪厄在《社会科学研究》发表的《社会资本随笔》一文中提出了"社会资本"的概念[①],他认为资本分为三种类型:经济资本、文化资本和社会资本,社会资本是个体在社会交往的过程中,除物质资本、人力资本之外的一种资源。布迪厄指出,因为个体所在的社会网络不同、在社会网络中的具体位置不同,拥有的资源和权利也不同,资源的获取与对社会网络的占有以及在社会网络中的实际位置是密不可分的。他认为,获取社会资本数量的多少,取决于两个方面:一是个体实际占有的社会关系网络规模

---

① 郑春颖:《企业集群发展中的企业家社会资本作用分析》,《辽宁师范大学学报(社会科学版)》2009 年第 2 期,第 41－44 页。

的大小,二是个体在社会网络的其他个体中所获得的具体资源总和。总之,布迪厄认为社会资本是以社会关系网络的形式存在的,而且这种社会关系网络是动态变化的。布迪厄关于社会资本理论的初步阐述为社会资本的进一步深入研究奠定了基础。①

美国著名社会学家詹姆斯·科尔曼(James Coleman)对社会资本做了比较系统的分析。科尔曼认为,通过研究社会资本来研究社会结构是社会资本研究的目的。他指出,个体或组织在社会组织和社会活动中,为了实现自身利益,进行相关的互动,最终形成持续存在的社会关系,以满足自己的需求、实现自己的利益。这些社会关系不仅是社会结构的一部分,还是一种重要的社会资源。基于此,科尔曼提出了社会资本的概念,他认为个体拥有的社会结构资源就叫作社会资本,是每个人生来就具有的、与物质资本和人力资本同时并存的一种无形的资本,它与有形的物质资本以及无形的人力资本可以相互转换。社会资本具有各种形式,包含但不限于义务与期望、信息网络、规范与惩罚、权威关系、社会组织等②。

美国杜克大学著名社会学教授林南首先提出了社会资源理论,并在此基础上提出了社会资本理论。林南认为社会资源是在某一个社会关系中占有后会增加占有者的生存机遇而被群体认为有价值的东西。他认为资源分为个人资源和社会资源。个人资源指个人拥有的自然禀赋、体魄、知识、财富、地位等可以为个人支配的资源;社会资源指存在于个人社会关系网络中的权力、财富、声望等资源。社会资源存在于人与人的关系里,只有通过人与人之间的交往才能获得,有效利用占有的社会资源是个人实现自身目标的途径,而所能获得和拥有的社会资源在很大程度上受个人资源的影响。③ 林南在社会资源理论的基础上提出了社会资本理论,认为社会资本是从社会网络中通过有目的的行动而被动员、流动起来或被获得的社会资源。他特别强调了社会资本的先在性,即社会资本客观存在于一定的社会关系中,个体只有遵循其中的规则才能获得,而且个体可以在社会关系中通过有目的的行动主动获取社会资本。④

美国著名的政治学学者罗伯特·帕特南(Robert Putnam)将社会资本概念引入政治学研究领域。帕特南把社会资本从个人层面上升到集体层面,认为社会资本是一种集体财产,而非个人财产,并将其定义为:"社会资本是指社会组织的特征,例如信任、规范和网络,他们能够通过协调的行动来提高效率。"⑤在《民主运转起来》中,帕特南提出了公民参与网络,他认为在具有基本相同的历史渊源和文化环境的社会关系网络中,人们容易彼此熟悉了解并能够成为关系紧密的社会群体,这个社会群体通过对破坏相互信任

① 常桂祥、傅蓉:《布尔迪厄、科尔曼和帕特南的社会资本理论比较分析》,《中共济南市委党校学报》2021年第2期,第37-44页。

② 詹姆斯·科尔曼:《社会理论的基础》,社会科学文献出版社,1999,第281-287页。

③ 林南:《社会资本》,张磊译,上海人民出版社,2005,第18-54页。

④ 陈柳钦:《社会资本及其主要理论研究观点综述》,《东方论坛》2007年第3期,第84-91页。

⑤ Putnam R,*Making democracy work*(Princeton:Princeton University Press,1993),p31.

关系的个体或行为进行否定而逐步得到加强。他指出,如果认识到社会资本的重要性,那么就应该重视并努力推动社群发展,为各类社会组织留下存在的空间。①

二、社会资本理论的研究和运用日益广泛

20世纪70年代以来,国内的经济学、政治学、社会学、管理学以及行为组织理论等多个学科领域开始关注社会资本,用其研究、阐述和试图解决本领域的具体问题。20世纪90年代以来,社会资本理论逐渐成为学术界关注的热点,许多学科都从本学科视角出发对其进行研究,以解释经济增长、政治治理、社会发展,甚至是社会矛盾的解决。如燕继荣在《社会资本与国家治理》一书中指出改善国家治理需要投资社会资本。他把社会资本放在资本概念和资本理论发展的背景下进行历史的考察,探讨了资本概念的语意变迁和资本理论的演进脉络,指出人们对于资本认识的深化促进了社会资本概念的产生,并说明了社会资本概念的提出如何丰富了资本理论的内涵。他以"社会资本"概念作为国家治理底层理论的出发点,运用国外已有的社会资本理论方面的研究成果,系统阐述了社会资本的属性、构成、类型、存在方式和测度,分析了在国家治理中社会资本对于社会政治经济发展的功能和效益,指出改善国家治理需要投资社会资本以及投资的方式和策略等。② 国内外学者对社会资本的这些研究,对研究解决不同领域的问题提供了新视角和新思路。

进入21世纪,社会资本理论被运用于越来越广泛的学科领域,用以解决经济发展、社会治理、阶级阶层变动、人口流动、矛盾冲突等多方面的问题,社会资本理论有了新的突破和发展。一些学者开始尝试把社会资本理论应用于流动人口的研究,并从社会网络、社会资源、社会信任和社会规则等要素出发来考察流动人口的流动状况,解释流动人口的流动性动因及提出应对措施。

第二节　社会资本内涵和基本分类

一、社会资本内涵的理论界定

社会资本含义最早可以追溯到莱达·贾德森·哈尼凡(Lyda Judson Hanifan)③,他认为社会资本是个人或家庭互动的资产,社会群体关系、人们之间的交往互动以及家庭亲缘关系中的善意、互助等构成了社会资本,是在交往互动中自然形成的一种社会关系,

---

① 罗伯特·D·帕特南:《使民主运转起来》,王列、赖海榕译,江西人民出版社,2001,第102-109页。
② 燕继荣:《社会资本与国家治理》,北京大学出版社,2015,第91-125页,第206-225页。
③ 陆迁:《社会资本综述及分析框架》,《商业研究》2012年第2期,第141-145页。

其相互运用能够使人获得社会所需要的一些技能与特质，从而为其带来收益，满足自身的某些需要。[①]

随着各个学科领域对社会资本研究的逐步深入，学者们基于不同的研究对象，对社会资本的概念和内涵作出了各自的阐述，观点之间甚至有着较大的差异，也正是因为对社会资本阐述的不同，社会资本的内涵更加扩大而呈多样化，这也为解释不同学科领域的相关现象和社会问题提供了一种新的理论范式。综合国内外各学科领域的研究，社会资本内涵虽不尽相同却存在着共性，主要包含社会网络、社会规则、社会信任、社会参与和社会资源等要素。

（一）社会资本是社会网络和资源

随着对社会资本内涵研究的深入和拓展，20世纪70年代开始，理论界开始出现用社会网络分析和阐述社会资本的学说。持这一观点的学者认为社会资本在某种程度上就是社会网络关系的数量和规模，客观存在于个体之间的社会关系网络中，是某种条件下可以为个体利用并带来利益的资源。社会网络和社会资源论主要围绕个体社会网络与集体社会网络两个方面来分析阐述。

最初的研究主要以个人层面的社会网络为主。提出社会资本概念的法国社会学家布迪厄认为，社会资本是指个体在其置身其中的社会网络里拥有的各种资源的总和，他同时指出，个体拥有的社会网络及社会资源的规模与数量一定程度上会影响甚至决定个人可能或现实获得的利益的大小。[②] 美国著名社会学家马克·格兰诺维特（Mark Granovetter）也强调社会网络的大小决定了个体可能从中获得的信息和资源的多少。格兰诺维特还提出了"弱连接"现象，所谓"弱连接"，是指在社会网络中相对于个体接触最频繁的亲人、朋友、同学、同事等社会关系而言，相对没有那么密切和坚固，但却更为广泛的社会关系，研究发现，这种"弱连接"在外界交流和获取信息上有着更快、成本可能更低、效能可能更高的效果。[③]

随着社会资本研究的发展，越来越多的学者从集体或者群体角度研究社会网络结构。以法国社会学教授埃米尔·杜尔凯姆（Émile Durkheim）为代表的社会学派认为，社会本身是一个独立的主体，并非仅仅是组成成员的简单总和，社会群体网络中的个体的行为方式与思想方式都不同于完全独立于社会群体网络之外的个体，获取的利益大小也不同于独立个体，即社会群体网络中的个体所能获得的利益要大于独立个体所能获得的利益。美国著名社会学家詹姆斯·科尔曼（James Coleman）也从群体角度分析"社会资本"的本质，他在《作为人力资源发展条件的社会资本》一文中认为，社会资本是个人所

---

① Hanifan L. J, *The Community Center*，(Boston: Silver, Burdette, and Co, 1916)，pp. 130-138.

② 常桂祥、傅蓉：《布尔迪厄、科尔曼和帕特南的社会资本理论比较分析》，《中共济南市委党校学报》2021年第2期，第37-44页。

③ 马克·格兰诺维特：《镶嵌：社会网与经济行动》，罗家德等译，社会科学文献出版社，2015，第1-27页，第56-77页。

拥有的社会结构资源,不同个体都具有不同的社会结构特质,是个体获取利益的一种资源,不同的个体所具有的社会结构特质在个体组成群体时也随之组成一个大资源,这个群体社会网络拥有的大资源对集体利益和个体行为都更为有利。科尔曼认为,社会资本不仅是个人获取更多利益的手段,也是有助于集体行动和获取利益的重要资源。[①]

社会网络学说在阐述社会资本时,更侧重于将其解释为社会成员的个体和集体所构成的社会网络关系,这也是社会学领域的学者对社会资本内涵的基本阐述,即社会资本是指社会成员之间通过相互交往,所形成的包括家庭、朋友、社区、社团等某个特定范围内的社会关系网络,其成员可以从中获得一定的资源。可以看出,社会学领域的学者对社会资本的阐释,更多的是从个体从社会网络中获得资源的角度出发,而缺乏从集体合作获得大范围利益的角度对社会资本的解释。

国内也有部分学者在论述社会资本概念上持相同观点,如张其仔认为,社会资本是一种关系网络,他在研究中探讨了社会资本对经济发展、劳动力转移和制度创新等方面的影响。[②] 卜长莉认为,社会资本是以一定的社会关系为基础,以一定的文化作为内在的行为规范,以一定的群体或组织的共同收益为目的,通过人际互动形成的社会关系网络。[③] 周建国认为,社会资本是一种镶嵌在社会结构或社会关系之中,以信任、规范以及网络等多种形式存在,对人们的社会行动产生正负两方面影响,且人们通过自身有目的的行动可以获得或改变其流动方向的一种资源。[④] 杨永福认为,社会资本是存在于社会结构中,通过行动者活动而产生效益的资源。[⑤]

(二) 社会资本是社会规范和制度

在阐释社会资本时,政治学、管理学等领域的一些学者认为,社会资本是一种客观存在于社会网络中的特殊资本,需要通过人与人之间的互动交往才能发挥其获取社会资源的功能。成员个体在行动中获取社会资源的多少取决于拥有的社会资本的多少,而拥有的社会资本一定程度上取决于他们是否遵守社会网络中的规范、制度。

持这一观点的学者们认为,社会资本是社会组织内部为了成员间的相互利益而普遍认同和遵守的规范与制度。与物质资本、人力资本一样,社会资本也能够给个体带来可能的收益。由于社会资本潜在于既定的人际关系结构中,个体不能直接运用,只有成为这个社会网络的成员,或与这个社会网络建立连接,才可能使用该社会资本。个体在社会网络中的人际关系,影响着他在该组织中所有的社会资本的多少,这种人际关系,可以外在地表现为口碑、人缘、声誉、社会地位状况等。同时,个体所在的社会网络中的成员互动、规则制约对个体获取社会资源的多少也有较大影响。

① 詹姆斯·科尔曼:《社会理论的基础》,邓方译,社会科学文献出版社,1990,第281-287页。
② 张其仔:《社会资本论——社会资本与经济增长》,社会科学文献出版社,2002,第12-25页。
③ 卜长莉:《社会资本与吉林省的经济发展》,《新长征》2002年第10期,第27-28页。
④ 周建国:《社会资本及其获取途径》,《上海交通大学学报(哲学社会科学版)》2005年第6期,第31-37页。
⑤ 牛喜霞、邱靖:《社会资本及其测量的研究综述》,《理论与现代化》2014年第3期,第119-127页。

美国社会学者弗朗西斯·福山(Francis Fukuyama)认为,社会资本就是社会群体中成员必须遵守的特定的规则和价值观。他提出,社会群体成员之间存在着成员必须遵守的趋同性的规范和价值观,它能够增强成员社会彼此之间的信任感,有利于促成个体或者群体之间的合作,从而提高社会成员的行动效率。① 在通常情况下,社会群体为了共同目标的实现,都会默认或制定一些规则以实现集体共赢。随着城市化进程的推进和市场经济的进一步发展,社会人口流动性日益加大,社会群体中的成员在行动中趋于一种相对不确定的状态,要在行动中提高集体效益,社会成员之间必须相互信任、遵守共同的社会规范,以实现共同的奋斗目标从而实现利益最大化。罗伯特·D·帕特南在研究意大利南北政府的工作绩效时,认为社会资本由一系列特征因素构成,如信任、网络、规则等,它们有利于集体达成一致意愿,从而提高政府的工作效率。帕特南发现意大利这些地区有着比较浓郁的信任合作风气,这种信任合作能协调人们的行动、提高投资收益、推动经济发展。他还特别指出,在国家和社会的民主治理中,政府应该加强公民之间的信任感,推动合作行为,提高行政效率。②

在社会资本概念上持此观点的这一学派同时认为,社会群体所共同遵守的规范和制度的强弱及其对成员约束力的大小在一定程度上决定了成员个体所拥有的社会资本的多少。也就是说,如果个体成员违反了该组织的规范和制度,他的社会资本就会减少,如果一贯比较遵守社会群体的规范和制度,他所拥有的社会资本就能够持续性增加。有的学者把这个概括为,社会群体网络的信任程度、行为规范特征和遵守程度等,决定着拥有的社会资本的状况。

(三) 社会资本是社会参与和互动

有学者认为,社会资本是客观存在于社会网络、社会群体、社会组织中的一种潜在的资源,这种资源并不当然的为群体成员带来利益,只有成员个体通过社会参与,实现成员个体之间以及成员与群体之间的互动,才能激发这种潜在的资源,进而为成员个体带来利益。持该观点的学者更注重个体的主动参与性。

美国学者亚历杭德罗·波茨(Alejandro Portes)在 2000 年提出:社会资本本质上就是社会参与,它是"处在网络或更广泛的社会结构中的个人动员稀有资源的能力"。社会成员基于社会参与实现相互信任、相互合作,实现自身的利益目标。这一学说认为,社会参与本质上能够体现社会资本的内涵,因为所有的政治、经济和社会活动都在于人与人之间的交往,即所谓的"参与"。亚历杭德罗·波茨指出,获取资源的能力并不是个体成员所固有的,而是与他人通过社会互动获得的。值得关注的是,亚历杭德罗·波茨提出了消极的社会资本概念,他认为,社会资本有四个消极后果:一是社会资本是一定社会群体中的成员的资本,对社会群体之外的圈外人是排斥和否定的;二是社会资本要通过群

---

① 弗朗西斯·福山:《大分裂:人类本性与社会秩序的重建》,刘榜离等译,中国社会科学出版社 2002,第 18 页。
② 罗伯特·D·帕特南:《使民主运转起来》,江西人民出版社,2001,第 195 页。

体成员的社会参与才能实现,对社会群体内部的成员要求过多;三是社会资本是通过社会参与才能获得的一种资本,在社会参与中必须遵循一定的规则,所以对个人自由有明显的限制;四是社会资本通过社会参与建立良好的社会关系才能够获得,所以获得过程中必须最大限度求同,存在用规范消除差异的倾向。① 边燕杰和丘海雄认为,社会资本是行动主体与社会的联系以及通过这种联系获取稀缺资源的能力。② 肖冬平、顾新等则认为,社会资本是基于共同的利益目的,各相关行为主体通过各种正式的、非正式的交互作用而形成的网络以及与网络相联系的规范。③

在社会资本内涵上强调社会参与的学者们认为,社会参与不仅仅是群体成员的个体行为,而且是一种群体参与,社会资本也当然是一种群体成员共享的资源。通过某种途径和方式,群体成员获得社会参与的资格,通过社会参与融入社会群体,群体内部成员共同享有相关资源,各自获取自身利益、达成社会目标。

此外,对社会资本内涵的解释还有很多视角和学说,如社会资本是社会权威和声望等。综合国内外学者对社会资本的不同解释,基于社会资本视角研究农民工流动和社会融入问题的需要,可以将其定义为:社会资本是广泛存在于社会网络关系中并能够被行动者投资和利用以便实现自身目标的社会资源。作为特定形式的社会资源,它客观存在于人与人的交往中,体现在人际互动关系中,只有当它被行为者主动调动起来并进行利用时,才作为一种能量和资源在实践中切实发挥作用,由潜在的资本成为现实的资本。

二、社会资本的基本分类

关于社会资本的分类,各领域基于解决本学科具体问题的需要,以不同的标准对社会资本提出各种各样的具体分类。目前学界对社会资本的分类没有一致的标准和统一的分类。从解决研究问题的需要出发,本研究主要关注如下几种社会资本的分类。

(一)以社会资本的表现形式为分类标准

按照社会资本的表现形式,可将社会资本分为结构型社会资本和认知型社会资本,如社会学学者安尼路德·克里舒那(Anirudh Krishna)和诺曼·厄普赫夫(Norman Uphoff)就持此种观点。在他们看来,结构型社会资本是社会资本拥有者的网络关系,是在制度、规范、程序和先例的基础上建立起来的,影响处于该社会网络中的成员获取相关信息、实施具体行动、实现行动目标,以及制定政策和制度等。布尔迪厄从社会关系网络的角度研究和阐释社会资本,他认为社会关系网络不是简单的亲缘和血缘关系,而是在一定的职业和组织之中的关系网络,社会化的每个人都有一定的社会关系,每个人基于在社会中生存和发展的需要,与他人进行持续性交往,这种社会关系的强和弱直接影

---

① 龚虹波:《论"关系"网络中的社会资本———一个中西方社会网络比较分析的视角》,《浙江社会科学》2013 年第 12 期,第 99 - 105 页,第 98 页,第 158 页。

② 边燕杰、丘海雄:《企业的社会资本及其功效》,《中国社会科学》2002 年第 2 期,第 87 - 99 页。

③ 肖冬平、顾新:《知识网络中的社会资本及其作用》,《科技进步与对策》2009 年第 6 期,第 101 - 104 页。

响着成员社会资源的获取和自身目标的实现。相当一部分学者都对结构型社会资本进行过类似的阐释，认为其是成员个体在组织群体中的网络关系。结构型社会资本包括正式和非正式的关系网络，具体来讲，正式的社会关系网络包括政府、学校、企业、事业单位、社区等，非正式的社会关系网络包括但不限于宗族关系、血缘地缘关系、农村自然形成的村落、各种非正式组织等。结构型社会资本是相对外在、客观的，容易被观测和被改变。

认知型社会资本是指行动者在集体网络中所拥有和遵循的共同历史传统、价值理念、行动规则、认知模式和行为方式等，其基本要素包括社会规范、社会信任和行动互惠。简而言之，就是人们在一定的社会关系中遵循一定的社会规范，基于相互的信任进行互惠的社会交往，并满足自身需要和实现行动目标。社会规范作为为实现社会群体的共同目标而建立的价值标准和行为准则，有正式规范和非正式规范，比如法律规范就是一种约束力强的正式规范。但社会生活仅有法律规范是远远不够的，还要遵循各种正式和非正式规范。作为社会资本基本要素的社会规范，是一定的社会共同体为了保证良性运转和实现共同利益而形成的规范，更多非正式社会规范是在社会交往中客观形成的。遵规、守信、诚实、互利，共同体成员就受益，实现个人利益与公共利益的双赢；反之，就会受到惩罚，失去可能获得的利益。共同体为实现集体目标和利益，就会逐渐约定俗成基本的社会规范，约束成员行动。信任是社会资本最关键的要素，在社会生活中，信任是维持社会秩序、整合社会力量、实现社会目标的基础。在社会共同体中，正是基于相互之间的信任，才会有彼此之间的良性互动，才可能顺利实现行动目标。帕特南指出："信任是社会资本的必不可少的组成部分……在一个共同体中，信任水平越高，合作的可能性就越大。"[1] 弗朗西斯·福山也把社会信任看作是社会资本的核心要素，同时他还将社会信任视为社会资本的来源，并论述了社会信任之于社会资本的重要性。福山对互惠也做出了解释，认为互惠是共同体成员之间基于平等的相互需要、相互依赖、相互成全。在共同体中，遵循一定的规范、处于相互信任的交往互动中、获得各自需要的资源，即是社会资本中的互惠。[2] 认知型社会资本作为共同的认知，在行动中可以形成对群体成员的规则制约及成员之间的信任度、凝聚力，从而影响行动者个体的收益。认知型社会资本是相对内在、主观的，不容易被观测和被改变。

结构型社会资本和认知型社会资本在一个群体内部具有密不可分的交互关系，结构型社会资本决定着认知型社会资本，而认知型社会资本反作用于结构型社会资本，两者相辅相成、相互影响。

（二）以社会资本的主体为分类标准

依据社会资本主体，可将社会资本分为个体社会资本和集体社会资本。个体社会资

① 罗伯特·D·帕特南：《使民主运转起来：现代意大利的公民传统》，王列、赖海榕译，江西人民出版社，2001，第199–200页。

② 弗朗西斯·福山：《信任：社会道德与繁荣的创造》，李宛蓉译，远方出版社，1998，第28–39页。

本是来源于个体外部的、能够为个体行动带来便利、有助于个体实现行动目标的社会网络和资源，是人们在相互的交往中，在一定程度上能够利用其来满足自身物质与精神需求的社会资本。个体社会资本主要是基于个人层面，如个体拥有的以相互信任和互惠规范为基础获取自身利益的社会网络，也包括个人所拥有的学历、权利、财富、声望、信息、机会、知识等。科尔曼就将社会资本定义为"个人拥有的以社会结构资源为特征的资本财产"，认为社会资本由构成社会结构的各个要素组成，既包括个体拥有的知识、学历、能力、信息等，也包括个体所处社会的关系网络、交往程度、声望等，它存在于人际关系的结构之中。[1] 布迪厄则认为个体社会资本是个体资本与社会网络关系的结合，有助于个体行动者在社会行动中获取利益、实现目标。[2]

集体社会资本则是为社会关系网络的组织和成员所共有，能够为组织和所有成员带来可能利益的社会资本。集体社会资本表现为来自集体的社会支持、社会凝聚力、社会网络、社会信任、社会规范与制度等，具体包括家庭社区、公司企业、城乡集体、社会组织等，宏观层次还包括国家、政府的制度与法律法规等。每一个个体通过参与和互动，都有可能有机会利用集体社会资本，不会因为某一个成员或组织利用集体社会资本而剥夺他人利用的机会，更不会使社会资本减少或受损。集体社会资本对于组织和成员的行动都能带来支持和帮助。[3]

（三）以社会资本的性质为分类标准

依据社会资本的性质，可将社会资本分为同质性社会资本和异质性社会资本。同质性社会资本是主要以熟人为主体构成的社会关系网络，成员正是基于相同的血缘、地缘、亲缘等关系形成一个社会关系网络，如家族圈、同乡会、自然村落等，具有一定的封闭性、先天性、内聚性，相对比较固定。在这一社会关系网络中，成员相互提供资源，彼此获得情感支持，互助进行社会活动、实现行动目标。同质性社会资本会对关系网络内部成员以及新加入成员产生约束、同化等效果，如"入乡随俗"就是同质性社会资本比较典型的作用。

异质性社会资本是基于社会交往、工作关系、发展需要、行业属性等现代法理因素和契约精神形成的社会关系网络，诸如同事、同学、战友、各类兴趣协会等，同时也包括社会团体组织、公司企业、中介组织、各类行业协会、城市社区等。异质性社会资本不是自然存在的，是建立在职业、兴趣、发展等基础之上后天形成的，具有一定程度的开放性。在异质性社会资本中，占有者能够丰富行动所需要的资源，获得相关的信息以实现行动目标，也能给相互交往的双方带来收益和回报。所以，为求持续性或较高的回报和收益，人们会投资社会资本，建立和增进人际关系网络。

---

① 田凯：《科尔曼的社会资本理论及其局限》，《社会科学研究》2001 年第 1 期，第 90－99 页。
② BOURDIEU P，"The forms of capital，" in *Handbook of Theory and Research for the Sociology of Education*，ed. RICHARDSON J（Westport，CT：Greenwood，1999），pp.281－287.
③ 詹姆斯·科尔曼：《社会理论的基础》，社会科学文献出版社，1999，第 281－287 页。

（四）以社会资本的来源为分类标准

根据社会资本的来源,可将社会资本分为政府社会资本和民间社会资本。很多学者依据此种标准对社会资本进行了分类,具体表述虽有所不同,但基本都认为社会资本包括来自国家政府的和来自民间社会的,即政府社会资本和民间社会资本,如罗伯特·科利尔(Robert Collier)即持这种观点。

政府社会资本是指各级政府和国家有关部门制定和实施的制度、政策、法律、法规等,同时包括实施效率和实施效果,以及政策制度等给予公民的自由度。这类社会资本能够有力促使成员实现自身行动目标,相对比较稳定,能够给拥有者带来可见的资源和利益,也能够为更多社会成员共同拥有、共同使用。

民间社会资本是与政府社会资本相对的概念,是指政策制度和法律法规之外,通过社会成员的自我行动而形成的社会网络、规范和价值等,主要包括社会成员共同的价值观、社会规范和一些非正式网络。它在国家和社会治理方面的作用被社会学家普遍认可,该种社会资本中的社会关系和人际信任能够为社会成员减少活动成本、带来活动资源、实现活动目标、获得活动收益;宏观层面上,民间社会资本所带来的社会凝聚力和公民参与的积极性,也能够促进民主管理水平及社会治理效率的提高。

此外,社会资本还有很多种分类,诸如以社会资本核心要素分类、以社会资本维度分类等。总体来看,不论哪一种分类方法,都强调社会资本中社会网络、社会信任、社会参与、社会规范等要素的重要性。

第三节　社会资本的属性及功能

社会资本客观存在的属性和在社会活动中的功能,直接影响着它的运用,如将社会资本运用在哪些领域、如何有效或者高效地运用它来解决不同领域的问题等。基于社会资本变动研究和解决农民工社会融入问题的需要,首先要把握社会资本的属性和功能。

一、社会资本的属性

根据学者们多年的研究,对社会资本的属性形成了一些共识。首先,社会资本具有一般资本的共同属性,即:它是通过积累形成的;具有规模效应;需要不断更新;具有明显的生产性。同时,社会资本作为一种特殊形式的资本,具有自身独特的属性。社会资本的基本属性主要包括以下几个方面。

第一,社会资本具有公共物品的属性,为一个社会网络群体所共有、共享。个体在社会网络中可以利用社会资本实现行动目标,但这些社会资本并不为使用者所独自享有和随意支配。处于一个社会网络群体中的所有成员,都可以平等、反复、多次、共同地使用该社会资本,不会发生矛盾和冲突,也不会因为某一成员的使用而影响和剥夺其他成员使用该社会资本的资格和份额,作为公共物品,可以为更多的人同时使用、平等使用。社会资本的这一公共物品属性,是区别于其他资本的最基本属性。

第二,社会资本具有自我增值的属性。社会资本不会因为频繁使用,甚至过度使用而减少,恰恰相反,对社会资本利用得越多,社会网络中的信任、资源等就会形成良性循环,逐步增加,社会资本的价值就越来越大。犹如人与人之间的信任,相互信任产生良性回报的次数越多,越会强化彼此之间的信任。不同于一般的物质资本,社会资本不会因为经常使用而减少,却会因为不经常使用而形成恶性循环,导致社会资本减少甚至枯竭。所以,要想拥有更丰富的社会资本,就必须经常、频繁和深度使用已有的社会资本。[1]

第三,社会资本具有不可转让的属性。无论是何种形式的社会资本,无论其具体属于谁,社会资本都是不可转让的。社会资本可能属于某个人、某些组织,也可能属于整个社会,但这些社会资本只属于这一个人、这个组织、这个社会,拥有再丰富的社会资本,所有者也只能独自使用而不能够转让。每个人或组织所拥有的社会资本都是独特的,具有专属性,不能够像普通资本那样流动。所以,社会行动中,人们只能培育和丰富属于自己的社会资本,而不能够去使用别人的社会资本。

第四,社会资本比较难以测量。社会资本是社会网络中存在于人与人之间的信任、规范等社会资源。正如科尔曼所言:"社会资本基本上是无形的,它表现为人与人的关系。"[2]它的存在与人密切相关,密不可分,但却并非存在于人的肉身上,也并不依附于人,只存在于人与人之间的相互关系中。人们能意识到社会资本的存在,却无法看得见、摸得着。这种无形存在的特点,增加了观察和测量社会资本的难度,使其比较难以被量化。

二、社会资本的功能

关于社会资本的功能,学者们讨论得很多,社会资本的定义也大多是学者们基于社会功能给出的。如美国学者帕特南在研究意大利南北地区政治绩效差异和民主政治发展程度不同时,强调了社会资本的重要功能;在考察 20 世纪后半期美国公民社会中民主政治发展缓慢的状况时,他也指出了社会资本的作用。此外,学者们也注意到了社会资本的消极作用。故本研究将从积极与消极作用两个方面,对社会资本的功能加以梳理。

(一)社会资本的积极作用

根据国内外学者对社会资本理论在各领域的研究和运用,可以看出社会资本理论具有很强的适用性,在经济领域、政治领域、社会领域都有很强的解释力,具有较强的功能。[3] 在社会领域的功能主要有:一能帮助成员实现公民权利。社会资本作为一种非制度性的社会资源配置方式,正日益在权力配置和市场配置中发挥重要作用。社会资本的

① 常桂祥:《社会资本的特性与构成要素探析》,《中共济南市委党校学报》2020 年第 2 期,第 83 - 88 页。
② 詹姆斯·S·科尔曼:《社会理论的基础(上)》,邓方译,社会科学文献出版社,2008,第 281 页。
③ 杨东柱:《帕特南的社会资本理论解析》,《理论界》2017 年第 4 期,第 10 - 15 页。

充分有效利用会使资源配置日趋合理,使公民权益得到更好的实现。在这种趋势下,政府也会在重视制度建设、法治建设的同时,日益重视对非正式制度的建设,以此来协调社会内部的各种关系,保证公民权利落实;二能推进社会建设。利用社会资本既可以促进民众之间的沟通交流,提高民主自治能力,也能够在政府和民众之间传达政府的精神和民众的诉求,起到桥梁纽带作用。在政治学中,社会资本作为社会信任的来源和"公民社会"的黏合剂,被看作是社会自治的基本条件,不仅是影响制度和政府绩效的重要因素,也是构建良好社会治理模式的核心要素;三能培养公民意识。帕特南认为公民参与网络是一种横向的互动关系,能够把相等地位的人们联系起来。[1] 利用社会资本的过程能够使公民认识到自身所拥有的权益,以及自身在实现自我利益中不可替代的重要作用,从而激发公民主动参与的意识和行为,强化公民的主体地位,有利于培养公民社会的公民意识。

(二) 社会资本的消极作用

不可忽视和否认的是,社会资本除了具有积极的功能外,还存在一定的负面作用,且这种负面作用在某些领域、某些时候对某些行动者至关重要。概括起来,社会资本的消极作用主要体现在如下几方面:一是丰富充足的社会资本对社会网络内部的拥有者是积极有益的,相对的社会网络外部的行动者就会被排斥,甚至会被剥夺机会,对于行动中不具备这些社会资本的"圈外"人是消极被动的;二是社会成员如果过度使用关系型社会资本实现行动目标,会削弱成员对社会规则、法律法规的有效遵守,阻碍国家社会公共秩序和政策制度的正常运行,影响甚至破坏社会制度和法律法规的执行效果;三是如果依靠社会资本能够获取较大收益,某一社会网络则可能会产生对"圈外"人的排斥、隔离,群体之间的互动和交往减少,由此可能对整个社会的沟通、交流、整合和良性互动产生不利影响,不利于社会发展;四是社会中不同层次和不同类型的社会资本之间如果不能遵循相似度较高或者一致的基本规则和价值准则,在社会行动中不仅不能产生互补作用,还可能出现社会成员彼此之间的不信任、不认同和相互否定,会出现社会基本准则的混乱和社会行为的无序。因此,研究和使用社会资本,必须清楚认识到其可能的消极作用从而予以规避。

第四节 社会资本理论与农民工社会融入

一、社会资本理论在农民工领域的运用

国外学者较早用社会资本研究国际移民问题。美国学者林南较早发现了结构性社会资本对移民社会融合的影响,他认为,社会资本中的社会网络能够帮助移民获取稀缺

---

[1] 顾慈阳:《社会资本理论及其应用研究》,博士学位论文,天津大学,2004 年。

资源,从而影响劳动力找到的工作机会和工作类型,并由此能够提升工资水平。① 在国外社会资本理论对移民问题的研究成果中,移民的社会融入类型、归因和融入模式是理论研究关注的重要内容,在移民社会融入的概念内涵上有多重界定,如同化、文化适应、社会吸纳等,多认为移民的社会融入主要包含经济融入、文化性融入,政治性融入、空间融入等维度。在移民融入的归因上,提供了人力资本、社会资本和制度政策等一系列范式解释。此外,在移民融入模式上也有一些理论解释。这些理论成果对运用社会资本研究国内农民工社会融入问题提供了借鉴和参考。

20 世纪 90 年代中期后,国内学者已经开始将社会资本引入农民工问题的研究。在国内学者的研究成果中,主要围绕社会资本对农民工生产生活及其城市融入的作用、如何发挥社会资本作用来解决农民工问题等方面展开。越来越多的学者开始关注在农民工流动和社会融入中社会资本的重要作用,在认同社会资本积极作用的同时,也有学者关注到了社会资本在农民工社会融入中的消极作用。

关于社会资本在农民工生产、生活中的作用,学者们从不同视角进行分析并提出了发挥社会资本作用的建议。诸如,周晔馨在《社会资本与农民收入》一书中论述了城市化中的社会资本和农民工收入之间的关系,具体研究了社会资本对农民工进城前后收入的影响,指出社会资本在减轻农村贫困中的积极作用,同时他认为随着市场化进程的深入,社会资本对减贫的作用有减弱的趋势,他还提出了发挥社会资本在增加农民工收入中的作用的具体措施②;肖慧等在《社会资本促进农民工幸福感等提高》一文中,认为影响农民工幸福感的因素包括社会支持、社会信任、社会互助等社会资本因素,如邻里友好态度、社会支持程度、社区参与程度等具体内容,同时他们指出,可通过鼓励农民工参与社区组织活动、增强农民工与本地居民的交流、建立互帮互助的良好邻里关系和社区关系等措施来增强农民工的幸福感③;张敏等在《社会资本对农民工心理健康的影响》一文中指出,社会资本特别是社会信任对农民工的心理健康有显著影响,良好的社会资本有助于提高农民工的心理健康水平④;杨政怡在《社会资本与新生代农民工就业质量研究》一文中指出,社会资本对农民工就业质量有显著影响,农民工的工作收入、工作稳定性都和社会资本呈正相关⑤;等等。

关于社会资本对农民工社会融入的影响和作用,学者们从不同研究视角出发,形成了一系列成果和观点。诸如,吴玉锋等在《从"结构"到"认知":社会资本与流动人口社会

① 林南:《社会资本:关于社会结构与行动的理论》,张磊译,上海人民出版社,2005,第 68 页。
② 周晔馨:《社会资本与农民收入》,北京大学出版社,2017,第 18－99 页。
③ 肖慧、黄龙俊江、谢芳婷:《社会资本促进农民工幸福感的提高——基于 CLDS 2016 调查数据》,《云南农业大学学报(社会科学)》2021 年第 3 期,第 21－27 页。
④ 张敏、卢海阳、杨龙:《社会资本对农民工心理健康的影响——基于福建省农民工的调查》,《福建农业大学学报(哲学社会科学版)》2021 年第 2 期,第 80－89 页。
⑤ 杨政怡、杨进:《社会资本与新生代农民工就业质量研究——基于人情资源和信息资源的视角》,《青年研究》2021 年第 2 期,第 17－31＋94－95 页。

融合》一文中指出,结构性社会资本和认知性社会资本在流动人口社会融合过程中提供了不同的资源获取机制,对流动人口的社会融合具有积极作用,能够提升社会融合水平;[①]丁士军等在《异质性社会资本对农民工城市融入水平的影响——基于鄂粤两省农民工的调查数据》一文中认为,社会资本在多个维度对农民工的城市融入具有显著的积极作用,社会资本投资增加,可以正向促进农民工城市融入水平的提高,并指出社会资本质量对农民工社会融入中的经济层面影响较大;[②]李培林认为,农民工依靠以信任为基础的社会资本可以形成自己的社会关系网络和社会支持系统,但这种初级社会关系会强化农民工亚社会生态环境,也会抑制他们社会融入的进程。[③] 刘传江、周玲则认为,农民工拥有的社会资本以及社会资本的使用与其在城市里的边缘性地位具有高度相关性,数量不足和质量不高的社会资本会阻碍农民工实现社会融入的进程。[④] 悦中山等认为农民工与市民的社会网络包括市民亲属关系、市民非亲属关系和非市民关系这三种关系,其中市民非亲属关系对农民工市民化中的文化融合和心理融合有不可替代的显著作用,但是这种关系对农民工社会经济融合的作用不太明显。同时他们指出,这种不均衡作用源自制度的局限性,在农民工城市融入过程中有可能导致农民工长期陷入城市社会底层。[⑤] 童雪敏等指出,同质社会资本对农民工城市融入会起到阻碍作用,而新型社会资本能够产生促进作用,[⑥]等等。

目前,国内相关研究成果中,在社会资本对农民工城市社会融入的具体作用方面,既关注到了社会资本的积极作用,同时也关注到了消极影响,为农民工问题的研究与解决提供了新视角、新思路。丰富的研究成果也为本研究提供了重要思路和借鉴。通过整理已有相关研究成果的文献综述可见,将社会资本和农民工社会融入问题关联起来的研究逐步增多,已有相关研究主要侧重某一方面来关注农民工的生存发展和城市融入状况,但基于社会资本的变动和培育来促进农民工社会融入的研究还不多;已有研究多侧重关注和分析农民工的个体社会资本,侧重关注关系型社会资本,对农民工的集体社会资本和制度型社会资本的研究有待进一步深入;已有研究尽管已关注到社会资本的消极影响,但对其关注度还不够。故本研究以浙江省外来农民工社会融入问题为研究对象,把社会资本和外来农民工社会融入问题关联起来,探究通过社会资本变动促进浙江省外来农民工实现社会融入的具体路径,以期在一定程度上填补目前国内学界相关研究的不足。

① 吴玉锋、雷晓康、聂建亮:《从"结构"到"认知":社会资本与流动人口社会融合——基于2014年中国劳动力动态调查数据》,《人口与发展》2019年第5期,第111-122页。
② 丁士军、刘国顺、陈良敏:《异质性社会资本对农民工城市融入水平的影响——基于鄂粤两省农民工的调查数据》,《新疆农垦经济》2020年第9期,第62-70页。
③ 李培林:《农民工:中国进城农民工的经济社会分析》,社会科学文献出版社,2003,第104页。
④ 刘传江、周玲:《社会资本与农民工的城市融合》,《人口研究》2004年第5期,第12-18页。
⑤ 悦中山、李树茁、靳小怡、费尔德曼:《从"先赋"到"后致":农民工的社会网络与社会融合》,《社会》2011年第6期,第130-152页。
⑥ 童洪涛、晋洪涛、史清华:《农民工城市融入:人力资本和社会资本视角的实证研究》,《经济经纬》2012年第5期,第33-37页。

二、社会资本与农民工社会融入的内在关联

已有研究表明,社会资本在农民工社会融入中具有重要作用。农民工拥有的社会资本及其变动与其社会融入意愿、社会融入能力和社会融入程度相互作用,彼此之间具有高度的内在关联。

一方面,农民工社会融入需要成熟的社会资本。农民工实现市民化需要城市社会在公共服务等方面将他们完全纳入,同时实现在城市的多方面社会融入。在这一进程中,农民工拥有的社会资本具有不可替代的作用。足量、成熟的社会资本有利于农民工获得丰富的各类社会信息,促进他们在城市生存发展、立足定居;对农民工增强法律意识和维权意识,有效维护自身合法权益,与城市居民共享无差别的城市公共服务,加快融入现代城市生活的进程,最终实现市民化也起着至关重要的作用。显然,农民工拥有足量成熟的社会资本,必然会加快农民工的市民化进程,从而推动中国的城镇化进程。

另一方面,农民工社会融入度的提高也能丰富其社会资本存量。农民工社会融入程度越高,他们对城市社会的认同度也会越高,相应的与城市社会的互动也会越多,在这一过程中,就更能产生数量多、质量高的社会资本,有助于农民工社会资本的成熟完善。如果体制、制度、观念、法律等因素能够使农民工在城市的生活实现老有所养、病有所医、劳有所得、住有所居、子女在城市学有所教,消除他们在城市的后顾之忧,他们就会较高程度地认同城市社会,具有较强的主人翁意识,在城市的安全感就会大大增强。对城市的社会认同,会促使农民工为尽快彻底融入城市而自觉从思想、文化、观念、习俗等方面不断自我提高,减少乃至消除与市民的差别。他们会充满自信地扩展交往范围、提升交往层次以及交往的积极性、主动性,其拥有的关系型社会资本的量就会随之越来越足,质就会越来越高。同时,农民工对城市的高度社会认同和越来越深入的社会融入,一定伴随着城市相关制度政策、法律法规的不断出台和日益完善,这也就意味着农民工拥有的制度型社会资本也会相应地得到拓展和完善。从这个意义上来说,农民工对城市的社会认同会促使其社会资本得到不断成熟和完善。

总之,农民工拥有的社会资本和其在城市的社会融入可以相互作用、相互促进,成熟的社会资本和高度的社会融入相辅相成,两者之间能够形成良性循环,在农民工社会资本数量增加、质量提升的过程中,最终实现农民工市民化。

第四章

外来农民工社会融入中的社会资本
及存量变动

农民工群体按照其户籍所在地和务工所在地,可以分为本地农民工和外地农民工,国家统计局对农民工的历年监测调查报告,其中就将农民工群体划分为本地农民工和外出农民工,并对其定义作出解释。本地农民工指在户籍所在乡镇地域以内从业的农民工;外出农民工指在户籍所在乡镇地域外从业的农民工。[①] 在学界同样存在此种分类方式,界定农民工是本地还是外地,主要以户籍所在地来判定。基于研究目的和研究范围,我们主要关注浙江省外来农民工在社会融入中的社会资本状况。本研究的"浙江省外来农民工",是指户籍在浙江省外,跨省流动到浙江省内务工的农民工。

第一节　外来农民工社会资本的基本类型

外来农民工进入城市工作生活,由于其亦农亦工、非农非工的城乡二元的特殊身份,他们拥有的社会资本情况也比较复杂。从社会资本的地域来源看,外来农民工既拥有乡村社会资本,又拥有城市社会资本;从社会资本的性质来看,外来农民工既拥有关系型社会资本,又拥有制度型社会资本。这些社会资本在外来农民工社会融入中都有不可忽视的重要作用。

一、外来农民工的乡村社会资本和城市社会资本

外来农民工从乡村流动到城市,有乡村生产生活经历,也有城市生产生活经历;有农民的户籍身份,也有工人的职业身份。一方面,他们的原生家庭、土地保障、宅基地、住房、户籍以及附着在户籍上的相关权益都在农村;多数农民工生在农村、长在农村,自小受乡村文化习俗、风土人情、生活习惯等熏陶和影响,与乡村亲朋好友结成生活中最重要的人际关系。另一方面,外来农民工现在来到城市工作生活,与城市居民一样从事非农

---

① 见国家统计局网,《2020 年农民工监测调查报告》,http://www.stats.gov.cn/xxgk/sjfb/zxfb2020/202104/t20210430_1816937.html。

产业工作,深受城市文明的熏陶和影响,习惯着城市的生活方式和生活节奏,适应着城市的思维方式、消费方式和社会交往模式,不同程度地享受着城市基本公共服务和基本社会保障权益,得益于城镇化进程中国家和地方政府陆续出台和不断完善的促进农民工社会融入的一系列制度政策。所以,外来农民工既有农民身份和农村生活经历带来的乡村社会资本,也有在城市工作生活、作为城市重要一员逐步积累的城市社会资本。

外来农民工拥有的社会资本首先是乡村社会资本。农民工进城之初,只有原来拥有的乡村社会资本可以利用。由于农村户籍的难于改变、土地的不可迁移性及农民原本相对封闭的生产生活状态,他们的乡村社会资本主要是基于血缘、亲缘、地缘关系形成的,以亲情和乡情为限度,以乡村生活圈为交往范围,是相对封闭、保守、排外的一种社会资本。农民工的户籍在农村、土地(耕地和宅基地)在农村、基本社会保障权益原本也在农村,农村是他们原本的根。进城务工后,即便是举家进城,通常情况下也只是核心家庭共同进城,相当一部分农民工的其余家人亲戚都还在农村。尤其是已婚农民工,由于在城市的住房和生活成本高等原因,只能夫妻带孩子进入城市,他们的父母一般会暂时留守在农村,还有他们的兄弟姐妹和远近亲属,都基本生活在农村。进城后,拥有的乡村社会资本虽然逐步弱化,但它在外来农民工的城市生活工作中仍然举足轻重,在其生存发展中不可或缺,特别是在农民工刚刚进城时这部分社会资本起着至关重要的作用,没有这些乡村社会资本,农民工在城市的起步将会更加艰难,甚至会进城失败而回流农村。

外来农民工拥有的社会资本还有特别重要的另一部分,即城市社会资本,概括来讲,就是建立在业缘、亲缘、血缘关系之上,或以契约观念、法制关系、制度政策、市场信用等为纽带将农民工与城市社会联结在一起的一种社会资本。由于在城市的生活工作、自身发展、社会关系、制度政策等原因,外来农民工在城市中逐步产生了存量越来越多的社会资本。从农村进入城市,在城市的安顿落脚、求职工作、基本生活、就医看病等都要逐一解决,他们必然要经历举步维艰、一切从零开始的这一必经过程。进城之初,他们在城市社会拥有的各种资源、信息和社会关系非常匮乏,为了求职、生存和发展,他们自然首先利用在城市的亲人、同乡等这些社会关系,因此,农民工的城市社会资本最初基本是建立在传统的亲缘、地缘、业缘上的社会资本。这种社会资本在经济上和精神上的支持使刚进城的外来农民工能尽快适应环境,更快立足城市,在一定程度上能够防止其市民化第一步的失败。在城市初步稳定、得以立足后,他们就开始谋求改善工作、提高收入、扩大交往、自我提升、家庭生活、子女教育和社会保障等一系列在城市发展之必需。为回应外来农民工在城市工作生活的系列需要和推进城镇化以及农民工市民化的需要,国家和地方政府开始逐步出台和完善一系列相关制度、政策、法律法规,逐步推动企业、社区里相关组织的建立,提升相关社会组织服务农民工的能力,逐步实现城市基本公共服务无差别覆盖外来农民工,等等。国家和地方政府这一系列相关制度政策、法律法规和举措行动,成为外来农民工在城市更重要的社会资本。城市社会资本之于外来农民工在城市生存发展以及社会融入的意义至关重要,外来农民工要在城市实现进一步的发展,逐步融入城市,最终实现市民化,就需要更成熟、更完善的城市社会资本。

从乡村流动到城市,乡村社会资本和城市社会资本共存的状况将会在外来农民工社会融入的进程中较长时间存在。这两种类型的社会资本在外来农民工社会融入中各具推力作用和拉力作用,相互交织、共同作用。

二、外来农民工的关系型社会资本和制度型社会资本

美国杜克大学的安尼鲁德·克里希纳(Anirudh Krishna)认为社会资本存在两种类型,即关系型社会资本与制度型社会资本。[①] 从外来农民工拥有的社会资本性质来看,也存在外来农民工的关系型社会资本,即农民工凭借个人的生产生活和社会交往等活动逐步形成的、可以使用的社会关系网络。这种关系型社会资本包含乡村关系型社会资本,虽然他们基本不再耕种土地,生活的主要空间已经转移至城市,但在农村拥有的这种社会资本在其生存发展中是不可或缺的。进城之初,他们人生地不熟,迫切需要解决住房问题、生活问题、工作问题,这个时候他们首先可以依靠和利用的就是自己原本的农民身份和农村生活中的基本社会关系网络,亲戚、老乡、朋友以及和他们一样具有农民工身份的群体,他们拥有基本一致的文化、习俗、观念,彼此之间能够休戚与共、相互理解,通过这些人际关系和社会资源,外来农民工在城市找到住房、安顿生活、谋求工作。外来农民工关系型社会资本中另一部分是城市的关系型社会资本:他们在城市生活、工作,进行社会交往,在城市中会逐步产生存量不断增加的关系型社会资本。随着在城市居住时间的增加、生活圈的扩大、工作交往的频繁,外来农民工开始拥有了新的、越来越多的人际交往和社会关系。这些非正式的、形成于农民工生产生活中的社会关系网络,就是他们进城后不可或缺、主要依靠的关系型社会资本。

外来农民工的制度型社会资本,即外来农民工获得的来自国家、地方政府、社区及相关组织的制度政策、法律法规、规则秩序等制度型资源。农民工离开农村向城市流动,一方面是出于个人的主动选择,另一方面也是国家城镇化、现代化的需要。所以,国家、政府和社会层面也会积极推动这一进程,通过相关举措推动农民工进入城市、解决农民工进城后的相关问题、促进农民工实现城市融入。农民工群体出现以来,政府和社会越来越关注农民工在城市的生存发展和市民化的进程,陆续出台和完善相关制度政策、法律法规,改革已有的体制制度,成立一些相关组织,制定一些规则秩序,以多方位解决农民工问题,推进农民工实现市民化。这些正式和非正式的制度政策、法律法规和组织团体等就是外来农民工在城市融入中拥有的制度型社会资本。

农民工进城后,一系列相关问题接连出现,需要不断地加以解决。由于原有城乡分割的二元体制制度的影响,很多问题远不是农民工仅凭个人努力能解决得了的。如:在

---

① 安尼鲁德·克里希纳:《创造与利用社会资本》,摘自帕萨·达斯吉普特、伊斯梅尔·撒拉格尔丁:《社会资本:一个多角度的观点》,中国人民大学出版社,2005 年,第 379-395 页。

生活中,能否和如何无差别享受基本公共服务,农民工子女在城市能否获得顺利入学、公平受教育的机会;在工作中,如何保障平等就业、同工同酬、及时足额获取报酬;在劳动力再生产中,如何实现继续教育,怎样得到必要的职业技能培训;在社会保障中,怎样完善外来农民工的养老、医疗等保险,免除在城市的后顾之忧。这些问题在农民工社会融入、实现市民化的过程中至关重要,但又绝非农民工个体能够解决得了的。在农民工流入城市的进程中,城乡分割的劳动力市场、相对较低的工资收入、不均等的公共产品和资源、与城市居民差别较大的社会保障待遇、城乡有别的户籍、需要不断提升的自身知识技能水平等,为农民工在城市的发展和融入设置了重重障碍。这些问题不是农民工依靠个人的关系网所能最终解决的,必须靠制度型资本的不断完善。制度政策的调整和干预、法律法规的保障和支持、规则秩序的规范和引导,是解决这些问题的根本。随着这些问题日益凸显,国家、政府、社会通过不断制定、改革和完善与农民工社会融入需求相关的一系列制度政策、法律法规、规则办法等方式,予以关注和逐步解决。改革城乡二元社会体制机制、户籍制度、社会保障制度、就业制度、教育制度等,出台保障农民工权益的法律法规,成立相关部门和组织,搭建系列农民工问题解决的平台等,为农民工破解进入城市的制度藩篱、提升在城市的生活质量、解决在城市的后顾之忧、增强农民工对城市社会的认同感和归属感、激发农民工主动融入城市的积极主动性。这些国家、政府、社会给外来农民工带来的制度型社会资本,是他们在城市立足发展并最终融入城市过程中最重要的社会资本,能够解决农民工在城市融入中凭借个人和关系型社会资本无法根本解决的问题。这类制度型社会资本作为外来农民工行动的重要资源最为有效且日益成熟完善,农民工市民化的进程中,这种社会资本是最重要的,也应该在其社会资本中占据越来越多的比例。

外来农民工拥有的关系型社会资本与制度型社会资本,并存于农民工在城市的生活工作和发展融入中,两者相互作用、相互促进,在农民工的城市社会融入中具有不可忽视的重要作用。

第二节　社会资本在外来农民工社会融入中的作用

外来农民工进入城市,来到一个原本与自己的生活没什么联系的地方,处于一个完全陌生的环境里,在人生地不熟的社会关系里开始新的生活、工作和人际交往,基于城镇化、现代化的需要和农民工自身发展的需求,还要努力进一步融入城市,最终实现市民化。这一过程中,他们需要各种可能的支持和资源。作为从乡村流动到城市的过渡性阶层,农民工拥有自己独特的社会资本,在实现城市社会融入的过程中具有不可替代的重要作用。

一、增强外来农民工对城市的社会认同

对城市足够的社会认同是外来农民工彻底融入城市、实现市民化的前提。在长期存在的城乡二元社会结构下,我国城乡之间曾经存在较深的心理鸿沟,甚至是互相排斥,所以外来农民工要在城市实现社会融入,更为根本的是要形成对城市的社会认同。对所在城市形成高度的社会认同,才会使农民工产生强烈的融入意愿和归属的渴望,并为实现社会融入主动进行积极地融入行动和条件准备,逐步实现在价值观念、行为规则、生活方式等方面的根本转化,实现与城市社会的逐步趋同。

外来农民工对所在城市怀有较高的社会认同,能够促使他们有意识地将自己归入市民群体,并会由此努力模仿市民群体的行为方式、主动了解市民的文化观念、主动趋同市民的生活方式、主动接受城市文明的影响和熏陶,加快其思想、文化、习惯等方面的城市化;对城市较高的社会认同还能够增强外来农民工在城市生活中的主人翁意识和责任感,激励他们主动在各方面提高自己,奋发进取、自强不息,以自信、积极的态度主动融入城市新生活;对城市的社会认同还能够缓解或消除外来农民工与市民之间的矛盾,有利于城市社会和市民群体从情感、心理和行动上接纳外来农民工。总之,增强外来农民工对城市的社会认同,消除城乡二元结构形成的心理沟壑,推动外来农民工在职业转化、地域转移、身份转换的同时,加快心理层面和文化层面的转变,才能尽快实现在城市的社会融入。

外来农民工在城市社会的身份认同、地位认同、文化认同等都会受到他们所拥有的社会资本的影响,在强化农民工城市社会认同中社会资本具有不可替代的重要意义。外来农民工如果拥有量足质优、成熟完善的社会资本,就能够极大增强对所在城市的社会认同。层次逐步提升的关系型社会资本,便于外来农民工获得各类社会信息,有利于他们在城市尽快地就业、安稳地生活、顺利地发展,提高他们对城市社会的参与度,帮助他们实现利益追求和发展目标,让他们在交往中能更多感受到城市社会的现代文明和便利的生活方式,增强他们对城市的社会认同;成熟完善的制度型社会资本,能够帮助他们实现利益追求和发展目标,与城市居民无差别共享城市公共服务和改革发展成果,增强外来农民工的主人翁意识和归属感,切身感受到来自城市社会的接纳和关怀,从而增强社会认同。由此可见,农民工拥有的社会资本可以从不同角度增强农民工对城市的社会认同。尤其值得关注的是,影响外来农民工对城市社会认同的最关键的因素之一,是城市社会能否将外来农民工无差别纳入城市公共服务体系,能否为他们提供比较完善的社会保障,能否解决他们融入城市的后顾之忧。

二、补充外来农民工社会保障的缺失

外来农民工进入城市,在这个原本完全陌生的环境中开始新的生活,并可能把人生的所有希望寄托在城市。从马斯洛需要层次理论来看,他们需要逐一满足吃穿等生理需

要,有工作、有收入、无后顾之忧的安全需要,进行社会交往等归属和爱的需要,有成就、有自信、被认可等尊重的需要,有追求、能圆梦等自我实现的需要。这些需要能否一一被满足、被满足的程度如何,直接影响外来农民工是否愿意、是否能够在城市实现社会融入。

和很多发达国家的现代化、城市化进程不同,在我国现代化进程中,存在城镇化相对滞后于工业化、人口城镇化相对滞后于土地城镇化等现象。在这种不平衡中,由于现有制度、政府财力、旧有观念等原因,城市还没有完全将农民工纳入城市公共服务体系,还没有为农民工提供与市民无差别的均等社会保障,农民工在城市社会的发展还存在急需解决但又难以解决的后顾之忧,极大阻碍了外来农民工在城市的社会融入。外来农民工拥有的相关社会资本可以补充他们在城市社会保障的不足,并能促进社会保障的逐步完善。随着中国城镇化和社会建设的推进,外来农民工所在城市的地方政府逐步将他们纳入城市基本公共服务体系,他们在城市已经享受养老、医疗、工伤等基本的社会保险,可以享受符合条件的公租房,能够享受出现重大疾病和意外事件时的社会救助等,尽管总体水平还不高,但城市社会保障已经开始覆盖外来农民工。但基于原有城乡二元结构下形成的一些制度、观念彻底转变尚需时日,考虑中国依然还是世界最大的发展中国家这一基本国情,短时间内仅仅依靠国家、政府还不能彻底解决外来农民工社会保障问题。充分利用外来农民工已有社会资本,并培育和完善外来农民工各类社会资本,以补充和改善他们社会保障之不足,是当前解决外来农民工社会保障问题的有效途径。

外来农民工拥有的社会资本在一定程度上可以暂时补充城市社会保障之不足:一方面,关系型社会资本能够在外来农民工因社会保障缺失而面临困难时发挥补充作用。在农民工遭遇重大疾病、暂时失业、子女教育或意外事件时,由于社会保障不完善会导致农民工生活陷入困境,甚至会阻断他们的城市融入之路。在困难出现时,关系型社会资本能够在一定程度上保证他们及时解决问题,渡过难关。比如亲朋好友、社区或社会组织以及慈善机构等,可以帮助农民工解决突发的或难以解决的困难,避免农民工遭遇灾难性打击。另一方面,制度型社会资本可以不断完善农民工的社会保障。在农民工融入城市过程中,迫切需要稳定就业、提高收入、继续教育、职业培训、社会保障、子女教育等,这些问题的彻底解决,亟须出台具体政策、改革相关制度、建构社会组织、完善法律法规,这些都是制度型社会资本可能提供的。农民工社会资本中既有的,以及即将产生的一系列制度政策、法律法规、社会组织等,既可以直接促进社会保障的完善,还可以通过诉求呼吁、资政建议、资金投入等方式促进地方政府不断完善外来农民工城市社会保障体系,逐步缓解直至消除他们在城市实现社会融入的后顾之忧。

三、强化推动外来农民工社会融入的拉力因素

农民工在城乡之间流动,最终归宿是回流乡村还是融入城市,来自城乡的拉力因素

起着至关重要的作用。社会资本可以推动中国城镇化进程,进而推进外来农民工实现城市社会融入。城镇化是现代化的必由之路,是破除城乡二元结构的重要依托,党的十八大强调要在提高城镇化质量上下功夫,提出走中国特色新型城镇化道路,推动工业化和城镇化良性互动、城镇化和农业现代化相互协调。十八大后,党中央和国务院对新型城镇化进行了系统部署,提出要"有序推进农业转移人口市民化"。[①]

伴随中国城镇化、现代化的进程,越来越多的外来农民工终归会融入城市,成为城市新市民。在这个过程中,外来农民工面对着城乡分割的劳动力市场、公共服务供给的不均衡、户籍制度的限制、自身知识文化和技能水平的制约、较低的工资收入和生活质量、相对边缘和底层的社会地位等,在这些困难和阻碍面前,要顺利实现乡城之间的身份转换和在城市社会的最终融入,他们所拥有的社会资本的作用就不可忽略。具体来说,外来农民工在城市求职发展,社会资本能帮助他们获得丰富的就业信息、生活信息以及相关社会资源,对他们实现就业目标、发展目标、生活目标以及融入城市的目标都有极大的帮助。在遭遇被拖欠工资、不公正待遇、违法行为侵害等问题时,其积累的关系型社会资本和获得的制度型社会资本能够增强其自身的法律意识和维权意识,提高其维护自身权益、对抗不法侵害的能力,切实维护仍然处于相对弱势的外来农民工的权益。

关系型和制度型的城市社会资本,还会为外来农民工参与各类社区活动、共享基本公共服务提供便利,让外来农民工享受到明显高于家乡农村、与城市居民日益无差别的基本公共服务和较高质量的城市生活,使他们明显感受到城市生活的吸引力,从而坚定他们扎根城市、融入城市的愿望,促进其积极努力为融入城市付出实际行动。

四、不可忽视的社会资本消极作用

自社会资本理论形成以来,理论界对社会资本的研究和运用中多关注它的积极作用。但需要注意的是,社会资本也存在消极作用,若不关注并限制这种消极作用,基于社会资本变动推动外来农民工实现社会融入就会遇到阻力,出现行动困难。

美国社会学家波茨在研究社会资本理论时,就提出要重视社会资本的消极作用,他提出了社会资本的消极作用可能有:社会网络内部成员之间的密切关系会阻止圈外人获得本群体所掌握的资源,具有排外的局限性;社会网络关系的封闭性在特定条件下会阻碍群体成员进一步向较高层次发展;社会网络关系内部的强化,可能会限制群体成员的个人自由,不利于他们的发展;社会网络内部的强关系可能会导致其群体成员对主流社会的相对隔离和不融入。[②] 在外来农民工进入城市之后,在运用社会资本与城市社会的互动和融入过程中,确实存在社会资本的消极作用,这种消极作用会在多方面有所体现,

---

① 见中国政府网,《2014 年国务院政府工作报告》,http://www.gov.cn/guowuyuan/2014zfgzbg.htm。

② Alejandro Portes,"Social Capital: Its Origins and Applications in Modern Sociology", *Annual Review of Sociology*,(1998):1-24.

成为外来农民工城市融入的反推力因素。

第一,运用数量不足、质量不高的社会资本会降低外来农民工对城市的认同感,制约他们的社会融入。外来农民工进入城市,为求职工作、生存发展,会最大限度使用自己所拥有的社会资本,而农民工拥有的社会资本特别是关系型社会资本的存量并不足,层次和质量并不高,在运用这些存量不足、质量不高的社会资本实现行动目标时,可能会使外来农民工获得较低的社会比较利益,形成较低的社会比较地位。长此以往,会极大影响农民工对城市社会的认同感和归属感,影响农民工立足城市、融入城市的信心。

第二,运用结构不合理的社会资本会弱化外来农民工对城市的归属感,不利于他们的社会融入。外来农民工进城之初,主要依赖和使用的是关系型社会资本,即自己的亲朋好友、同乡同学。随着他们在城市生活、工作的开始,邻居和同事等新的人际关系也逐渐成为他们的关系型社会资本。基于城镇化、现代化和农民工市民化等需要,制度型社会资本虽然也在不断增长,但是,外来农民工在城市主要运用的依然还是关系型社会资本。也就是说,外来农民工拥有的城市社会资本的结构是以关系型社会资本为主,制度型社会资本相对不足。制度型社会资本的长期缺位或不足,反过来会促使外来农民工在城市生活中只能主要依赖关系型社会资本,更加忽视制度型社会资本,长此以往不利于增强外来农民工对城市社会的信任和归属,不利于他们主动实现社会融入。

第三,过度依赖关系型社会资本不利于外来农民工与城市社会的良性互动,会制约他们的社会融入。农民工解决求职就业、家庭生活、子女教育等问题,如果过于依赖关系型社会资本,就会形成通过相对固定的社会关系网络、质量可能并不高的社会资本获取基本需要的思维定式,以此解决遇到的暂时性问题。在社会资本运用过程中,联结紧密的社会网络关系、社会网络内部较高的社会信任等,会使外来农民工忽视群体之外的社会关系,削弱对群体之外的社会信任,不积极或者不愿意主动拓展与城市社会和城市居民的深层次交往,会强化外来农民工在城市的边缘化地位。过于依赖社会资本,还会使外来农民工为培育关系型社会资本不断增加在情感、时间,甚至是金钱等方面的投入,成本越来越高的社会资本,不利于外来农民工在城市社会的行动目标的实现。过度依赖关系型社会资本,还会使外来农民工减少向外提出诉求的欲望,不利于国家政策和社会制度层面对农民工的权益保护,进一步会削弱外来农民工对城市的社会信任、制度信任、规则信任。

第四,其他群体对社会资本的占有和利用会强化外来农民工的不公平感,不利于他们的社会融入。一定的社会资本只存在于特定的社会关系网络和群体之中,在群体内部能够共同使用、反复使用,但却难以跨越群体界限自由使用。简单来说,每一个社会群体都有自己特定的社会资本,且只能为本群体成员独自使用,这就是社会资本的不可转让性。在城市社会中,各种阶层和群体都有自己特定的社会资本,在社会行动中都在运用社会资本,特别是在具有竞争性的求职择业、权益获得等社会活动中,外来农民工和城市社会的其他群体就会在竞争中积极运用自己拥有的社会资本来达成目标。而外来农民工拥有和使用的社会资本,存量并不充足、质量也不够高,在同一社会活动中运用社会资本实现目标就会明显处于劣势,在利益获得和目标实现中处于不利处境。同时,其他社会群体在社会活动中运用自身量足、质高的社会资本获得更多资源、实现更高目标,更会使外来农民工在城市社会的比较利益和比较地位下降,由此产生较大的心理落差,会使外来农民工对城市社会的公平性、开放性、包容性产生怀疑和否定,这些都可能成为外来农民工实现社会融入的阻力。

第三节　变动中的外来农民工社会资本存量

社会资本在外来农民工实现社会融入中的作用不可忽视,农民工实际拥有的社会资本的质与量至关重要。他们离乡进城,从抛开乡土到进入城市,既拥有乡村社会资本,又拥有城市社会资本,既有乡村社会资本的流失和弱化,也有城市社会资本的培育和积累。基于社会资本在农民工社会融入中的功能和作用,促进浙江省外来农民工实现社会融入,必须考察外来农民工拥有的社会资本存量。从整体来看,外来农民工的社会资本呈较大变动,其存量在波动中有增有减,总量增加;质量逐步提升,不断成熟。外来农民工拥有的社会资本日益完善,但其发挥出来的作用还未能彻底满足外来农民工在城市实现社会融入的需要。

一、外来农民工社会资本受乡村振兴战略和疫情影响较大

社会资本存在于农民工所处的社会网络关系之中,形成于农民工与周围社会群体和社会环境的交往互动之中,体现在农民工与其他群体成员的相互关系中,可以被农民工使用以实现自身的行动目标,是一种可以为拥有者在行动中带来利益,也会因各种原因或获得和增加,或失去和减少的社会资源。在中国现代化和城镇化进程中,进城的外来农民工拥有的社会资本一直在变动中逐步增量提质。为实现城乡融合发展,全面建成小康社会及社会主义现代化强国,党的十九大提出实施乡村振兴战略;2020 年新冠肺炎疫情发生以来,农民工在城乡之间和城市内部的流动受到影响。乡村振兴战略和疫情成为一段时期内影响外来农民工社会资本存量发生较大变动的重要因素。

首先,乡村振兴战略的实施使农民工社会资本发生较大变动。为顺应我国社会主要矛盾的转化,进一步解决农业农村农民这一关系国计民生的根本性问题,促进城乡协调发展,实现"两个一百年"奋斗目标,2017 年党的十九大报告中提出了乡村振兴战略。2018 年 9 月,中共中央、国务院印发了《乡村振兴战略规划(2018—2022 年)》。2021 年中共中央发布一号文件《中共中央 国务院关于全面推进乡村振兴加快农业农村现代化的意见》,2021 年 2 月 25 日国家乡村振兴局正式挂牌,负责对乡村振兴战略实施进行部署和指导。在中央乡村振兴战略的顶层设计下,地方政府也制定实施了一系列支持农业

发展、农村振兴、农民致富的具体政策措施,乡村振兴战略的实施极大影响和改变了农业、农村和农民,一系列利好政策和由此带来的农业发展、农村兴盛以及农民致富的机遇,极大改变着农民工在乡村的社会资本。

乡村振兴战略的主要内容和目标是乡村产业振兴、人才振兴、生态振兴、组织振兴。振兴中的乡村逐步呈现出绿水青山、生态良好、乡风文明、邻里和谐、生活富足、安居乐业的状态,极大吸引着农民工返乡创业。自乡村振兴战略提出和实施以来,国家逐步推出一系列利好政策措施,推动了中西部地区和农村经济快速发展。如:出台一系列支持农业特色产业、生产性服务业、循环型经济发展的具体政策;出台一系列农业创新创业园区建设、加强耕地保护、土地经营权流转、土地经营权入股等一系列政策;保障农产品质量安全、金融支持脱贫攻坚、农机购置补贴的一系列政策;支持返乡下乡人员创新创业并提供场所和服务的政策等。在这一背景下,农村就业岗位和创业、就业机会增加,农民增收途径增多,发展空间增大,吸引力增强。有相当一部分农民工返乡创业,在城市打拼积累的职业技能、职业素养、现代文明观念、人际关系、信息资源等,成为他们回乡创业、就业中新的社会资本。国家统计局农民工监测调查报告显示,近年来农民工回流趋势明显,跨省流动人数减少,返乡创业农民工数量持续增加,外出农民工的亲人、朋友在农村安居乐业,农民工在乡村的关系型社会资本开始呈数量增加和质量提升的趋势。总之,乡村战略的实施使农民工的乡村社会资本、制度型社会资本呈明显增加趋势,尤其是制度型社会资本。

其次,新冠肺炎疫情在过去一段时期内影响着外来农民工社会资本的变动。2020年1月新冠肺炎疫情发生,为应对疫情,全国范围内采取了系列措施,进行必要的人员流动管控。此后,全球范围内疫情不断加速蔓延,基于疫情防控的艰巨性、复杂性和长期性,我国较长时期处于新冠肺炎疫情防控常态化的状态。在此背景下,人员流动特别是跨省务工的外来农民工流动受到较大影响。国家统计局2020年农民工监测调查报告显示,2020年跨省流动农民工7052万人,比上年减少456万人,下降6.1%。为加速复产复工,国内疫情趋于平稳之后,广东、浙江等省份积极采取了系列举措,帮助外来农民工顺利实现跨省进城,恢复正常生产生活,但在此背景下,人员的流动、交往、生活等方式发生较大变动,影响着外来农民工在城市社会资本的变动和积累,甚至会使原有社会资本流失或弱化。

疫情防控常态化形势下,疫情偶尔会在小范围、多点集中发生,各地的防控举措不断做出各种调整,对人员流动、交往方式、生活方式作出必要的管控,一定程度上制约了外来农民工进城和返乡。诸如:春节倡导原地过年、回乡后乡村对外来人员的限制等措施,使外来农民工生活便利度和幸福感受到影响,降低了他们跨省域流动的意愿和积极性;受新冠肺炎疫情影响,城市很多产业发展不景气,外来农民工就业岗位减少、收入水平降低,使得他们在城市立足、发展的相关社会资本有所流失和弱化;人与人交往的方式也发生了较大变化,亲友聚集减少、朋友交往方式改变,在城市的外来农民工,不方便像疫情之前那样随意出入一些场合、经常性和一些亲友来往聚集,拓展新的关系型社会资本受制约,原有的关系型社会资本也会有所弱化。疫情政策调整后,外来农民工跨省流动的主观意愿和客观状态恢复到疫情之前还需要时间。

二、外来农民工的乡村社会资本和城市社会资本发生明显变化

农民工离乡进城,在城市开始新的生活、新的工作、新的人际交往,乡村社会资本和城市社会资本在外来农民工的社会生活中发挥的作用也在发生变化。随着生产生活和社会交往的地域发生转换,外来农民工的社会资本也随之发生了剧烈的变动。

(一)乡村社会资本有所流失

外来农民工在城市立足发展后,对乡村社会资本经历了从严重依赖到逐步忽略的变动过程。乡村社会资本发生了显著分化,原有乡村社会资本在这一过程中有数量上的明显流失,新的乡村社会资本也有一定程度的量的积累,整体呈现出有增有减的状态,从总量来看,外来农民工拥有的乡村社会资本数量减少、质量不高。

在中国传统的乡村社会,主要以婚姻、血缘、邻里、宗族等关系为纽带,以农业生产活动为核心,依靠不动的土地为生,基本上不会有过多的流动,由此形成的乡村社会资本相对比较保守、封闭和固定。外来农民工进入城市后,其生活工作的重心、思想价值观念和人生追求目标等都逐步发生了巨大变化,他们越来越追求与城市居民平等的权利,对人生发展目标有了更高的要求,绝不仅仅满足于提高收入水平、解决基本生活需求,也越来越不甘于、不认可、不接受自己在城市比较边缘化的社会地位。他们的平等意识和维权意识越来越强,在城市越来越渴望获得与市民均等的基本公共服务、基本社会权利,在求职择业和职场工作中,要求和城市居民一样获得平等的就业权、劳动保障权、教育发展权、政治参与权、话语表达权等权利,也越来越看重自己的人格尊严,在职场中是否被尊重会直接影响他们的选择。基于此,外来农民工对社会资本的需求发生了明显变化。以血缘、婚姻、邻里、宗族等关系为纽带形成的、以农业生产为核心的乡村社会资本,在外来农民工城市生活中,在他们实现城市发展目标的过程中,逐渐变得没有那么不可或缺,他们维护、培育乡村社会资本的积极性也呈减弱趋势。

近年来,由于乡村振兴战略的实施和农民工回流现象,一些新的乡村社会资本也开始出现,且质量高于原有乡村社会资本,对农民工可能产生明显影响,影响着农民工的去留。

(二)城市社会资本正在重构

在飞速变迁的新时代,农民工进入陌生的城市,在求职择业、生活发展、子女教育、家庭生活以及发生困难需要帮助时,从最初主要依赖从乡村社会延伸到城市社会的关系网络,逐步发展到既依赖乡村社会资本,也使用城市社会资本,并且城市社会资本呈量逐步增长、质不断提升的趋势。外来农民工在城市的社会资本正在发生结构性变动。

外来农民工进入城市后,所处的空间、职业类型、社会交往方式等方面虽然发生了剧

烈变动,但是以血缘、地缘和业缘关系为核心的社会关系网络于农民工的作用没有发生质的改变。关系型社会资本在外来农民工的城市生活中仍然发挥着不可替代的重要作用,是他们在城市解决问题、获取资源时可能首先利用的社会资本,在外来农民工拥有的城市社会资本中占有明显比重。

以户籍制度为核心的城乡二元结构,对外来农民工与城市社会和市民互动的过程也有一定影响。在相当长时期内,农民工与城市社会以及市民的互动多是浅层次的,缺乏实质性的互动。他们在生活方式、行为习惯、职业选择、价值观念、收入水平以及聚居与交往的人际关系圈,都与原市民明显不同。他们虽然身在城市,却难以在第一时间融入城市,不能够与市民彼此相融、良性互动。随着现代化、城镇化进程的推进,农民工在城市逐步拥有了越来越多的制度型社会资本,但这些制度政策、法律法规的实施和执行在实践中还没有达到设定初衷所期待的效果,一方面是有些制度政策还不为农民工所知晓和了解,另一方面是农民工对这些制度型社会资本的实际使用还远远不够,他们还是首先习惯于利用传统社会中的血缘、地缘和业缘等关系解决问题。可是,在现代城市社会是无法用乡村社会的方式来处理和应对的,因此,更有效果和力度的制度型社会资本越来越受到农民工的重视,他们使用已有制度型社会资本的意识也逐步增强。制度型社会资本在外来农民工拥有的城市社会资本中的比重逐步增加。

总体来看,外来农民工所拥有的城市社会资本正在发展、变动和重组,量在增加、质在提升,但依然还不能满足他们完全融入城市社会的需要。

三、外来农民工的关系型社会资本和制度型社会资本量质齐升

在进入城市、融入城市的过程中,外来农民工拥有的关系型社会资本和制度型社会资本都在不断变动。整体看来,外来农民工拥有的关系型社会资本不断拓展、质量提升,制度型社会资本总体不足、有待完善。

(一) 关系型社会资本数量增长、质量提升

首先,外来农民工在乡村拥有一定量的关系型社会资本并且它正在分化重组。农民工的户籍、土地、宅基地和住房、多数亲人都在农村,新农合等基本社会保障也在农村,所以他们在乡村依然拥有一定数量的关系型社会资本。但梦想和人生目标在城市的外来农民工并不重视这部分社会资本,随着在城市务工时间的增长,他们对这部分社会资本的利用也逐渐减少。当前活跃在城市的外来农民工多是八十年代后出生的新生代农民工,他们大多数没有务农经历,对农业和农村缺乏切身体会和深入了解。成长经历和生活经历使得他们与乡村和土地的情结大大减弱,相应的,他们对农村的思想观念、行为习惯、生活方式、文化传统、人际关系等方面逐步出现不认可的态度,偶尔回乡的外来农民工与乡村和村民的互动也越来越少。在乡村不务农、不生活、不互动的外来农民工,在传统乡土社会中逐渐呈边缘化趋势,在乡村的关系型社会资本必然逐步流失和弱化。把未来和希望寄托在城市的外来农民工,也不愿意再去积极主动巩固和拓展乡村社会资本。

所以,外来农民工在乡村的关系型社会资本在数量上逐渐流失,质量上也难以继续提升,这部分关系型社会资本已经不能解决外来农民工在城市融入进程中遇到的一系列问题。

不可忽视的是,外来农民工中的一部分人,由于城市生活成本较高,个人发展能力有限,在生活状况、收入水平、社会保障、子女教育等方面相较城市居民有很大的心理落差等原因,他们对融入城市的期望值下降,积极性降低。这些人在城乡比较利益的权衡中徘徊,也有部分人产生回流乡村的想法,对于这部分外来农民工来说,乡村关系型社会资本可能是他们下一步回到乡村发展的重要资源,所以他们不会轻易放弃这部分乡村关系型社会资本,会比较在乎并有意去维护和巩固,不会任其流失。

其次,外来农民工的城市关系型社会资本数量持续增长,但质量仍然不高。国家统计局农民工监测调查报告显示,2017 年,新生代农民工占全国农民工总量的 50.5%,在全国范围内占比首次过半,我国农民工结构已发生深刻变化,1980 年及以后出生的新生代农民工成为农民工的主体。[①] 与老一代农民工相比,新生代农民工受教育程度较高,进城后从事的具体工作也在发生变化,从事制造业和建筑业等第二产业的农民工比例在下降,从事批发、零售业、交通运输、仓储、邮政业、住宿、餐饮业、修理和其他服务业等第三产业的农民工数量持续增加,在金融业,教育,文化、体育和娱乐业等服务业工作的农民工比例也在逐年增加,他们在求职择业、家庭生活、社会交往和城市融入过程中使用关系型社会资本较多。新生代农民工比较看重社交网络,也主动致力于城市社会资本的拓展,他们与城市社会交往的主动性、能力、方式和媒介等也都有所改变。以新生代农民工为主体的当代农民工群体,与城市社会和市民有了越来越多的互动,在城市拥有的关系型社会资本的量也相应地持续增长。

(二) 制度型社会资本仍需要继续完善

制度型社会资本是能够从根本上解决农民工问题、促进外来农民工在城市实现社会融入的主要社会资本。随着全面建设社会主义现代化和城镇化进程的推进,农民工拥有的制度型社会资本明显增长、逐步完善,但从农民工最终完成市民化的需要来看,这部分社会资本还不够成熟和完善。

首先,乡村制度型社会资本客观上有所增长,主观上利用不够。为鼓励和支持农民工落户城市,2014 年《国务院关于进一步推进户籍制度改革的意见》中要求:"不得以退出土地承包经营权、宅基地使用权、集体收益分配权作为农民进城落户的条件。"[②]农民工离乡进城,即使落户在城市,他们在农村的土地承包经营权、宅基地使用权和集体收益分配权也会依然存在,这是他们在乡村特别重要的制度型社会资本。此外,乡村振兴战略实施以来,为支持农业农村发展和农民致富、支持农民工返乡创业,国家制定和颁布了

① 见国家统计局,《2017 年农民工监测调查报告》,http://www.stats.gov.cn/tjsj/zxfb/201804/t20180427_1596389.html。

② 见中国政府网,《国务院关于进一步推进户籍制度改革的意见》,http://www.gov.cn/zhengce/content/2014-07/30/content_8944.htm。

一系列惠农制度政策,提供一系列财政金融支持,这些都成为农民工在乡村越来越丰富的制度型社会资本。但是,外来农民工在城市工作生活,在乡村的这部分制度型社会资本对外来农民工实现市社会融入并无明显的积极作用,也并不被在城市的外来农民工重视和充分使用。

其次,城市制度型社会资本明显增长,但仍然不够完善。外来农民工工作、生活在城市,梦想和追求在城市,他们要求平等的权益和诉求,具有制度面前人人平等的观念和意识,渴望政府为其提供相关制度型资源。从外来农民工实现社会融入的需要来看,他们需要工作有着落、技能有培训、工资有保证、住房有改善、子女有教育、社保有保障、维权有渠道、生活有质量、文化有提升、人生有发展,实现和城市居民的无差别均等化,这一系列问题的解决都需要政府从制度政策上来推动。丰富完善的制度型社会资本是不可或缺的,政府社会也应该高度重视和主动培育这部分社会资本。

随着城镇化的推进、全面建设社会主义现代化进程的开启,相关制度加速变革,各种与外来农民工城市社会融入直接相关和间接相关的制度不断出台、政策相继制定、法律日益完善、组织陆续构建、观念日益更新,相关制度型社会资本数量不断增长。早在2006年,国务院就制定颁布了《国务院关于解决农民工问题的若干意见》,各地方也制定实施了相关意见和办法,推动解决农民工系列问题。为去除农民工城市融入的制度瓶颈,户籍制度改革不断推进,国家发改委在《2019年新型城镇化建设重点任务》中提出:全面取消城区常住人口100万—300万的Ⅱ型大城市落户限制,全面放开放宽城区常住人口300万至500万的Ⅰ型大城市落户条件。500万以上人口的大城市也制定实施了农民工积分落户政策,这为农民工从根本上改变农民户籍身份提供了制度可能。针对农民工工资拖欠严重,为根治农民工欠薪问题,保证辛苦工作的农民工按时足额拿到工资,2019年国务院公布了《保障农民工工资支付条例》。2018年建设部启用全国建筑工人管理服务平台,实行建筑工程农民工实名制,浙江省也随之实行建筑工程农民工实名制,作为保障建筑工程农民工合法权益、深化"浙江无欠薪"行动的重要举措。2021年,人力资源社会保障部等十部门印发《工程建设领域农民工工资专用账户管理暂行办法》,来保障农民工工资;工伤保险条例、劳动法、合同法等相关法律法规在实践中也越来越被农民工了解、关注和运用,成为保障农民工相关权益的重要法律武器。此外,还有为保障农民工工资按时足额发放的一系列行政法规、规定、办法,完善农民工社会保障的一系列规定,保证农民工子女在城市接受均等教育等举措等。

总体来看,外来农民工在城市拥有的制度型社会资本数量不断增加,质量也在逐步提升,但由于相关的体制制度、思想观念、利益关系、城市资源等因素的制约,外来农民工所在城市还不能将他们完全纳入体制之内,他们依然处在城市的边缘或底层,拥有的制度型社会资本依然数量不足、质量不高,不能满足外来农民工实现市民化的需要。成熟完善的制度型社会资本在解决农民工实现市民化问题上具有不可替代的功能,在外来农民工市民化进程中是最根本,也是最迫切需要拓展和完善的社会资本。

四、外来农民工社会资本存量变动的突出特点

受乡村振兴战略实施和过去一段时间疫情防控常态化等因素影响,外来农民工的社会资本呈现较大变动,有增有减,总体呈数量增加、质量提升的趋势,外来农民工拥有的社会资本正日益完善。

(一)社会资本存量在波动中有增有减,总量增加

自乡村振兴战略实施以来,对农业、农村、农民一系列利好的政策和制度不断出台,对户籍在农村的农民工有较大的吸引力。乡村振兴战略下,一部分农民工选择离开城市,返乡就业创业;一部分在城市的外来农民工产生摇摆不定的游移心态,对定居城市还是回流农村持观望态度,这些农民工在短时间内不会投入时间、情感,包括金钱在内的成本,去培育和拓展在城市的社会资本,这些都极大影响着外来农民工在城市的社会资本存量。另一方面,原先疫情防控常态化对跨省流动人员的限制和影响也较大。各省疫情防控措施多以省际作为一个标准,对省内流动基本不加限制或限制较少,基本可以自由流动;跨省流动则视情况有不同的应对,通常情况下,一旦某地发生疫情,多数省份的做法都是对跨省流动制定倡导性或限制性的临时规定。自付费用、时间较长的隔离措施,对收入原本不高、又急于赚钱的农民工来说,他们必须要思忖流动带来的风险,产生是否必需流动的担忧。在此背景下,日常的人际交往、社区活动、组织活动等都受到极大影响,或非必要不进行,或采取线上、视频、电话等方式交往或活动,这些都极大影响了外来农民工社会资本量的拓展。

但总体来看,随着外来农民工群体在城市工作时间的增加,与城市社会交往程度的加深,对城市社会认可度的增加,期待融入城市的愿望增强,外来农民工拥有的社会资本,特别是建立在业缘、亲缘、血缘关系之上的关系型社会资本日益拓展,总体上呈不断增加的趋势,社会资本存量日益增长。

(二)社会资本在波动中质量提升,不断成熟

外来农民工的城市社会资本存量在数量不断增加的同时,质量也在不断提升,在波动中呈逐步丰富完善的趋势。世界主要国家的城市化进程表明,在经济发展的中高收入阶段,城镇化水平提升速度最快。随着我国经济迈入中高收入阶段,国家层面推进城镇化的政策支持力度不断加大,城乡二元户籍制度和公共福利制度方面的改革不断向前推进,国家开始大力推动农业转移人口市民化,相关政策也从鼓励、允许农业人口进城转向引导农业转移人口市民化。2012 年,国务院发布文件提出,要继续推进户籍管理制度改革,引导非农产业和农村人口有序向中小城市和建制镇转移,逐步满足符合条件的农村人口的落户需求,逐步实现城乡基本公共服务均等化。[①] 2013 年,党的十八届三中全会

---

① 见中国政府网,《国务院办公厅关于积极稳妥推进户籍管理制度改革的通知(国办发〔2011〕9 号)》,http://www.gov.cn/zwgk/2012-02/23/content_2075082.htm。

通过《中共中央关于全面深化改革若干重大问题的决定》,其中指出,推进农业转移人口市民化,逐步把符合条件的农业转移人口转为城镇居民,稳步推进城镇基本公共服务常住人口全覆盖,把进城落户农民完全纳入城镇住房和社会保障体系。[1] 从 2016 年开始,为推进城镇化,政府开始全面放开户籍制度改革。国务院颁发的《国务院关于深入推进新型城镇化建设的若干意见(国发〔2016〕8 号)》指出,要围绕加快提高户籍人口城镇化率,深化户籍制度改革,促进有能力在城镇稳定就业和生活的农业转移人口举家进城落户,并与城镇居民享有同等权利、履行同等义务。鼓励各地区进一步放宽落户条件,除极少数超大城市外,允许农业转移人口在就业地落户,除超大城市和特大城市外,其他城市不得采取要求购买房屋、投资纳税、积分制等方式设置落户限制。[2] 2019 年,《中共中央办公厅 国务院办公厅 关于促进劳动力和人才社会性流动体制机制改革的意见》发布,其中提出要全面取消城区常住人口 300 万以下的城市落户限制,全面放宽城区常住人口 300 万至 500 万的大城市落户条件,完善超大城市和特大城市的积分落户政策。[3] 在放宽和完善落户政策的同时,城市努力推进基本公共服务均等化,逐步实现常住人口与户籍人口享有同等的受教育、就业创业、社会保险、医疗卫生、住房保障等基本公共服务,与此同时,落户城市的配套制度政策改革以及覆盖外来农民工的基本公共服务领域的改革不断推进。特别值得关注的还有,为便利农民工跨省流动,国家还大力推进了医疗保险和社会保障制度的跨省接续转移制度。社会保障问题一直是农民工在城市工作生活中的关键问题,特别是跨省流动的外来农民工,在医疗保险和养老保险难以跨省转移时,他们一旦出现跨省流动,原有的医疗保险、养老保险就无法接续,要么在跨省流动时无奈放弃,导致之前缴纳的社会保险前功尽弃,要么在最初跨省就业时他们就会选择不缴。随着流动人口规模不断增加以及相关问题的日益凸显,国家出台了一系列相关法律法规和政策办法,保障流动人口在跨省就业时,养老保险可以实现接续转移。关于医疗保险关系,人力资源和社会保障部发布的《流动就业人员基本医疗保障关系转移接续暂行办法》规定,从 2010 年 7 月 1 日起,农民工跨省工作时可以转移医疗保险关系。关于养老保险关系,《中华人民共和国社会保险法》规定,个人跨统筹地区就业的,其基本养老保险关系随本人转移,缴费年限累计计算。近年来,政府大力推行医疗保险的跨省结算,简化异地就医结算和报销手续等,都极大便利了跨省流动的外来农民工,解决了他们最关注的社会保障问题,方便了他们没有后顾之忧进行跨省流动就业。

中国共产党建党一百周年之际,随着小康社会在中华大地上全面建成,我国开始向

---

[1] 见中国政府网,《三中全会〈决定〉解读:推进农业转移人口市民化》,http://www.gov.cn/jrzg/2014-01/04/content_2559819.htm。

[2] 见中国政府网,《国务院关于深入推进新型城镇化建设的若干意见》,http://www.gov.cn/zhengce/content/2016-02/06/content_5039947.htm。

[3] 见中国政府网,《中共中央办公厅 国务院办公厅关于促进劳动力和人才社会性流动体制机制改革的意见》,http://www.gov.cn/zhengce/2019-12/25/content_5463978.htm。

着全面建设社会主义现代化国家的目标迈进,加快推进城镇化建设亦是题中应有之义。随着城市落户政策的放宽,城市的管理服务能力、基本公共服务供给能力、基层社会治理水平也在逐步提升,在这一背景下,外来农民工在城市的社会资本,特别是以政策制度、法制关系、契约观念、市场信用等为基本内容的制度型社会资本存量不断增加,质量持续提升。

(三) 社会资本存量还不能满足外来农民工的社会融入需要

社会资本是外来农民工融入城市过程中不可忽视的重要影响因素,数量充足、质量较高的社会资本发挥积极的促进作用,是外来农民工在城市实现社会融入的重要内部拉力。近年来,全国农民工总量增幅持续下降,特别是东部地区外来农民工的数量呈明显下降趋势。它能够帮助外来农民工在城市获得各类社会信息,有利于他们在城市获得理想的工作岗位、开始安稳的日常生活,有利于他们在城市扩大人际交往范围、拥有和谐融洽的社会关系,能够提高他们对城市社会的参与度、让他们能更多感受到城市社会的现代文明,能帮助他们实现在城市的利益追求和发展目标、增强他们对城市的归属和认同。成熟完善的制度型社会资本,能够为外来农民工提供个人无法解决的各类资源,能够破除各种制约农民工融入城市的制度障碍,能够提供给农民工不断完善、消除后顾之忧的各类社会保障,能够让他们与城市居民无差别地共享城市公共服务和改革发展成果、获得来自城市社会的接纳和关怀,能够提供法律政策的有力支持和保障、维护农民工合法权益不受侵害等,这些制度型社会资本给外来农民工提供的支持帮助是无可替代的,能够极大增强他们的主人翁意识和归属感,从而增强社会认同,推动他们在城市的社会融入进程。

总之,外来农民工如果在流入地城市的预期收益很高、生活幸福感很强、个人发展未来可期,他们就会愿意在这里留下来、融进去。量足质优、成熟完善的社会资本,能够给外来农民工带来更多的就业信息、理想的就业岗位、较高的工资收入、和谐的人际关系、完善的社会保障、均等的公共服务、无差别的市民权利,让他们产生在这个城市的安全感和归属感,增强他们对这个城市的认同感,从而愿意留在城市,并能够为了留在这个城市而努力奋斗、积极主动融入这个城市。目前,外来农民工在城市实际拥有的社会资本虽然数量有所增长、质量不断提升,但还不够成熟完善,社会资本发挥出来的作用还不能满足外来农民工在城市实现社会融入的需要。

第五章

浙江省外来农民工社会融入概况及影响因素分析

浙江省是吸引外来农民工较多的地区,近年来,浙江经济发展势头良好,对劳动力需求量较大,具有良好的就业、创业环境,地区吸引力较高。第七次全国人口普查数据显示,和第六次全国人口普查相比,浙江省人口增加 10 140 697 人,人口增长数位列全国第二,浙江省常住人口中,流动人口达到了 2 555.75 万人,占全部常住人口的 39.6%,其中省外流入人口 1 618.65 万人,占常住人口的 25.0%。[①] 这些省外流入的 1 618.65 万人中,包括规模较大的外来农民工群体。浙江省常住人口共 64 567 588 人,其中人户分离(经常居住地和常住户口登记地不一致的人口)人口为 30 107 815 人;全省流动人口为 25 557 450 人。与 2010 年相比,人户分离人口增加 10 206 952 人,增长 51.29%;全省流动人口增加 6 938 805 人,增长 37.27%。[②] "经常居住地"与"常住户口登记地"不一致的现象非常普遍,这些人户分离的常住人口中,相当一部分就是从省外来浙江务工、户籍地在原籍、居住地在浙江的外来农民工。第七次全国人口普查结果显示,与 2010 年相比,浙江省城镇人口增加 13 048 256 人,城镇化率达到了 72.17%,比 2010 年提高了 10.55 个百分点,常住人口城镇化率进一步提高。[③] 包括数量众多的外来农民工在内的大量省外人员流入浙江省内,在城镇就业创业,促使浙江省城镇化水平极大提高。浙江省总工会调查数据显示,2019 年浙江的农民工总量约 2 300 万人,其中外来农民工超过 900 万人[④]。受新冠疫情影响,2020 年以来,东部地区输入的外来农民工总量明显减少,但浙江省在复产复工中采取了一系列积极主动措施,依然吸引了较多数量的外来农民工。数量庞大的外来农民工群体在浙江省就业、生活、发展情况如何,社会融入情况如何,事关浙江省实现高质量发展、共同富裕示范区建设。

---

① 见浙江省统计局网,《浙江省第七次人口普查主要数据(新闻发布稿)》,http://tjj.zj.gov.cn/art/2021/5/13/art_1229129213_4632760.html。

② 见浙江省统计局网,《浙江省第七次人口普查主要数据(新闻发布稿)》,http://tjj.zj.gov.cn/art/2021/5/13/art_1229129213_4632760.html。

③ 见浙江省统计局网,《浙江省第七次人口普查主要数据(新闻发布稿)》,http://tjj.zj.gov.cn/art/2021/5/13/art_1229129213_4632760.html。

④ 见中国政府网,《浙江每年资助 1 万名农民工提升学历和能力》,http://www.gov.cn/xinwen/2019-10/10/content_5438082.htm。

第一节　浙江省外来农民工社会融入基本状况

近年来,随着乡村振兴战略的大力实施、新冠肺炎疫情的发生,以及全面小康社会建成、全面建设社会主义现代化强国目标的开启,外来农民工的社会资本发生了较大变动。随着社会资本的变动,外来农民工社会融入的主观意愿、客观条件、影响因素和具体融入状况都发生了明显变化,呈现出新的趋势和特点。为了解浙江省外来农民工社会融入的具体状况,本研究主要采取问卷调查、随机访谈、实地观察、文献综述等方法进行基本信息和典型案例的采集。问卷调查主要在杭州市、绍兴市、宁波市采取随机抽样方式进行;随机访谈主要在杭州市、宁波市、义乌市、绍兴市随机选择受访者进行个体访谈;实地观察主要是在绍兴市柯桥区、上虞区、杭州市萧山区,持续追踪固定的外来农民工群体和个体,观察他们的实际工作和生活轨迹及相关状况,并辅之以对所在工厂负责人的座谈,了解他们的社会融入状况;同时进行大量相关文献检索,检索国家统计局和浙江省统计局相关信息、数据和资料,实地调研地方流动人口服务管理部门、街道、社区、企业、便民中心等,了解和总结浙江省外来农民工社会融入的基本情况。

一、问卷调查和个案访谈的基本情况

此次问卷调查共设计两个问卷:第一个是关于外来农民工社会融入基本状况的调查问卷,问卷设计包括外来农民工的基本情况、在城市社会融入的主观意愿、经济生活情况、文化生活情况、社会保障和支持情况、城市社会和市民的接纳情况、对城市社会的心理认同和社会融入的自我认知等。第二个是关于外来农民工社会融入影响因素的调查问卷,问卷设计包括外来农民工的基本情况和他们对影响社会融入主要因素的看法和态度。问卷中列举了一系列基本影响因素,每一个影响因素设定非常重要、重要、不重要三个选项,以了解外来农民工对这些影响因素的重视程度;每一个影响因素设置了很满意、一般满意、不满意三个选项,以了解外来农民工对这些影响因素的主观体验和看法。

个案访谈设计访谈提纲一份,主要围绕四个方面的问题:一是外来农民工对城市社会融入的个人期待方面,包括三个具体问题;二是关于外来农民工社会融入的影响因素方面,包括六个具体问题;三是外来农民工对浙江省为农民工提供的保障支持的了解情况、利用情况和满意程度,包括四个具体问题;四是外来农民工对自身城市社会融入状况的自我认知和主观感受,包括四个具体问题。

本次问卷调查在杭州市、绍兴市、宁波市三个城市采取随机抽样方式进行,被调查的外来农民工主要包括工厂工人,建筑工地工人,道桥建设施工工人,餐饮服务人员,外卖、物流运输人员等。本次调查共发放问卷 500 份,回收有效问卷 476 份。需要说明的是:第一,两份调查问卷发放的对象为同一部分农民工,即给每一个受访农民工发放了两份问卷;第二,在发放调查问卷时,为力争被调研的对象都是省外流入的外来农民工,所以调查小组成员在发放问卷时设置了一个口头筛查项目,即口头询问受访农民工的户籍所在地是省外还是省内,尽量保证把问卷发给户籍在省外的外来农民工。因此,发放和回收的调查问卷除极少数外,基本都是省外农民工,其中户籍在省外的外来农民工填写的调查问卷被视为有效问卷。问卷发放时,也适当考虑了抽样群体的职业选择,尽量做到更多的职业类型被覆盖进来。课题组对回收的有效问卷进行了统计分析,梳理总结出相关数据信息。其中外来农民工基本情况具体见表5-1。

表5-1 外来农民工基本情况

基本项目	考量因素	人数/人	比例/%
户籍地	省内	0	0
	省外	476	100
性别	男	310	65.1
	女	166	34.9
出生年份	1980年前	197	41.4
	1980—1990	153	32.1
	1990年后	126	26.5
务工目的	赚钱	128	26.9
	发展	215	45.2
	定居	133	27.9
随迁人员	一人	311	65.3
	举家	165	34.7
文化程度	初中及以下	91	19.1
	高中	249	52.3
	大专及以上	136	28.6

对外来农民工的个体访谈也主要在杭州市、绍兴市、宁波市进行。对访谈对象的选择,一是争取涵盖更多行业和就业岗位,二是争取涵盖更多年龄段,三是注意选择不同性别和不同家庭情况的访谈对象,在这些基本原则的前提下,随机选择具体的访谈个体。在对个体的访谈中,根据访谈对象的具体情况,选择提纲中设计的其中某几个主要问题进行访谈,受访谈对象个体情况和访谈时间等因素的制约,不可能、也做不到对每一个访谈对象都能涉及问卷中的全部问题。

需要强调的是,由于问卷调查是在浙江省内三个城市选择一个或几个典型地区进行,个案访谈是在一定标准和原则下随机进行,每一个城市的经济发展程度、农民工社会融入的成本、对外来农民工的吸引力度等方面都有所不同,外来农民工在不同城市的社会认同和融入情况也会有所不同。同时,问卷调查和个案访谈的时间地点不同、调查访谈选择的具体问题不同、受访者个体情况的差异等,必然也会影响调查结果的科学性和权威性,这是研究中需要进一步改进的方面。

二、浙江省外来农民工社会认同和融入状况

外来农民工要想在城市实现社会融入,首先要在心理层面对自身在城市所处的身份、地位、文化等方面具有高度的社会认同。对所在城市的高度社会认同是外来农民工实现社会融入的基本前提。

社会认同既是一个心理学概念,也是一个社会学概念,不同学者对社会认同有不同的定义。参照已有学者们对社会认同概念的界定,本研究认为,社会认同是一个社会成员的自我定义,认识到自己属于哪一个特定的社会群体,作为这个社会群体成员能带来哪些情感和价值意义,是社会成员共同拥有的信仰、价值和行动取向的集中体现。外来农民工能否融入城市、如何融入城市,与他们对城市的社会认同密切相关。外来农民工融入城市的过程也是他们在城市工作和生活中重新定位自我、确立社会认同的过程。社会认同是外来农民工在城市社会融入的前提和基础,对城市的社会认同越高,距离实现社会融入越近。外来农民工对所在城市的社会认同能够促使他们积极与城市社会进行互动和交往,由此还能产生更多的社会资本,有助于培育外来农民工社会资本的完善成熟。对城市较高的社会认同,会强化外来农民工融入城市的意愿,促使他们为尽快彻底融入城市而自觉从生活方式、思想观念、文化理念、行为习惯等方面不断自我调整,减少乃至消除与城市社会的隔阂,还会促使他们积极主动地扩展交往范围、提升交往层次。高度的城市社会认同能够促进外来农民工早日实现城市社会融入,最终实现市民化。

那么,浙江省外来农民工对浙江省内所在城市的社会认同情况如何?本研究通过问卷调查、个案访谈、实地观察和文献检索,对外来农民工在浙江省的社会认同和社会融入状况做了基本调查分析,社会认同方面主要关注外来农民工的身份认同、文化认同、地位认同和归属认同等情况。

(一) 外来农民工的身份认同

身份认同是社会成员个体对自己属于哪一种社会身份的主观看法。在离开农村、进入城市的过程中,由于城乡二元体制和相关制度的制约,外来农民工在角色转换和身份转型上出现了阶段性的错位分离,在已经离开了农村,但又难以融入城市的状态下,他们的身份认同尤为不确定,在自己到底是农民还是市民这个问题上困惑而又摇摆。因此,外来农民工在与所在城市社会的互动中,会不断重构和确定新的身份,以解决在城市立足和发展的问题,最终解决"我是谁"这个身份认同问题。

外来农民工在实现社会融入的进程中,他们的身份认同不仅仅包括自身关于"我是

谁"的自我认同问题,还包括城市原有市民关于外来农民工"他是谁"的外在认同问题,即:外来农民工在城市实现社会融入的前提,一方面是农民工认为自己已经是市民,继而积极主动在行为和思想等方面融入城市;另一方面是城市原有市民也认为农民工已经是市民,进而在社会生活中从思想、行为以及与农民工的相互交往中认同和接纳外来农民工。

1. 外来农民工对于"我是谁"的自我认同

关于农民工身份认同,国内很多学者进行了多角度的研究。诸如王春光、唐斌、周明宝、吴玉军等,他们认为,随着城市化进程的推进,农民工出现了"认同模糊化""认同内卷化"及"认同困境"等现象,表现为"过客心态"以及"双重边缘人"等状态,这些身份认同容易使农民工成为"问题农民工"。还有一些学者诸如王毅杰、倪云鸽、张海波、童星等的研究注意到了农民工身份认同本身的复杂性和多维性,对于自我身份认同问题,并不是所有农民工都呈现出相同的心态,不同年龄、不同收入水平、不同生活状态的农民工会表现出不一样的自我身份认同。①

自我认同往往能够通过主体的行为体现出来。本研究通过随机访谈,了解浙江省外来农民工的身份认同情况,通过调研与分析可见,外来农民工对自己的身份认同总体上呈现出多维、矛盾、模糊等特点。

问卷调查结果显示,有 42.6% 的人认为自己是城市人,有 36.6% 的人认为自己还是农村人,还有 20.8% 的人说不清楚自己到底是农村居民还是城市居民(见表 5-2)。针对这一问题,课题组对他们又进行了个案访谈。

表 5-2 外来农民工自我身份认知

认为目前自己的身份是什么	农村人	城市人	说不清楚
人数/人	174	203	99
比重/%	36.6	42.6	20.8

通过问卷调查和个案访谈可见,对于身份问题,外来农民工看法不一,说法不同。外来农民工说自己是农民的,是觉得自己从农村而来,户籍身份还是农民;觉得自己是城市人的,认为自己的户籍虽然还在农村,但早已来到城市工作,常年在城市生活,已不回老家种地,也在城市缴纳了社保,自己和家人的生活方式、消费方式都和城市人非常接近,除去没有城市户籍之外,自己已经是一个城市人了。但还有一部分农民工对这个问题不置可否,关于自己到底是农民还是市民,他们也说不清楚,或者直接就是不知道、说不好,农民工对自身身份认知模糊化、不确定性的现象依然存在。

---

① 张淑华、李海莹、刘芳:《身份认同研究综述》,《心理研究》2012 年第 5 期,第 21-27 页。

访谈案例 5-1

小赵,24 岁,四川德阳人,高中文化程度,叮咚买菜配送员。

小赵高中毕业后就外出打工,目前在叮咚买菜担任送货员。小赵几个同乡也基本在快递和物流公司工作,他们觉得自己年轻、身体好,平时多跑跑路就能多赚点钱,工作没有那么死板和枯燥,也不是特别累,除非遇到恶劣天气,平时送菜也不是特别辛苦,工作相对能灵活一点,收入也还可以。目前,小赵和几个同乡合租房子居住,休班时也会出去逛逛街、看看电影、吃点小吃,偶尔还会去杭州逛一逛。小赵觉得,自己还年轻,以后的机会应该也有很多,在城市的发展应该越来越好。工作已经比较忙碌了,业余时间就要好好玩一玩,也不能太苦了自己。至于自己是农民还是市民,小赵认为,自己不是农民,应该是市民,因为自己的生活方式、消费方式、一些娱乐方式都和市民差别不大,主要是自己基本上也没有干过太多农活,高中毕业后离开老家农村,进城打工后就再也没有干过农活,将来也应该不会再干农活了,所以觉得自己已经不是农民了。至于户籍问题,小赵认为,将来条件许可了,他们都会变成城市户籍的。

小赵出生于 1996 年,是新生代农民工的典型代表。像小赵一样的新生代农民工,在生活方式、行为习惯、思想观念、对自己身份的认同以及对城市社会的认同等方面,都有若干基本相同或相似之处。新生代农民工一般早早进入城市工作生活,虽然经历了工作不稳定、工资收入不高、工作辛苦、生活窘迫,但有了多年在城市工作生活的经历和经验,这些新生代农民工已经找到适合自己的工作和生活方式。作为年轻一代,他们乐于、也易于接受新事物,比较喜欢和认同城市的社会环境、文化氛围、城市面貌、生活节奏,愿意以现居住的城市为生活落脚点,将来在城市永久定居,成为城市里的一员。他们对农业生产比较陌生,对农村生活也比较远离,不打算再回农村老家工作和生活了。这些新生代农民工是比较典型的认同城市社会的一批农民工,他们虽然在城市里还没有属于自己的住房,工资收入与城市居民有一定的差距,工作岗位甚至还不是特别稳定,更没有城市户籍,但是他们年轻,这就是最大的资本。他们可以凭借自己的意愿更换目前不喜欢的工作,力所能及去融入城市居民的日常生活,在生活方式、消费方式、思维方式等方面表现出青年人特有的较强适应性。这一部分农民工对城市社会的认同是较高的,对自己的身份认同也是比较一致的,即认为自己就是城市居民。

新生代农民工已经是农民工的主体,考察浙江省外来农民工的身份认同问题,还应该格外关注新生代农民工的自我身份认同现状。在以往的研究中发现,新生代农民工相较于老一辈农民工,具有受教育程度高、职业期望值高、物质和精神享受要求高、工作耐受力低等特征。因为受过相对较高的教育,对自身就会有更高的要求与期待,因而就具有更高的职业期望值,对自身的就业岗位、工作适应度、收入水平有更高期待。同时,他们更加注重职业的福利待遇和发展前景,他们并非仅仅只是追求一份工作,而是特别追求自身的发展机会。他们抱着发展自己、落脚城市的愿望进入城市,已经不特别在乎户籍制度赋予他们的农民制度身份,而是在意城市社会对他们是农民还是市民的身份认定,他们已经开始将生活方式、价值观念等因素看作是农民和市民的区别。在看待自己是农民还是市民的问题上,他们在很大程度上已经不把自己看作是农民,而是一个可能融入城市的未来市民,因此他们注重自身在社会地位、经济收入和职业上与市民是否不同外,更注重自己在生活习惯、价值观、思维方式、消费方式以及文化生活等方面和市民的差异。在访谈中发现,当问及农民和市民的差别时,新生代农民工更容易首先提及价值观、思维方式和生活习惯,然后才会提及社会地位、经济收入等。由此可见,新生代农民工对自己身份认同问题的认识已经比较深入。

访谈案例 5-2

小韩,39 岁,安徽凤阳人,大学专科文化程度,海尔家电安装工人。

小韩 22 岁就来到浙江打工,在宁波、杭州和义乌都工作过,目前在杭州工作和生活,是海尔家电售后服务的安装工人。工作时间比较不固定,每天接单 5 到 10 个,电器销售旺季有时候还会更多。小韩认为自己在安装家电方面还是有点门道的,一般客户都比较满意。对自己的收入水平小韩也觉得可以,一家三口租住房子,妻子也有自己的一份工作,孩子在离家不太远的小学上学,父母在老家和哥哥一起生活。说到自己的身份问题,小韩认为,自己一家人的生活方式和城市居民没有什么不同,在城市工作十几年了,虽然曾经换了几个地方,但都是在城市里。目前自己和妻子在杭州缴纳社保和医保,生病买药也有报销,偶尔空闲也会带孩子逛逛西湖,平时在家附近散步,也没觉得自己和城市居民有什么明显不一样的地方。小韩觉得自己不是农民了,应该属于市民,就是户口还在农村老家。

案例中的小韩,从主观认同方面,觉得自己应该是城市居民,因为在城市生活的时间很长了,生活方式等方面与城市人没有什么明显的不同。对于户籍依然还在农村的问题,小韩还是有些遗憾,但他认为这也并不特别影响他在城市里的生活。像小韩一样的农民工,也是比较有代表性的,他们在城市打工多年,有一技之长,工作比较稳定,工资收入比较可观,在城市有自己的社会保障和正常生活,自我感觉与城市社会和居民的距离并不大,生活稳定、未来可期。他们积累了在城市永久居住、在城市社会融入的一定资本,对城市社会认同度较高,对于自己的身份基本也认为是城市居民。

还有相当一部分外来农民工对自身的身份认同呈模糊和不确定状态。外来农民工满怀对城市生活的向往和追求来到城市,努力工作和生活,却因为各种客观原因无法融入城市。对于这部分农民工而言,一方面,他们不愿意或者已经很难再回到农村。他们成长于改革开放、社会加速转型的时代背景下,带有鲜明的时代烙印。农民工特殊的生活和成长经历使得他们与土地的情结已经大大减弱,缺少务农经历,对农业生产和农村生活缺少兴趣,对农村社会的传统、习惯和人际关系等开始出现不认可的态度;在生活习惯、文化习俗、对未来社会目标的追求等方面越来越不同于农民,尽管制度身份并没有改变,但对城市生活的向往和追求越来越强烈。特别是新生代农民工,由于其生活重心及观念和追求的变化,对中国传统农村社会中以婚姻、血缘、宗族关系为纽带形成的,以农业为核心的乡村社会资本,越来越表现得可有可无、无足轻重。另一方面,农民工在来到城市工作生活的过程中,经历了以农民的眼光看待城市到以市民的眼光看待农村的过程。有的时候,以农民心理看城市和以市民眼光看农村还会同时并存,"亦工亦农",又"非工非农",他们身处相互冲突的两种社会身份中,既不愿意再回到农村,短时间内又难以融入城市,在城市有较强的"外地人"意识。在焦虑、困惑和两难之中形成了模糊的自我身份认同。

访谈案例 5-3

小刘,26 岁,江西赣州人,大专文化程度,出租车司机。

小刘毕业后不久,就和同村人一起来杭州打工,虽然文化程度比有些农民工高一点,但是在求职过程中也没什么明显优势,在杭州,专科文化程度实在太平常了,差不多的岗位对文化程度的要求最起码是本科以上。小刘在萧山某工厂做过工人,也做过苏宁易购的送货员,这些工作都比较辛苦一些。他不是特别健壮,这些工作他不愿意坚持做下去,后来就选择做了出租车司机,从出租车公司租车来开,一天从早到晚,虽然工作时间长一些,但不用付出太多体力。在杭州这个城市,叫出租车的人比较多,一天下来收入也还可以。小刘在工作中接触过形形色色的本地人,还有外地游客,听这些人在车上聊天,自我感觉与他们的生活差距还比较大,有时候闲下来时也会比较失落。他在杭州工作几年了,没有属于自己的房子,和同乡合租了住处。小刘表示自己比较喜欢杭州这个城市,也憧憬能够成为这个城市里的居民,有和杭州人一样的户籍、社保和生活方式。小刘还期待自己在文化生活、基本公民权利方面也能和杭州市民一样。但是,目前自己只是工作在这个城市,憧憬期待的这些离自己还很远。农村是不想再回去了,对于什么时候能够变成杭州市民,小刘还不知道。说起自己的身份认同,到底是农民、还是市民? 小刘表示不知道,也说不好。他期待成为城市居民,但觉得自己和市民还有很多方面的差距;他的户籍还在老家农村,但他觉得自己应该不是农民了。到底属于哪种身份,小刘很迷茫,说不清楚。

案例中的小刘,对于自己身份认同问题表现出来的态度很具有代表性。他们受过一定的文化教育,对城市生活有比较高的憧憬和期待,来到城市工作绝不仅仅是谋求一份工作、得到满意的收入。他们期待自己在经济生活、文化生活、社会生活等方面都和城市居民一样。但是,现有的制度政策等还不能够在短时间内让这些期待成为现实。理想和现实之间的差距,期望和现状之间的冲突,有时候会让他们很迷茫,甚至很痛苦,他们对城市生活有全方位的期待，但觉得实现起来有点难度。对于身份认同问题，就表现出明显的不确定。

有一些农民工，尤其是新生代农民工，相对于父辈高一些的文化程度、在城市工作生活比较丰富的经历、个人权利意识的凸显等原因，他们在城市里的就业动机已经不是单纯的"改善生活"，而是在城市"体验生活，追求梦想"，他们的生活方式、思想观念、价值标准、工作要求，甚至人生态度等方面，都与传统农民工大不相同，而是更加逐步接近城市居民。相应的，他们在城市里的就业动机、对劳动权益的诉求、职业角色的认同、对务工城市的心态、个人维权意识和维权方式以及对精神和情感的追求等方面，都有明显向城市人看齐的意识，追求与城市居民一样的平等权利，他们对工作目标有更高的期待，更多地把进城务工看作谋求发展的途径。这类农民工在择业时更强调获得尊重，有更强的平等意识和维权意识，追求和城市居民一样获得平等的就业权、劳动保障权、教育发展权、政治参与权、话语表达权和基本公共服务等权利。但实践当中他们的理想和期待经常会受到不同形式、不同程度的打击。

访谈案例5-4

老宋，45岁，四川遂宁人，初中文化程度，川菜小饭店老板。

老宋原来在本地饭店打工，自己会做家常川菜，2005年来到绍兴打工，小有积蓄后开了一家川菜饭店，饭店临近布料批发市场，生意还比较好。川菜馆平时的经营主要依靠自己和家人，店面不大，自己做菜，老婆做服务员，孩子放假时也来帮忙。夫妻两个人勤勤恳恳，忙忙碌碌，收益也还不错。目前一家人租住房子，平时生意都比较忙，早出晚归，没有什么业余文化生活。谈到自己的身份问题，是农民？还是市民？老宋想了一阵，也没有明确的说法，说自己也不好说。目前，一家人的户籍还是在老家农村，农村有合作医疗，在绍兴市一直也没缴纳社保。多年来早已不在家乡农村务工，对农村生活已经有点陌生，平时回老家的次数也不多。目前在绍兴市经营川菜餐馆，虽然辛苦一点，但收益还可以，已经小有积蓄。在绍兴市一家人都办理了居住证，拥有居住证能在很多时候享有市民待遇，觉得也很好。自己到底是农民，还是市民，也说不好。

案例中的老宋，进城务工时间长，对城市生活熟悉度很高，工作和生活的节奏更加接近于城市居民，早已远离农村的生产生活，一家人也都来到城市共同工作、生活。但是他们的户籍还在农村，在所在城市里一直没有缴纳社保，由于自己经营饭店，早出晚归，没有周末、没有假期，工作比较忙，与城市社会的互动交往并不多。他们平时密切交往的对象基本是自己的同乡，或者饭店经营过程中经常来往的人，平时不怎么逛公园和商场，租住房子所在社区的活动基本不参加，电影等文化、体育活动也基本不参与，基本生活在自己的固定小圈子里。对于自己到底是市民还是农民，他们一致表现出困惑和游移不定，自己也说不清楚。

老宋这种对自身身份认同的态度比较有代表性。外来农民工进城之后,无论进城时间是长是短,如果他们的工作类型和生活方式使得他们没有更多机会和城市社会以及城市居民有更多的交集和互动,基本活动在自己的小圈子里,他们在城市社会中就只能处于与城市和市民隔离的状态。随着在城市工作、生活时间的推移,这部分外来农民工没有与城市社会逐步相融。如果说随着他们进城时间的积累,社会认同方面有什么变化的话,那就是他们对自己是农民这一制度身份的认知越来越模糊,长期离开农村生活、农业生产,除了户口本上的农村住址之外,他们没有更多自己是农民的切实感受。但由于没有获得城市市民的制度身份,没有与城市社会比较多、比较深的互动和交往,甚至在城市社会也不能和市民一样享受基本社会保障,他们对自己是否是城市居民这一点也持不确定的态度。在自己到底是农民,还是市民的身份认定上,这部分外来农民工表现出明显模糊和不确定。问卷调查也显示,对自己是农民还是市民的这一问题,受访农民工有很大一部分选择了"说不清楚"。

访谈案例 5-5

老蔡,52 岁,贵州安顺人,初中文化,某工厂保安。

老蔡之前在老家农村务农,儿子初中毕业后就外出打工了,老蔡38岁开始就在同乡介绍下来到宁波打工,在建筑工地当过工人,随着年龄的增加,身体状况不太好,在建筑工地的工作有些吃力。后来在同乡介绍下,到工厂当保安。老蔡人老实本分,做事情踏踏实实、工作也兢兢业业,在目前岗位上已经做了四五年了。平时在城市里没有自己的住房,值班时就在保安室,休班时居住在工厂的职工宿舍里。工作不累,休班时间很少。老蔡平时基本不外出,对于城市公共服务设施也不是特别了解,更没有看电影等这些文化生活,除了一起工作的人之外,也就偶尔和老乡有往来。老蔡所在单位为他们缴纳了社会保险,但是老蔡本人对这一点表示无所谓,他认为自己早晚是要回到农村老家的,又不在城市养老,在城市有没有养老保险无所谓。说到自己是农民还是市民,老蔡没有犹豫,说自己当然是农民,将来也还会回到农村。现在趁身体还可以,在外面打打工,挣点钱,不可能永远住在城市里。

老蔡出生于1969年,是老一辈农民工的典型代表。这一代农民工,从内心深处对自己是农村人的身份认同绝无游移。他们认为,自己的户籍在农村,房子在农村,承包地在农村,亲戚在农村,相当一部分人生病看病也是靠新农合来报销,他们的根基在农村。进城的主要目的是赚点钱,力所能及地攒点钱,将来肯定是要回到农村的。对于城市社会,由于工作时间和工资收入等多种原因,他们平时在城市里没有更多业余文化生活和休闲生活,和本地城市居民也基本没有什么来往,在经济水平、生活方式、基本权利方面,和城市居民都有差距,在语言方面的差距也是明显的,本地方言不会讲,时间长了勉强能听懂,因为工作单位有一些本地人。他们在城市多数没有属于自己的住房,一部分人租住房子作为安身之所,一部分人则居住在单位提供的宿舍里,没有家的感觉,心里也缺乏基本的安全感和归属感。他们对自己的身份认同比较明确,认为自己还是农民,和城市居民还是有很大距离的。

在问卷调查和个案访谈中发现,对于自我身份认同问题,农民工因为自身主观心理和客观条件各不相同,自我身份认同也呈现出多样化,个案访谈中的案例1到案例5,都是具有代表性的案例。

总体来看,农民工多数都有改变制度身份的愿望,但同时他们也认为,现有的条件下,他们想变成"市民"的愿望很难在短时间实现,自身仍然是游离于城乡之间的"农民工",而非"市民"。对自己在城市的社会身份不是特别清晰,他们认为农民工与城市市民的社会距离很大,缩小直至消除这个距离很难,所以他们中的多数人比较缺乏主动介入城市生活的积极性,并且自我感觉与城市生活和城市市民的关系不是非常密切。因此,农民工基于归属、安全感等方面的需要,他们会自觉、自愿结成他们自己的社群,而这种结群的方式会自然拉大他们与城市生活的隔阂,更加不利于他们与市民和城市的融合。从这方面来看,这部分农民工更倾向于认为自己不是市民。关于这一点,学者王毅杰、倪云鸽研究也认为,流动农民工在城市生活中对城乡差别认识得越深刻,越会意识到城市市民和农民之间存在的巨大差异,在与城市市民进行比较时越容易强化自己"是农民"的意识。[①]

2. 城市市民对外来农民工"他是谁"的外在认同

由于长期以来城乡二元社会结构的深刻影响,曾经普遍存在"城乡对立"的观念,在农民工最初来到城市打工时,城市居民对农民工多持排斥态度,他们一方面客观享受着农民工在城市从事各种工作带来的便利,一方面主观排斥农民工进入城市分享他们的资源,所以,城市居民一度从情感上难以认同农民工,对于农民工身份,多数城市居民认为他们就是农民,和城市居民在户籍归属、思想文化、生活习惯、综合素养等方面有着根本的不同,完全不认为农民工属于市民。城乡分割甚至对立的观念曾经普遍存在于中国社会,在发展地方经济和社会时,出于经济利益和城市管理等方面的考虑,地方政府把原有市民纳入城市公共服务体系却排斥外来农民工,不愿意接受农民工成为城市一员;城市居民从观念和行为也排斥农民工,既不认同农民工属于城市里的一员,更不会和农民工有经常性、深层次的交往。城市居民一度认为农民工素质低、习惯差,对他们缺乏心理认同,更不愿意让农民工来分享城市权利。随着国家城镇化的推进、农民工受城市社会不断的熏陶和影响、城乡二元体制的逐渐改变,城市社会开始接纳和认同农民工,城市居民也不再完全否定农民工。但是,城乡二元体制影响下城市居民形成的根深蒂固的观念还没能够完全彻底改变,他们内心仍然认为,城市资源是他们市民独有的。

本次的问卷调查和个案访谈,调研对象为在城市工作的外来农民工,所以,问卷中没

---

① 王毅杰、倪云鸽:《流动农民社会认同现状探析》,《苏州大学学报(哲学社会科学版)》2005年第2期,第49－57页。

有设计城市居民对农民工身份认同的相关问题,也没有设计相关的个案访谈提纲。在调研中,有和城市居民随机的交谈,交谈中可见,他们对农民工到底属于什么身份也没有明确的说法,要么直接说不知道,或者对于"农民工是否是城市居民"这一问题不置可否,总体来看,城市居民对农民工的态度和看法不像前些年那样明显排斥和否定,但也没有明显的认同和接纳。

调研表明,农民工中愿意回乡务农的人占极小比例,在他们看来,城市才是他们期待的家园。但在对城镇居民的随访中却得到了完全不同的反应,他们难以接受外来农民工融入城市,不愿意农民工与他们共享城市资源,不愿意农民工同他们一样无差别享受城市基本公共服务,由此,他们对外来农民工依然存在心理以及行为上的否定和排斥。城市居民不认同外来农民工的城市居民身份,对农民工融入城市、实现市民化是较强的阻碍因素。

通过调研访谈和文献研究发现,总体上来看,外来农民工逐步减弱了对城乡户籍制度所赋予他们的农民身份的认定,不再把户籍作为划分农民与非农民的界线,农民不再仅仅是指"户籍在农村的人"。从外来农民工对自我身份认同的调研和访谈来看,他们开始趋向于看重社会对他们的农民身份或者市民身份的认定。在身份认同上,把从业、生活领域等经济社会因素作为界定是农民还是市民的主要标准。由此可见,在身份认同上,农民工已经更偏重于社会性身份的认同,而对制度性身份的认同在减弱。由于对社会性身份的认同和确定也存在一些主观因素和多种判断标准,所以对自己是农民还是市民的判断也存在着不同观点。有些外来农民工认为自己已经是市民,有些外来农民工认为自己还是农民,还有相当一部分外来农民工出现了对自我身份认可的模糊化、不确定现象。

从外来农民工市民化的需要来看,他们的自我身份认同和城市居民对外来农民工的身份认同都不理想。外来农民工满怀对城市的向往和追求来到城市,由于体制、观念、户籍和各种相关制度的限制,他们还没有成为城市社会里与原市民无差别的正式一员。尽管他们还没有改变农村户籍的制度身份,但在思想文化、行为方式、价值观念等方面已经与农村日渐脱离;尽管他们希望成为城市市民,但在城市里仍然存在明显的外地人意识。生活在城市里的他们,既会以市民的眼光看待农村,又会以农民的眼光看待城市,亦工亦农、非工非农的双重社会身份使得他们处在模糊、矛盾、游移的生活状态,在这两种身份的冲突和摩擦中,外来农民工在心理上游离于城市社会和农村社会之间,非常不利于他们在城市的社会融入,不利于实现市民化。

(二) 外来农民工的文化认同

外来农民工在城乡流动中面对迥异的城乡文化,在这两种不同文化的碰撞和相互比较中,会面临对"我将成为什么样的人"这一问题的回答。文化认同是农民工对自己应该采取哪种文化模式所持的态度,也就是对"我将成为一个什么样的人"的问题在文化层面的回答和认识。农民工从农村来到城市,经历着客观社会环境和主观个人心理的巨大变迁和转换,在城市社会融入的过程中,无论在流动迁移中形成的文化差异是大还是小,文化认同的转换都是身份转换中的外来农民工首先需要回答的社会归属问题。[1] 外来农民工在城市实现社会融入,最根本的是要实现文化融入,文化认同是他们在城市实现文化融入的前提。

外来农民工的文化认同体现在他们的生活方式、行为模式、价值观念、思维方式、情感表达方式等方面。每一位从农村流动到城市的外来农民工都必须适应新的社会环境,必须面对新的城市文化,决定是否融入以及怎样融入当地城市文化中。在这一过程中,他们面临生活方式、物质特征、行为模式、制度约束和价值观念的改变。

在对外来农民工进行的问卷调查、个案访谈和追踪观察中,主要关注了生活方式、消费方式、日常交往对象、价值观念、思维方式、情感表达方式和语言沟通交流(方言)等方面的情况。

对于来到城市工作的外来农民工来说,喜欢并习惯哪种生活方式,是正常生活中的头等大事,事关外来农民工能否正常工作、生活和融入城市社会。在问卷调查中,有 369 人表示喜欢城市生活,占比达 77.5%,有 63 人表示还是喜欢农村生活,占比 13.2%,比例并不高,其中还有 44 人,表示城市和农村生活都差不多,没有什么明显的喜好倾向,占比 9.3%(见表 5-3)。

表 5-3 外来农民工喜欢的生活方式

喜欢的生活方式	喜欢农村生活	喜欢城市生活	都差不多
人数/人	63	369	44
比例/%	13.2	77.5	9.3

为对外来农民工文化认同问题有进一步的了解,本研究进行了一些个案访谈,以了解他们对城市文化的态度、对农村文化和城市文化的认同和看法。

访谈案例 5-6

陆某某,48 岁,吉林四平人,绍兴某纺织厂中层主管。

老陆在城市工作生活的时间很长,高中毕业后到广东打工,由于离家较远,而父母家人都在吉林老家,老陆后来就来到浙江务工。随着浙江社会经济的发展,老陆越来越觉得浙江很有吸引力,不打算再去其他地方了。经过十几年的打拼和积累,老陆在纺织厂工作越来越得心应手,在业务方面小有成就,目前已经是公司的中层业务主管。二十几年在城市工作的经历,老陆已经习惯了城市里的生活方式和生活节奏,平时工作之余,也会和朋友一起出来吃吃饭、喝点酒、唱唱歌、聊聊天。但是老陆觉得,内心深处有时候会

---

[1] 张文宏、雷开春:《城市新移民社会认同的结构模型》,《社会学研究》2009 年第 4 期,第 61-87 页。

怀念老家的生活,觉得农村人比较朴实简单,同村人之间也没有大的利益冲突,相互交往没有什么压力。农村人更热情一些,不像现在城市里的人,总觉得有些淡漠。还有一点,就是在绍兴工作十几年,一直没有学会讲本地话,平时沟通交流都是讲普通话,和本地人在一起时,他们之间讲方言,自己虽然也听得懂,但那个时候就有明显外地人的感觉。同时,老陆也表示,城市里的人文明程度高,生活方式也比较讲究,自己还是很喜欢的,也愿意过这样的生活,自己一直努力在各方面提高,希望自己也成为和他们一样的人。

案例中的老陆,在城市生活时间比较长,生活方式等方面都和城市人没有太大区别,对城市文明也比较认同,但在思想观念和一些生活习惯等方面,还仍然没有完全去除原有的乡村文化。外来农民工进入城市,对城市文化的认知、比较、选择、认可,会经历一个渐进、漫长的过程,在这一过程中,他们会以主动的态度和积极的实践,尝试进入城市文化体系。与此同时,外来农民工并未完全抛弃已有的传统乡村文化,在节日风俗、婚丧嫁娶习惯等方面还保留着原有的文化生活习惯。他们会通过在城市的工作、生活、交往,来了解城市文明、习惯城市生活、体验城市文化的优点,逐步产生对城市的文化认同。同时,由于对原有乡村文化的熟悉和对城市文化的陌生,彻底消除自身在城乡文化上的差异尚需时日,外来农民工身上不可避免地会阶段性存在城乡观念、价值和情感的冲突。

访谈案例 5-7

老王,58岁,山东临沂人,清洁工。

老王女儿在宁波工作,自己在2015年也来到宁波,由于年龄偏大,又没有什么技术,经女儿朋友介绍,找了一份清洁工的工作,一个月工资3000元出头,老王很满意,觉得收入不低,在老家农村无论如何是赚不到这些钱的。由于女儿家房子不大,工作地点又离得远,老王平时住在单位提供的集体宿舍里。老王平时没有什么休息时间,工作不累,但也不闲,工作之余就在单位附近溜达溜达,或在宿舍里面看电视,平时基本不会出去逛公园、看电影。平时来往的人,除了女儿之外,就是工作单位的同事们,没有城市本地人,对于城市人的生活方式和消费方式,老王表示看着也挺好的,但自己不习惯,也不喜欢那些方式。老王听不懂宁波方言,听本地人说话时,自己是外地人的感觉特别强烈。老王觉得,城市里什么都挺好,生活也都很便利,就是他们的一些想法自己不是特别理解,也不认可。不过自己也不多评价,反正自己不那么想,也不那么做。至于自己将来老了会在哪里度晚年,现在也没考虑那么多。

从老王的年龄来看,他属于老一辈农民工的范畴,老王来到城市工作的目的也只是找个临时安身之所,同时赚点生活费,这些进城目的也和老一辈农民工一致。对于城市文化,老王这样的外来农民工持不否定的态度,认为城市生活方式等确实挺好。但他们这一类外来农民工,在吃穿住行等生活习惯、价值观方面,对原有农村文化仍持较强的认同。城乡差异是客观存在的,在相对闭塞的农村社会,人际关系以血缘关系为基础,带有浓厚的家族、血缘和地缘印记。而在城市社会,人际关系主要是以业缘、地缘为基础的新型群体关系、团队关系,比农村社会的人际关系更加复杂和多元。外来农民工来到城市社会,原有的农村传统人际关系并不会在短时间内消失,又加之新的城市社会人际关系,逐步形成了独属于农民工的新的人际关系。在社会规范上,在城市居民看来,遵守法律、法规和城市管理规范是理所当然的,但对农民工而言,他们更愿意信任农村的那些规则,对城市规范缺乏足够的信任感和安全感;在生活方式上,在农村自给自足、小富即安,生活完全遵从个体的节奏,而城市居民讲究有节奏和有效率的生活方式,具有群体性特点;在价值观念上,受传统乡村文化的熏陶,农民工原本具有诚实守信、热情好客、重义轻利、安分守己等特征,进城后面对城市文化中的逐利性强、人际关系疏离等特点,一时间深感迷茫和困惑,外来农民工的传统观念受到城市价值观念的持续冲击,一部分人逐渐接受和认可了城市价值观,但相当一部分农民工还会在相当长时间内存在这种价值冲突。

访谈案例 5-8

小刘,22 岁,安徽马鞍山人,杭州市外卖小哥。

小刘在杭州工作 4 年了,在快递公司做过快递员,也在物流公司做过送货员,现在是美团外卖小哥。小刘觉得,快递小哥工作相对自由一些,虽然为每一单外卖忙碌,时间有点紧,但人是自由的。小刘喜欢杭州的城市环境和城市生活氛围,他觉得杭州城市文明程度很高,生活方式和生活质量也都很现代,他很喜欢,也期待能有能力过上这样的生活。小刘来自外省农村,但他没觉得有外地人的强烈意识,现在杭州外来人口很多,小刘觉得自己和他们一样,在这个城市里认真工作,好好生活,对未来有期待、有追求,没有什么明显的不同。小刘认为自己和杭州人一样,也是这个城市的一员,应该享受城市权利,也愿意积极参与城市建设。在生活习惯、饮食习惯、消费习惯和思想观念上,小刘觉得自己和杭州人越来越一样了。同时,小刘带着遗憾的口吻说,可惜杭州人很多时候还是把他们当外地人。

案例中的小刘属于"00 后",是新生代农民工中的典型,他们愿意积极接受新事物,对现代化的城市文化和城市文明持较高的认同态度,同时积极追求这种生活。追求自由度高的工作,就是小刘这样的年轻一代农民工中比较有代表性的想法。他们对城市文化持积极评价,也比较认同,从融入城市的愿望出发,这一代农民工认可并愿意接受城市文化。但由于文化的稳定性和社会意识改变的相对滞后性,他们成长经历中积累在骨子里的乡村文化还不会随着他们的地域转换和职业转换而同时改变,乡城之间文化认同的彻底转换还需要时间,相当长时间内这些农民工还会不自觉维持自身原有的文化传统。新生代农民工就这样在城乡文明的不断碰撞中寻求着自己的未来。

调研还发现,对本地语言的了解和使用度、对本地风俗习惯的适应度、接受本地价值观的程度、和本地人密切交往的程度等都深深影响着他们的文化认同。新旧文化的认同转换,绝不仅仅是因为个人的兴趣和爱好,而是因为认为某种文化更受欢迎或者能获得更多利益,或者是因为生存的需求。在外来农民工的空间转换中,有些人会主动认同城市文化,有些人会保持对城市文化和乡村文化的双重认同和参与,还有一些人会在两难之间选择逃避。

在城乡地域转换中,外来农民工如果对原有农村文化比对城市文化了解得更多、体验更深刻,那么他们对城市的文化认同度可能较低;如果他们拥有很多城市当地文化的知识,对城市当地文化有更多的理解和体验,那么他们的文化认同度就会较高。外来农民工的文化认同会影响他们的社会认知,进而影响他们的行为选择,具体会表现在他们的服装穿戴、饮食习惯、交往的人群、所持的价值观等方面,这些都会伴随文化认同的改变而改变。农民工在城市彻底实现社会融入的过程,就是他们在思想观念上对城市价值体系、生产方式、交往方式、思维方式、历史地理等文化要素的融合和接纳过程,因此农民工城市社会融入的本质是认同城市文化,没有对城市文化的认同,城市融入便失去了精神动力。外来农民工要在城镇化进程中完全融入城市,和身份融入相比较,更为根本的是文化认同和文化融入,只有实现了文化认同和融入,才能实现价值观念、行为规则、生活方式的根本转化。文化认同是外来农民工完全融入城市的重要桥梁,是其他任何手段都不可替代的重要纽带。

需要指出的是,文化认同很难被测量,也难以被干预,促使外来农民工实现对城市的文化认同还任重道远,这既需要城市社会进行社会管理改革和观念革新,破除农民工城市文化认同中的制度藩篱和社会观念障碍,也需要外来农民工自身对文化认同进行心理重构,逐步实现城市文化认同。

(三)外来农民工的地位认同

对自身社会地位的主观认同感,是外来农民工在城市实现社会融入的重要衡量指标。地位认同是外来农民工对自己在社会经济地位上归属于哪一阶层的看法,实际上是个体对自己在社会阶层结构中所处位置的主观感知,与实际客观的经济社会地位有所不同。这种主观定位一定程度上取决于主体周围的参照群体状况,还受收入水平、生活质量、职业状况等一系列影响因素。[1] 其中,收入水平和经济状况应该是影响和衡量个体社会地位认同感的最直接、也是最直观的指标。[2]

外来农民工来自农村,又工作生活在城市,他们身边有层次不同的多种参照群体,主要有城市居民、成功实现市民化的原农民工、同样境遇的农民工、还在农村的农民等。由于参照群体的多层次性和多元化,外来农民工的社会地位认同也呈现出双重性。

一方面,外来农民工与农民相比,社会地位认同度明显较高。外来农民工是农村剩

---

① 张文宏、雷开春:《城市新移民社会认同的结构模型》,《社会学研究》2009 年第 4 期,第 61－87 页。
② 董志勇、戴圣涛:《城乡流动、户籍转换与社会地位认同感》,《理论经济》2021 年第 3 期,第 5－19 页。

余劳动力的精英群体,是对生活有更高追求、更有胆识和闯劲、可能拥有一定知识和技术的农民,他们进城工作、谋求发展,在教育程度、收入水平、文明程度、发展前景等方面都明显优于在农村务农的农民。和农民比较,外来农民工有明显的优越感,自我社会地位认同较高。另一方面,和城市市民比较,外来农民工在诸多方面感觉到明显的劣势,自我社会地位认同相对较低。在问卷调查中,对是否觉得自己和城市居民的基本权利无差别的问题上,仅有极少数外来农民工表示无差别,绝大多数都表示了有差别,或差别特别大(见表5-4)。

表5-4　农民工和城市居民是否无差别的主观感受

和城市居民是否无差别	基本无差别	差别很明显	差别特别大
人数/人	157	191	128
比例/%	33.0	40.1	26.9

外来农民工在城市社会的社会地位认同,是一种与周围群体相比较而产生的主观认识。在城市社会里,市民是城市的主流群体,是外来农民工周围的一个最无法忽略、最有影响、最值得关注的社会群体。和城市居民比较起来,虽然客观存在的群体差距在逐渐缩小,但外来农民工和本地市民的差距在各方面依然明显存在。和市民相比较,外来农民工没有城市户籍,和户籍相关的一系列市民权利也很难无差别享有。他们在城市里从事的多是工资较低、待遇不高、工作辛苦、条件较差、市民不愿意从事的工作。由于没有城市户籍和从事收入低、条件差的工作,外来农民工难以和市民一样无差别共享城市基本公共服务,难以形成较强的主人翁意识。较低的比较权益和社会地位,甚至会让外来农民工产生受剥夺的挫败感,加之目前城市社会对外来农民工的接纳度和城市治理中相关政策制度对外来农民工的支持力度还不够理想,这些都使外来农民工对城市社会地位的认同较低。

访谈案例5-9

小赵,33岁,贵州六盘水人,宁波某企业工人。

小赵离开家乡已经十几年了,高中毕业后就来到浙江打工,在温州、杭州和宁波都工作过,小赵表示,他比较喜欢浙江这个地方,离开老家进城后,工作一直没有离开浙江,目前在宁波一家工厂做技术工人。小赵每月工资六千元左右,妻子在苏宁易购当导购员,一个月收入也有三四千,两个人的收入在正常生活开销之外,每月还能攒下一点钱。小赵说,这个收入感觉可以了,以自己的能力和水平,短期之内不会再找到工资更高的工作。说起和宁波市民的一般收入比较,小赵觉得自己的工资不高,关键是自己在这里没有自己的住房,没有任何根基,租房子等日常生活都要靠这些工资来解决,所以,经济条件、生活水平和本地市民是比不了的。小赵说,在工作和日常消费中,觉得自己在这个城市里没有什么不一样,自己正在办理宁波市的户口,小赵觉得有没有本地户口影响并不是特别大。但小赵始终有一种感觉,自己和宁波本地市民不一样,自己不是这里的主人,问起为什么,小赵表示浙江省对农民工权益比较重视,有一些文件也听说过,但是工厂里除了必要的社会保险之外,也没有其他什么了,平时在租住的社区里,和居民也没有特别多的往来,社区也有一些活动,但自己工作比较累,下班后一般不去参加。在谈到自己在城市里的社会地位,小赵认为,自己应该属于中下等的位置,反正自我感觉社会地位并不高。

本案例中的访谈对象小赵,关于社会地位认同的一些心理和感受,在外来农民工中很有代表性。一方面,他们来到城市,有可以接受的工资收入,生活在设施全、环境好、交通便利的城市社会里,过着城市生活,和老家的农民比较,优越感比较明显。但是,在城市社会里,和城市居民比较起来,主观感受到的各方面差距还是明显存在的。总体来看,外来农民工依然觉得自己身处城市社会底层,不被城市社会完全接纳,没有完全进入城市主流社会,在就业状况、经济水平、生活质量、子女教育、社会保障和公共权利等方面尤其感觉到这种底层和边缘的地位。在对浙江省内外来农民工的随机访谈中发现,外来农民工比较普遍地认为他们在城市中处于社会中下层,他们倾向于把自己的社会地位归类到"中下层"或"下层",而将自己归类到"中层"或"中上层"的人极少。虽然与进城之前的农民身份相比,客观经济地位有了明显提升,但是他们主观感受到的经济地位却不高,比起生活在一个城市里的市民甚至要差得多,这种比较利益和比较社会地位,让外来农民工觉得自己还是城市社会的"另类",不是城市的主人,很难和城市社会融为一体。外来农民工的这种主观归类与当前城市人口中的客观阶层状况基本一致。当然,并不是所有的外来农民工对自身所处的社会地位都有清楚的自我定位和认知,有一些人则对自己的社会地位认同处于模糊状态,表示"不知道"或"说不清"。

总体上来看,外来农民工的社会地位认同呈明显向上的趋势,但在城市社会里依然存在较强的社会底层意识,这种主观定位使他们产生很强的挫败感,制约了他们融入城市、实现市民化的积极性。对于外来农民工在城市的社会地位,先不问城市社会如何看待、城市居民如何看待,也先不说他们客观上在城市的社会地位如何,仅外来农民工自己对自身社会地位的主观认同,就足以影响甚至决定着他们要不要在这个城市留下来、住下去、融进去。

（四）外来农民工的归属认同

外来农民工进入城市,随着物理空间的变迁,他们的居住场所、生活方式、职业特点、收入水平以及社会地位都发生了现实的巨变。农民工也自然不可回避地需要不断思考未来的社会归属问题,即"我将归属在哪里"。归属认同,是外来农民工对自己将归属于哪一地域的看法,包括原住地认同和迁入地认同两个方面,主要涉及社区归属感、定居意愿、未来认同等问题。城市相对优越的生活条件、更多的发展机会、更高的经济收入使得外来农民工容易对城市社会持积极认同的态度。在早些时候对流动农民工的研究中,很多学者基本上以"城市是优越的、农民工对城市有较高的认同、都有融入城市成为市民的强烈愿望"为研究前提。但在农民工城乡流动的客观实际中,外来农民工并不一定认同优越的城市,融入城市的意愿也并非整齐划一的强烈。总体来看,有外来农民工对城市的融入和归属表现出比较强的愿望和追求,但也有外来农民工将自己未来的落脚点定位在家乡农村。

外来农民工经过在城市的长期工作生活,正在逐渐适应并认可城市。但他们和城市的交往不深,在城市的政治、文化和社会活动参与较少,对所在城市社会里相关组织活动的参与度也不高。大多数外来农民工对所居住的社区并没有产生家的感觉,较少对当地社区产生心理上的认同。加之城市社会对农民工接纳不够,尽管城市文明具有明显的优越性,但外来农民工对城市的地域归属认同并不很高,一部分农民工甚至随着在城市居住时间的延长还降低了对城市的地域归属认同,萌生了退意。但对城市社会的地域归属认同不强并不自然意味着他们对家乡农村的地域归属认同很强。外来农民工对家乡农村有一定的认同,毕竟那是他们生长的地方,他们的亲人、物质保障(土地)等基本都在农村。但他们来到城市工作生活,居住地客观上已经发生变化,受居住时间、教育程度、职业变换等影响,即使在城市的生存发展状况不够理想,或有很多的阻碍因素,外来农民工也不会轻易放弃城市、回到农村。目前还不够强的城市地域归属认同和不断降低的乡土地域归属认同并存,面对未来地域归属问题,他们表现出了不同的态度。由于比较经济水平、社会地位、价值观念、排斥性制度等因素的影响,他们对自身的地域归属出现分化倾向:排斥性因素较弱的外来农民工,在融入城市的过程中感受到的阻力较小,对归属城市有强烈的意愿并付诸行动、努力实现;排斥性因素较强的外来农民工,在面临各种阻力的情况下,归属城市的愿望降低、动力不足。

对于外来农民工而言,将来的地域归属是二选其一,要么认同城市、留在城市,要么认同农村、回到农村。最终是留还是去,很大程度上取决于他们对城市和乡村地域认同度的博弈。在问卷调查和个案访谈中,也显示出了外来农民工在地域认同上呈现出分化的趋势。

在问卷调查中,有不到一半的外来农民工有长期定居城市的打算,另外超过半数的人都没有确定要长期定居在城市(见表5-5)。对于未来地域归属问题,外来农民工并没有因为浙江省经济社会发展程度高、所在城市条件好而坚持要留下来。在个案访谈中,因为地域归属认同和身份认同有极大的关联性,在访谈案例1到案例5的五位外来农民工时,也同时都谈到了未来地域归属问题。五位受访者在身份认同上或认为自己还是农民,或认为自己已经是市民,还有人对这一问题表现出不确定。但值得注意的一点是,对于地域认同问题,受访者并没有因为身份认同是农民就认同农村,也没有因为身份认同是农民就一定要打算将来回到农村,也就是说,农民身份认同和农村地域认同没有必然的一致性。个案访谈中的案例3小刘和案例4老宋,对自己身份认同都表现出模糊、不确定,他们还没觉得自己是市民,但对地域认同和未来地域归属的问题,他们一致表现出了对城市社会的认同,并表示将来也不打算再回到农村。由于各种因素在不同外来农民工身上产生的影响的强弱不同,他们在城乡地域归属认同上呈现出分化和博弈,城市认同度和农村认同度各有不同。

表5-5 城乡地域认同——是否打算在浙江省内长期定居

是否在城市长期定居	打算长期定居	不打算长期定居	还没确定
人数/人	207	113	156
比例/%	43.5	23.7	32.8

1. 外来农民工对城市的地域归属认同

社会认同理论认为,认同是在群体的关系中产生的,而且认同是随着个体在社会生活中情境的变化而变化的。通过调研发现,外来农民工对城市的地域认同度总体明显呈上升状态,但在农民工群体内部存在分化趋势。从生活条件和发展机会等客观方面来看,城市社会与乡村社会相比,优势明显。通常情况下,基于权衡利弊的生活本能,流动中的农民工愿意来到城市工作生活并期待在城市长期居住下去,这应该是他们对自己未来地域归属的基本认同。但实际上,外来农民工对城市的社会认同会受到多种因素的影响,除去城乡客观条件的比较,农民工的心理感受、自我体验等主观因素,在其地域认同和未来归属中有着至关重要的作用。外来农民工由农村进入城市,生活环境、生活方式、交往群体等方面都发生巨大改变,他们渴望找到安全感和归属感。但城市管理中的观念、制度、政策、措施,并没能在第一时间提供给外来农民工足够的保障和安全感。他们进入城市后,在第一时间产生的求职、住房、生活和人际交往等这些生存和安全的需要,最初主要是通过自己的关系型社会资本来解决的。

随着外来农民工在城市工作、生活时间的推移和社会资本的逐步拓展,城市社会开始给他们越来越多的权益的维护和需要的满足,但是在与城市社会的互动中,外来农民工与城市市民的交往圈子还没有真正建立起来,他们与城市居民的关系仅仅是浅层的关系,相互之间缺乏足够的认同。加之制度公平度、比较收入合理度、市民对他们的接纳程度、进城时间长短、所受教育程度等众多因素的影响和制约,外来农民工在城市的归属感还没有建立起来。出于工作生活和发展的需要,他们开始关注城市里的相关社会组织并希望被接纳,但都不够积极主动,他们之间的很多人没有把城市社会组织看作是解决自身问题、维护自身权益、应对各种困难的依靠。尤其值得关注的是,外来农民工对城市社会的管理部门(这里包括政府)有较高的期待,但同时认为城市的政府和机关是为市民服务的,自己作为"外来人"没有资格获得足够的帮助、支持和关怀。外来农民工还认为,和市民比较,自己获得城市有关部门的帮助支持度要低得多,也就是不能和市民一样得到政府管理部门的无差别同等对待。如此种种,外来农民工在心理上认为城市管理部门不是他们最可靠的依靠，所以他们遇到困难通常不是在第一时间找城市管理部门求助，不到万不得已、别无选择时，他们尽量会寻求这之外的解决途径。外来农民工主观心理上并不固然认为城市是他们的未来归属之地。在随机访谈中，关于"长期定居城市最大的困难是什么"这一问题，除了城镇户口之外，无住房、收入低、就业机会少、孩子教育难、社会保障不够等也是影响外来农民工是否把自己的未来归属定位在城市的重要因素。由此可见，影响外来农民工地域认同的，除了自我身份认同，还受经济条件、社会地位、价值观念、城市管理制度、社会保障支持等一系列因素影响。

通过调研和访谈发现，总体上来看，外来农民工对所在浙江省内城市的认同度较高。具体来看，文化程度较高的外来农民工对城市的地域认同度要偏高，主要原因是，他们觉得在城市社会能得到比农村更高的精神文化需要的满足；收入水平较高的外来农民工对城市的认同度要明显偏高，主要原因是，收入较高的群体在城市生活能更多享受到城市的各种便利，相比于在农村，城市社会能够使他们对生活质量的追求得到更多的满足；年龄较小的农民工比起年龄偏大的农民工，对城市社会的认同度更高，因为在当前城镇化进程中，城镇化的趋势和国家相关新政策制度的频频出台，使他们坚信自己将来的落脚点就是城市，因此融入城市的意愿更加强烈；已婚和未婚的农民工对城市的认同度则有多种状态：未婚农民工与已婚者相比，对城市的社会认同度更高，其中原因是他们没有家庭和子女等生活压力，个人问题的解决总比家庭问题的解决要相对容易，所以他们在城市社会的满意度更高，而已婚的农民工又进一步呈现出分化状态，与一方单独在城市的相比，夫妻同在一个城市的更愿意扎根在城市，显而易见的原因是夫妻共同在城市，他们的生活重心和生活圈子主要在城市，更容易产生对城市社会的认同。

2. 外来农民工对农村的地域归属认同

外来农民工的制度身份是农民，他们出生在农村、成长在农村，家人、朋友这些最重要的社会关系在农村，从小受农村文化、习俗、观念的熏陶和影响；制度身份赋予他们的宅基地使用权和土地承包经营权也在乡村，是他们最重要的生活保障。中国的乡土社会一度是一个同质性较强的社会，人情味比较浓，邻里之间守望相助，农村人素来"安土重迁"，"背井离乡、抛家舍业"都带着深深的无奈，在农民工群体出现之后，这种观念受到了巨大冲击。农民工进城之后，亲眼看到或亲身体会到城市社会里现代化的公共基础设施、非常便利的生活条件、丰富多彩的文化生活，更多的工作机会和更好的发展前景，城乡生活的较大反差使农民工开始弱化对乡村社会的认同。在农民工看来，家乡虽好，但不够吸引人，许多人对家乡的情感和认同随着在外时间的增长而逐渐弱化。尤其是新生代农民工，他们从学校毕业后就外出务工，虽然他们对家乡仍有感情，对家乡仍有一定的认同，但是他们同家乡的联系日渐疏远，与第一代农民工相比，他们对家乡的认同更多地系于与亲人的情感，而对家乡其他方面的依恋在不断减少。从这个角度看，外来农民工对乡村社会的认同度在降低，这直接影响他们对自己未来归属的定位。

但调研访谈中也发现，并不是所有在城市打拼的外来农民工对城市社会的认同度都要高于对乡村的认同度。外来农民工进城之后,一些人由于融入城市、实现市民化较为艰难,一些人由于个体需求和乡村振兴等原因受到来自家乡农村的吸引,对乡村社会的认同度开始回升。外在的表现就是在城市萌生退意,打算将来回归农村。众所周知,农民工进城以来,实现市民化之路一直困难重重,而在农村,自乡村振兴战略实施以来,国家对农村的政策和资金等方面的支持力度不断加大,城市和乡村之间无论在公共基础设施、公共服务上,还是在收入上,原来较大的差距正在缩小。农民工回家乡创业能有政策、资金和环境等各方面的利好,在家乡农村生活的成本也要小得多,压力较小,幸福感较强。另外,在我国加强生态文明建设以来,农民工也越来越关注生态环境的问题,城市生活中饮食、空气、环境等方面与农村存在明显差距,立足喧闹拥挤的城市、回望绿水青山的乡村,绿色的饮食、清新的空气、舒适的环境、舒缓的生活节奏都与城市形成较大反差,更强化了这些农民工回归乡村的意愿。访谈中一些外来农民工明显表达了打算离开城市回归乡村的想法。

3. 未来归属认同

外来农民工对城市和农村社会的认同情况往往决定了他们将来的归属,即到底是融入城市还是回归农村。外来农民工虽然在进城务工过程中逐步开始认同城市并试图融入城市,但是他们对城市的高度认同目前还没有完全建立起来,他们在城市中还没有足够的归属感。城镇化的核心就是实现人口的城镇化。我国在推进城镇化进程中配套出台包括户籍制度在内的一系列相关政策制度,促进有条件的农民工实现市民化。从城镇化的客观大趋势来看,农民工最终更多会归属到城市是必然结果,但农民工的主观归属意愿不一定完全与此一致,需不需要农民工实现市民化和农民工愿不愿意市民化是两回事,愿不愿意实现市民化和能不能实现市民化也是两回事。

访谈案例 5-10

小韩,28 岁,贵州六盘水人,初中文化水平,绍兴某建筑工地工人。

小韩在浙江工作近五年了,主要在杭州和绍兴这两个城市,2019 年开始,在朋友介绍下来到绍兴。绍兴近几年城市建设项目很多,工作岗位很多,工资待遇也不错。小韩已经结婚,女儿已经三岁了,因为住房问题,目前老婆带着女儿在老家生活。小韩说,他比较喜欢城市生活,也很喜欢浙江,在绍兴工作这段时间,觉得绍兴也是一个自己喜欢的城市,经济发展水平较高,城市环境也不错,风景美的地方很多,城市文化氛围挺浓的。小韩说自己很希望一直生活工作在这里,但目前来看,经济水平还不允许自己一家三口长期生活在这里。说到将来会在浙江省定居,还是会回到老家,小韩说,这要看自己接下来的发展和工资水平,如果有机会,老婆也可能会带女儿来这边工作。将来会在哪里定居,要看情况了。

通过调研和访谈发现,城市社会发展条件比较优越对外来农民工的吸引力较大,多数外来农民工期待永久定居所在城市,但对于是否确定会永久定居在城市,一些农民工又表现出矛盾和犹豫。总体看来,外来农民工群体在地域认同上呈现出矛盾、犹豫、模糊的特点。一部分农民工喜欢城市生活,认同城市社会,愿意定居城市、融入城市,并正在为此做积极的努力;一部分农民工在城市工作生活不顺心,还不具备永久定居城市的条件,城市认同度不高,打算回到农村发展;还有一部分农民工,他们喜欢城市也愿意生活在城市,但受主观因素和客观条件的限制,定居城市有很多困难和挑战,未来到底是融入城市还是回归乡村,他们表现出了矛盾和犹豫;还有一部分农民工在城乡社会认同上并不明确,他们自己也说不好是更认同城市还是更认同乡村,至于将来会归属到哪里,他们更是不明确,呈现出模糊状态。城市更优越的客观条件,吸引农民工愿意在城市发展,但外在的排斥性因素和自身的边缘性地位又使他们的城市融入出现困难,造成了他们的城市社会认同与未来归属意愿呈现矛盾性状态。喜欢城市、认同城市,但觉得城市再好也不属于自己,当被问"万一将来某个时期在城市找不到工作或者不能维系生活时会怎么办"时,多数人都没有明确给出回归乡里的选择。这些外来农民工对自己未来的归属比较迷茫,对到底是融入城市还是回归乡村陷入矛盾,在未来地域归属的认同上比较模糊,很多持"看看再说"的观望态度。

从城镇化需要来看,更多农民工应该逐步实现市民化、最终融入城市。对于进城的农民工来说,未来归属在哪里,客观上只有两种可能:融入城市和回归乡村。在城镇化和农民工市民化进程中,农民工的未来地域归属的主观认同和客观趋势会呈现出复杂多样,甚至是矛盾反复的状态,这是在乡城流动和生活变迁中农民工必然经历的一个过程。认清这一点,从现代化和城镇化需要出发,为农民工适应城市、认同城市创造条件并提供资本,是推进城镇化的题中应有之义,也是城市社会管理部门的责任。如果体制、制度、观念、法律等因素能够使外来农民工在城市生活实现老有所养、病有所医、劳有所得、住有所居、弱有所扶,子女在城市实现幼有所育、学有所教,消除他们在城市的后顾之忧,他们在城市的安全感就会大大增强,就会具有较强的主人翁意识,就会较高程度认同城市社会。

外来农民工对城市较高的社会认同能推动他们积极融入城市,实现市民化,推进城镇化。在长期存在的城乡二元社会结构下,我国城乡之间存在较深的心理鸿沟。在城镇化进程中外来农民工要完全融入城市、实现市民化,更为根本的是实现社会认同,只有对城市高度的社会认同,才能实现价值观念、行为规则、生活方式的根本转化。外来农民工对所在城市拥有较高的社会认同,可以使他们顺利接受城市文明观念、城市生活习俗等方方面面的影响和熏陶,加快其思想、观念、文化、习俗的城市化;对城市的社会认同亦可以在心理层面增强外来农民工在城市的主人翁意识和责任感,使他们切身感知到自身在城市的存在意义,激励他们自强不息、奋发进取,以自信、乐观的心态积极主动提高自己,积极主动融入城市生活;对城市的社会认同还可以增强外来农民工在城市的安全感和归属感,使他们与原有市民能够和谐相处,缓解或消除外来农民工与市民群体之间的矛盾,逐步改变城市居民对外来农民工的旧有看法和偏见,促进市民从情感和行动上接纳外来农民工。总之,外来农民工对城市的社会认同,能够破解城乡二元结构下形成的心理沟壑,推动外来农民工在职业转换、地域转移、身份转化的同时,加快心理层面转变,最终实现城市融入。在这个意义上讲,增强社会认同是外来农民工完全融入城市的基本前提和重要途径。

第二节 浙江省外来农民工社会融入的趋势和特点

农民工自进城务工以来,在城市赚钱、在城市发展、在城市立足、在城市生根,即实现在城市的社会融入,就是他们多数人的愿望和期待。随着我国现代化和城镇化进程的推进,从老一辈农民工由于城乡二元体制机制等原因对融入城市的可望而不可及,到新一代农民工由于体制制度变动等原因开始通过自身努力追求融入城市,农民工在城市的社会融入状况不断发展变迁。随着城乡二元体制机制的变动、城镇化现代化的持续推进、乡村振兴战略的实施、新冠肺炎疫情的发生、浙江省建设共同富裕示范区的推进,外来农民工在流入地城市的社会资本不断发生变动。基于社会资本的变动,浙江省外来农民工的社会融入状况总体上呈现出新趋势,表现出新特点。

一、外来农民工的社会融入之于浙江的意义更加重大

浙江省外来农民工数量较多。第七次人口普查数据显示,浙江省流动人口达到了25 557 450人,其中省外流入16 186 454万人,占常住人口的25.0%。[1]浙江省近年来吸纳了大量外来农民工来到省内求职、谋求发展,给浙江省带来巨大的经济效益和社会效益,在浙江省经济社会发展中发挥着不可替代的重要作用。推进外来农民工在浙江省的社会融入,是浙江省经济社会发展中的重要课题。当前,我国正处在中华民族伟大复兴的关键时期,建党一百年之际,我国已经全面建成小康社会,第一个百年目标已经实现,开始朝着第二个百年目标也就是建成富强民主文明和谐美丽的社会主义现代化强国而前行。在这样的时代背景下,浙江省也迎来了高质量发展、竞争力提升和现代化先行的新阶段、新使命、新机遇。2020年习近平总书记考察浙江时,赋予浙江省"努力成为新时代全面展示中国特色社会主义制度优越性的重要窗口"的目标定位。2021年,党中央又赋予浙江高质量发展建设共同富裕示范区的新使命。

在浙江省"十四五"发展目标和2035年远景目标中,明确提出到2035年将基本实现高水平现代化,成为新时代全面展示中国特色社会主义制度优越性的重要窗口。《中华

① 见浙江省统计局网,《浙江省第七次人口普查主要数据结果新闻发布会答记者问(实录)》,http://tjj.zj.gov.cn/art/2021/5/14/art_1229129210_58949559.html。

人民共和国国民经济和社会发展第十四个五年规划和 2035 年远景目标纲要》中提出,支持浙江高质量发展建设共同富裕示范区。2021 年 6 月,《中共中央 国务院 关于支持浙江高质量发展建设共同富裕示范区的意见》给出了具体时间表,即:到 2025 年,浙江的共同富裕示范区建设要取得实质性进展,人均地区生产总值达到中等发达经济体水平,以中等收入群体为主体的橄榄型社会结构基本形成;到 2035 年,浙江基本实现共同富裕①。2021 年 7 月,浙江省《浙江高质量发展建设共同富裕示范区实施方案(2021—2025年)》对橄榄型社会结构提出了明确的标准,其中指出,"城乡区域发展差距、城乡居民收入和生活水平差距显著缩小,常住人口城镇化率达到 75%,城乡居民收入倍差缩小到1.9 以内,设区市人均可支配收入最高最低倍差缩小到 1.55 以内,城镇居民、农村居民内部高低收入人群收入差距持续缩小,低收入群体增收能力、生活品质和社会福利水平明显提升。"②常住人口城镇化率达到 75%,低收入群体增收能力、生活品质和社会福利水平明显提升等这些具体标准要实现,都不能忽视外来农民工这一人数众多的群体。没有外来农民工收入水平、生活水平和社会福利水平的不断提高,浙江的共同富裕就不可能实现;没有外来农民工不断实现城市社会融入,常住人口城镇化率 75% 的目标就不会实现。在浙江高质量发展建设共同富裕示范区过程中,外来农民工社会融入问题意义更加重大。

"全面展示中国特色社会主义制度优越性的重要窗口"之"全面展示","高质量发展建设共同富裕示范区"之"共同富裕",需要在打造重要窗口和建设共同富裕示范区时,任何一个领域、任何一个方面、任何一个群体都不能忽视。浙江省外来农民工群体数量多、规模大、作用不可替代,他们在浙江省所在城市的社会融入,不仅仅是农民工群体发展的需要,更是浙江省高质量发展建设共同富裕示范区的需要,需要从立足浙江省打造"重要窗口"和建设共同富裕示范区的高度来重视和解决外来农民工的社会融入问题。

二、外来农民工融入城市的意愿日趋强烈

农民工在城市的融入程度和他们的主观融入愿望密切相关。农民工喜欢自己所在的城市,才会有融入城市的期待和愿望;有较强的融入愿望,农民工才会有融入城市的积极性和主动性,才会千方百计拓展城市社会资本,想方设法加快融入城市的进度。对浙江省外来农民工在城市社会融入的主观状态,在问卷调查和个案访谈中也特别关注了这个问题(见表 5 - 6、表 5 - 7)。

---

① 见中国政府网,《中共中央 国务院 关于支持浙江高质量发展建设共同富裕示范区的意见(2021 年 5 月 20日)》,http://www.gov.cn/zhengce/2021-06/10/content_5616833.htm。
② 见浙江省人民政府网站,《浙江高质量发展建设共同富裕示范区实施方案(2021—2025 年)》,http://www.zj.gov.cn/art/2021/7/19/art_1552628_59122844.html。

表5-6 外来农民工对所在城市的主观体验

是否喜欢自己所在的城市	很喜欢	不喜欢	一般喜欢
人数/人	361	26	89
比例/%	75.8	5.5	18.7

表5-7 外来农民工对融入浙江的主观期待

是否期待成为"新浙江人"	很期待	不期待	顺其自然
人数/人	319	59	98
比例/%	67	12.4	20.6

问卷调查数据显示,在被调研的476名外来农民工中,表示很喜欢自己所在城市的人数为361人,占比75.8%;表示一般喜欢的为89人,占比18.7%;表示不喜欢自己所在城市的仅有26人,占比5.5%。对于是否期待成为"新浙江人"这一问题,在被调研的476名外来农民工中,有319人表示很期待,占比67%;有98人表示顺其自然,占比20.6%;只有59人表示不期待,占比12.4%。可见,外来农民工对所在浙江省内的城市主观评价和感受很好,绝大多数外来农民工表示喜欢所在城市,期待融入所在城市。在个案访谈中,问到"您想成为浙江省内的正式市民吗"这一问题,接受访谈的对象也基本上表现出他们的期待。总体上来看,浙江省内的外来农民工融入城市的意愿呈现出越来越强烈的趋势。

外来农民工这种主观状态受多方面因素影响:首先,他们拥有的社会资本越来越丰富,发挥的作用越来越明显,这有助于外来农民工在城市的工作生活,增强了他们对城市的社会认同,强化了他们融入城市的愿望。其次,浙江省作为流入地对外来农民工有较强的吸引力。浙江省作为地处长三角区域的经济发达省份,有较高的经济水平、良好的就业环境、深厚的文化底蕴、优良的生态环境、较高的文明程度等,地域本身具有比较明显的优势,加之浙江省在现代化和城镇化进程中,对外来人口的支持政策的力度较大,维护农民工权益的制度、政策和做法也走在全国前列,这些对包括外来农民工在内的外来人口具有较强的吸引力。第七次全国人口普查数据显示,在过去十年,浙江省实现了人口净流入。当前,在打造"重要窗口"和"共同富裕示范区"建设中,浙江省正陆续出台一系列具体方案,制定和实施一系列利好政策,未来的浙江省将以更加良好的经济、生态和人文条件展现出越来越大的吸引力。这些都会吸引外来农民工产生或增强融入浙江的主观愿望。再次,越来越强烈的融入意愿还受外来农民工群体的内部结构变化和自身特点变化所影响。在我国庞大的农民工群体中,外出农民工中的绝大多数为新生代农民工。按照农民工年龄和外出年代的代际划分,农民工可分为第一代农民工和新生代农民工。"新生代农民工"是相对于改革开放后出现的第一代农民工而言的农民工群体,一般指出生于 20 世纪 80 年代以后,在异地以非农就业为主的农业户籍人口。[1] 新生代农民工已经成为农民工的主体,在外出农民工中,新生代农民工的比例更高。除年龄外,新生代农民工在进城目的、受教育程度、自身素质、思想观念、生活方式、行为方式以及对城市的认同归属等方面,都有突出的群体特点,他们对所在城市的社会融入愿望也最强烈。他们的成长经历和生活经历使他们对农活和农村缺少兴趣、认同度不高,返乡意愿不强,他们更认同城市的行为习惯、生活方式、文化观念和工作模式等,对扎根城市、融入城市有着比较强烈的愿望和追求。

三、进城农民工对所在城市的满意度和适应度不断增强

近年来,随着社会机制和相关制度的变革与完善,进城农民工对工作的自主选择空间有所增加,权利保障不断完善,在城市的生活水平也有所提升,对所在城市的认同感和城市生活满意度呈不断增强的趋势。关于浙江省外来农民工对所在城市的满意度和适应度,本研究的问卷调查和个案访谈都通过多个角度进行了比较全面的调研,问卷调查的数据见表 5-8。

表 5-8 外来农民工对所在城市的满意度

问卷调查项目	是否满意	人数/人	比例/%
对在浙江省务工的就业状况和收入水平是否满意	很满意	301	63.2
	不满意	12	2.6
	比较满意	163	34.2
对自己子女在所在城市的受教育情况是否满意	很满意	262	55.0
	不满意	55	11.6
	比较满意	159	33.4
对业余生活的满意度	很满意	253	55.5
	不满意	39	8.5
	比较满意	164	36.0
对浙江省目前保障农民工权益的已有做法是否满意	很满意	237	49.8
	不满意	91	19.1
	比较满意	148	31.1
是否适应所在城市的本地生活	很适应	279	58.6
	不适应	13	2.7
	比较适应	184	38.7

---

[1] 全国总工会新生代农民工问题课题组:《关于新生代农民工问题的研究报告》,《江苏纺织》2010 年第 8 期,第 8-11 页。

在本次问卷调查中,一共设计了五个相关问题。调查数据显示,对在浙江省务工的就业状况和收入水平,有97.4%的人表示很满意或比较满意,只有2.6%的人表示不满意;对子女在所在城市的接受教育情况,有88.4%的人表示很满意或比较满意,有11.6%的人表示不满意;对业余生活的情况,有91.5%的人表示很满意或比较满意,8.5%的人表示不满意;对浙江省目前保障农民工权益的已有做法,有80.9%的人表示很满意或比较满意,19.1%的人表示不满意;对于是否适应所在城市的本地生活这一问题,外来农民工表现出较高的适应度,97.3%的人都表示很适应或比较适宜,只有2.7%的人表示不适应。总体看来,外来农民工对在浙江省内工作和生活的满意度比较高,调研数据中表示不满意人数的比例不高。本次问卷调查的数据结果显示的趋势,与国家统计局近年来的农民工监测调查报告中的调查数据显示的趋势基本一致:国家统计局历年农民工监测调查报告显示,全国范围内的进城农民工中,认为自己是所居住城市的"本地人"的农民工比例逐年提高,从2017年的38%提升至2020年的41.4%;表示对本地生活非常适应和比较适应的农民工占比一直处于较高的比例且总体上呈增长趋势,从2017年的80.4%提升至2020年的83.3%,进城农民工在城市生活的适应度逐年增强。从调研数据来看,在某些指标和项目上,浙江省内的外来农民工还表现出更高的满意度和适应度。综合来看,外来农民工对在浙江省内的就业状况、收入水平、子女教育、业余生活等方面满意度都较高,对浙江省维护和保障农民工权益的政策制度做法也比较满意,基于对基本生活问题较高的满意度,他们也表示出对本地生活较高的适应度,这种趋势和特点,对外来农民工实现在浙江省内城市的社会融入无疑是非常有利的。

四、外来农民工融入城市的行为趋向积极主动

外来农民工如何支配自己的业余时间、业余时间参加何种社会活动、是否积极参加所在城市的各类社会活动、参加社会活动的频次多少等,这些行为表现既能反映外来农民工融入城市社会的主观意愿,又能进一步影响外来农民工在城市社会的融入进度和融入程度。

对浙江省内的外来农民工融入城市的相关行为及具体表现,本次的问卷调查和个案访谈中都进行了具体的关注和分析,问卷调查主要设计了四个相关问题,以了解外来农民工在业余时间参加所在城市社会活动的情况。调查的数据见表5-9。

表5-9　外来农民工参加城市社会活动的情况

问卷调查题目	参加情况	人数/人	比例/%
是否愿意参加所在城市的文体活动	很愿意参加	304	63.9
	愿意	153	32.1
	不愿意参加	19	4.0

(续　表)

问卷调查题目	参加情况	人数/人	比例/%
是否参加过本单位工会组织的活动	经常参加	157	33.0
	偶尔参加	190	40.0
	从不参加	129	27.0
是否参加过所在社区的活动	经常参加	124	26.1
	偶尔参加	199	41.8
	从不参加	153	32.1
是否主动和城市居民交往	经常主动	83	17.4
	偶尔主动	186	39.1
	从不主动	207	43.5

本次问卷调查数据显示,参与问卷调查的外来农民工中,有96%的人表示很愿意和愿意参加所在城市的文体活动,只有4%的人表示不愿意参加,总体上外来农民工表现出了较强的参与意愿;关于是否参加过工会活动这一问题,有347人表示经常参加或偶尔参加,占被调查总数的73%,参加工会活动的人数比例也呈现出绝对优势;对是否参加过社区组织的活动,有323人表示经常参加或偶尔参加,占被调查总数的67.9%。为进一步了解外来农民工的社会活动参与行为,还进行了随机个案访谈,受访者对相关问题的描述反映的基本情况与问卷调查数据显示的趋势和特点基本一致。

总体来看,外来农民工在所在城市参加各类组织和活动呈现出越来越积极的趋势。为实现自身工作和生活等方面日益提高的要求、获取更多的社会资本、提高社会资本的质量,他们越来越主动参加各类组织活动。社会资本相关理论表明,社会资本是一种社会关系网络,这种社会关系网络存在于人与人的相互交往中,体现在人与人之间的互动关系中,这种社会关系网络只有在被行为者调动起来加以利用时,才会作为一种能够产生能量的资源发挥实际作用,从而成为一种现实的社会资本,否则它只是一种潜在的可能,而不是能真正发挥实际作用的动态的现实资本。外来农民工在越来越积极地参加各类组织活动时,这种社会关系网络会被激活,发挥出社会资本的作用,由此,外来农民工在积极参与城市活动中获得的社会资本数量不断增加,质量得以提升。

但是,在外来农民工融入城市行为越来越趋于主动和积极的同时,不可否认的一点是,外来农民工在城市的社会交往还有待进一步丰富、拓展和深入,尤其是他们与城市居民的交往互动还不够经常、不够深入。外来农民工和城市居民的互动和交往程度,是他们融入城市的重要因素和考量指标,与城市社会的互动交往直接关系他们在城市的社会融入。调查问卷数据显示,43.5%的外来农民工表示从不主动和城市居民进行交往,只有17.4%的人表示会经常主动地和城市居民进行交往,另有39.1%表示偶尔会有和城市居民的主动交往。在个案访谈中,受访的外来农民工表示,刚刚进入城市时,在社会交往中,除自己的家人之外,业余时间人际交往主要以同乡和亲友为主。总体来看,他们和城市居民的互动频率和程度还不高。随着在城市工作时间的增加、交往圈的扩大、社会资本的积累,外来农民工在社会交往中与同事互动的比例明显增加,并开始与当地朋友进行交往。其中还有一部分外来农民工独守自己的生活圈子,除了家人之外,基本不和他人来往,更没有与城市居民的交往和互动。概括来说,外来农民工融入城市的行为呈现积极主动的趋势,但与城市社会的互动仍然不够丰富和深入。

五、外来农民工社会融入遭遇新的内推力和外拉力

在外来农民工融入城市的过程中,有来自城市内部的拉力和城市外部的推力,这是促进他们进入城市、留在城市、融入城市的积极力量;也有来自城市内部的推力和来自城市外部的拉力,这是促使外来农民工离开城市、阻碍他们融入城市的消极力量。从乡村流动到城市,从一个省份跨越到另一个省份,他们原本生活的乡村和所在地域有很多牵绊他们的因素,也有很多促使他们离开这里、奔赴他乡的因素;与此同时,城市和地域也有很多吸引他们的因素,其中也包括诸多不利于他们融入的因素。无论外来农民工从哪里来、到哪里去,这些推力和拉力都是存在的。但近年来,外来农民工在实现城市融入过程中,除去已有的城市内部推力和城市外部拉力之外,又出现了影响甚至阻碍外来农民工实现城市社会融入的新的内推力和外拉力。

一是疫情影响下的内推力,对浙江省外来农民工实现城市融入提出新的挑战。新冠肺炎疫情发生后的一段时期内,跨地区就业受到较大影响,在疫情得到有效控制的前提下,浙江省采取了一系列可行措施,推动复产复工和外来农民工就业,走在全国前列,赢得了先机。这一时期内,外来农民工就业形势严峻,这一跨地区、跨省域流动的群体受到很大影响,特别是没有在城市定居的这部分外来农民工受到的影响最大,甚至打破了他们原本正常的工作和生活模式,使他们不能够像原来一样自由方便地跨省流动、不能自由往来于家乡和务工地。由于没有在务工地实现定居,如果一旦遭遇疫情暴发,他们更多的可能是选择暂时留在家乡,而不是冒险进入城市。因而在过去一段时间内,疫情成为外来农民工在就业地实现城市融入中新的推力,极大影响着外来农民工在城市的社会融入。疫情政策调整后,外来农民工跨省流动的主观意愿和客观状态恢复到疫情之前的状态还需要时间。

二是乡村振兴战略下的外拉力,对浙江省外来农民工实现城市融入产生新的冲击。农民工作为农村剩余劳动力,最初选择离乡进城去求职就业、生活发展,最朴实的目的就是追求更美好的生活。城市相比于农村,有农村无法比拟的更多的就业机会,有更好解决生活问题的较高收入,有与农村社会天壤之别的城市环境、基础设施,有比农村更文明、更现代、更便利的生活方式等。农民工最初离开农村、进入城市,就是因为城市相较于农村的这些客观存在的优越性,深深吸引着农民工宁愿背井离乡、抛家舍业也要来到

城市求职。自十九大提出乡村振兴战略以来,中共中央、国务院对优先发展农业农村作出了系列总体部署,2018 年中共中央国务院发布《国家乡村振兴战略规划(2018—2022年)》,部署全面推进乡村振兴,乡村振兴战略全面实施。在乡村振兴战略下,农业逐渐成为有奔头的产业,农民日益成为有吸引力的职业,农村正在成为安居乐业的美丽家园。乡村振兴战略下的中国农村,与城市原有的差距正在逐步缩小,并逐步展示出了自身的优势,绿色的饮食、优良的生态环境、悠闲的生活方式和生活环境,都是城市无法比拟的。再加之中央和地方对乡村振兴中农村的就业创业、社会建设、经济发展等方面的系列制度、政策和资金的大力支持,农村正在显示出其越来越明显的优越性,这对于离乡在外、在城市融入不尽如人意的外来农民工来说,无疑有巨大的吸引力,成为影响外来农民工在务工城市实现社会融入的巨大外拉力,对外来农民工的社会融入产生明显的冲击,是浙江省推动外来农民工深化社会融入中不可回避的新的外拉力。

外来农民工在城市实现社会融入原本就存在一系列内部推力和外部拉力,疫情和乡村战略实施中出现的新的内推力和外拉力,在推动外来农民工社会融入中不可回避,应予以高度重视和应对。

六、外来农民工"外出流"与"返乡流"并存

在城市内部推力和外部拉力的共同作用下,外来农民工融入城市和回流乡村的现象依然并存。世界移民历史和研究理论表明,每一次移民浪潮都会伴有相应的移民回迁。中国农民工的流动也不是单向的,与农民工进城的大潮相伴,每一个阶段的农民工回流的步伐也从未停息,"外出流"与"返乡流"并存是农民工流动中的一般现象。农民工流动的动因有很多,这些影响因素的变动性也较大,都会影响农民工在城市的去留。在乡村推力拉力因素和城市推力拉力因素共同作用下,农民工会以利益最大化为目标,在流动方向上作出最终选择。农民工原本的根在农村,他们流出农村、进入城市,心怀理想在城市发展、期待实现社会融入,但在城市社会融入难的现状下,在比较权衡利益和得失后,会有一部分农民工选择回流返乡。近年来,由于乡村振兴战略的推进和国家一系列惠农政策的实施等因素影响,农民工回流现象愈加突出。在城市通过努力是否有可能实现社会融入,家乡农村和所在城市的比较利益孰大孰小,一定程度上成为农民工选择在城市是去是留的重要因素。由此,既有农民工渴望融入城市并持续为之努力,也有农民工选择退出城市返回家乡创业就业,农民工群体中进入城市、融入城市和离开城市、返回家乡的双向流动并存,依然是外来农民工流动中的突出特点。

农民工在城乡之间的流动中最终融入城市、实现市民化,是我国现代化和城镇化所需,农民工在城市的社会融入越来越深入,直至最终完全融入是必然趋势,但在城市实现社会融入不仅需要较长时间,更需要政府、社会和农民工共同来提供或创造一系列相关条件。外来农民工群体城乡流动的这些总体趋势和突出特点,是推进其在城市实现社会融入的基本考量依据。

第三节　影响浙江省外来农民工社会融入的主要因素

外来农民工对城市的较高社会认同、明确的社会融入主观意愿、适应需要的社会融入客观能力,是他们能否最终实现城市社会融入的关键。他们离乡进城,在一个原本完全陌生的地方开始全新的生产生活,在最初完全陌生的领域进行社会交往,在其融入城市社会的过程中会受到多方面因素的影响。

一、浙江省外来农民工社会融入的主要影响因素

对浙江省外来农民工社会融入影响较大的主要因素可以概括为六个方面。

(一)人口特征因素

外来农民工的社会融入状况和他们自身的年龄、性别、婚姻状况、受教育程度等密切相关,老一辈农民工和新生代农民工、男性和女性、已婚和未婚、有无孩子、受教育水平高低、进城时间长短、是个人流动还是举家迁移,这些都不同程度影响着他们在城市的社会融入。

为考察影响浙江省外来农民工社会融入的因素,课题组进行了问卷调查和个案访谈。根据问卷调查,外来农民工的基本情况具体见表 5 - 10。

表 5 - 10　外来农民工的基本情况

基本项目	考量因素	人数/人	比例/%
户籍地	省内	0	0
	省外	476	100
性别	男	310	65.2
	女	166	34.8
出生年份	1980 年前	197	41.3
	1980—1990	163	32.2
	1990 年后	126	26.5
文化程度	初中及以下	91	19.2
	高中	249	52.3
	大专及以上	136	28.5
务工目的	赚钱	128	26.8
	发展	215	45.2
	定居	133	28.0

基本项目	考量因素	人数/人	比例/%
婚姻状况	已婚	361	75.8
	未婚	115	24.2
来浙江务工时间	一年以下	98	20.6
	一到三年	191	40.1
	三年以上	187	39.3

通过对浙江省外来农民工城市社会认同和融入情况的调研和分析，并借鉴已有的相关研究成果，可以看出，外来农民工的年龄不同、受教育程度不同，他们在城市融入中的主观融入意愿和客观融入能力是截然不同的。以新生代农民工为例，他们在城市的社会融入主观意愿和客观能力都远远强于老一辈农民工。

访谈案例 5-11

小李，32岁，安徽六安人，中专文化水平，宁波某工厂技术工人。

小李中专毕业后就来到浙江，工作单位换过几次，在金华、绍兴和宁波都有工作经历，在浙江工作有七八年了。目前是宁波某工厂的技术工人，小李有职业中专的学习经历，工作经验也很丰富，是工厂里的技术骨干，工资待遇也不错。小李结婚后，在宁波租住一处房子，妻子一边打工一边带孩子，一家三口生活在一起。小李说，虽然平时工作比较忙碌，业余时间也不是很多，但一家人在一起生活还是很满意的。他表示自己很喜欢浙江这个地方，宁波也是自己喜欢的城市，经济发展水平较高，城市环境也不错，工作机会挺多的，总能找到赚钱的事情做，夫妻二人一起工作，生活质量也不错。小李希望一直生活工作在这里，期待等钱攒得差不多了在宁波买个房子。小李说自己在浙江工作这么多年了，对这个地方已经很有感情，而且浙江环境美、文明程度比较高，他认为在浙江工作过的这几个城市都能满足他的一些生活追求，如果有机会，他愿意长期生活在这里。

案例中的小李是典型的新生代农民工，受教育水平较高，对未来有较高的期待和追求，在城市工作的时间也较长，愿意接受新的环境，有较强的定居城市的意愿。新生代农民工作为农民工群体的一部分，与传统农民工既存在一定的共性，又具有自身突出的特点。首先，新生代农民工年龄比传统农民工偏小，他们更容易接受新事物，对城市生活充满期待和向往。其次，新生代农民工接受的教育水平较高，一方面容易接受，也愿意接受现代化的城市文明和生活方式，另一方面较高的教育程度也使他们在城市具备比父辈更强的工作能力和生活能力。同时，他们从小接受连续的教育，成长过程中更多时间是在学校学习，缺少干农活的经历，也缺乏干农活的动力，他们对农村的情感和对土地的情结大大减弱,对农村固有的传统观念、风俗习惯和生活方式等开始出现不认同。尽管身份还不是城市市民,但他们在生活习惯、行为方式、文化习俗等方面越来越接近于市民,对城市生活的向往和追求越来越强烈。与传统农民工把乡村作为自己的落脚点和归宿不同,新生代农民工的生活重心在城市,很多人对未来的期待也在城市。和父辈相比,他们在城市未来的路更长,前景更广,进入城市的动机已经由老一辈农民工单纯的"赚钱养家、改善生活"发展为"体验生活,追求梦想"。他们要求更多与城市居民均等的权益,对进城工作有了更高的要求,在工作中更加注重个人的主观体验,把自己的人格看得更重,更在意能否获得尊重。为实现他们在城市的目标和期待,就会积极主动提高自己,从而具备越来越强的城市融入能力。总而言之,新生代农民工的年龄,受教育程度、进城时间长短等方面与传统农民工明显不同,所以在城市融入的主观意愿和客观能力方面也明显强于传统农民工。另外,研究发现,外来农民工是否结婚、是否有孩子,一定程度上也影响着他们在城市的融入。已经结婚或者已经有孩子的外来农民工,进城时是个人流动还是举家迁移会直接关系到他们融入城市的主观意愿和客观能力,家庭式流动的举家进城是外来农民工实现定居的前提,举家进城并定居能够奠定外来农民工融入城市的根基。

(二)经济水平因素

外来农民工进城后,从事什么样的职业,工作是否稳定,获得的经济收入是多是少,在城市有无住房、住房处在什么位置、住房是租住还是自有,物质生活水平是高是低,与城市居民经济收入和物质生活水平的比较等经济水平因素,都不同程度影响着他们的社会融入。

表5-11　外来农民工对其社会融入中经济因素作用的认知

问卷调查题目	受访者态度	人数/人	比例/%
经济收入(工资)在您的城市生活中有多重要	非常重要	312	65.5
	比较重要	145	30.5
	不太重要	19	4.0
是否拥有属于自己的住房影响您定居城市的选择吗	非常影响	207	43.5
	一般影响	179	37.6
	不影响	90	18.9
在城市能否拥有稳定的工作影响您定居城市的决定吗	非常影响	306	64.3
	一般影响	119	25.0
	不影响	51	10.7

调查数据显示,在城市里有稳定的工作、较高的经济收入、能安稳居住的住房,是外来农民工非常在意的,这些经济方面的因素直接影响着外来农民工是否愿意和能够定居

城市。他们来到城市,首要解决的就是衣食住行等基本生活问题。能不能在城市留下来、融进去,基本前提是能不能获取满足需要的经济收入、有没有稳定满意的工作、是否有能够带来幸福感的物质生活水平、有没有稳定安全的居住场所。如果衣食住行这些基本需要都不能得到很好的满足,外来农民工在城市社会就没有归属感,也就谈不上在城市的社会融入。美国经济学家迈克尔·保罗·托达罗在他的城乡人口迁移理论模型中指出:人口迁移主要是由经济收入高低的比较产生的,人口总是流向经济发达地区,经济收入高的地区。我国第七次全国人口普查数据也从一个方面证明了这一点。在过去十年,中国人口迁徙流动中的集聚效应明显,在人口流向上,人口持续向沿江、沿海地区和内地城区集聚,经济发达的长三角、珠三角、成渝城市群等主要城市群的人口增长迅速,集聚度加大,从我国过去十年人口流动的趋势和特点来看,人口向经济发达地区流动是基本趋势。农民工流动的趋势也是主要流向经济相对发达的沿江沿海和内地城区,城乡的实际收入差距是促使农民工流动的最初动力,在经济发展水平较高的地区,农民工能够相对容易获得比较高的工资收入、获得高质量的生活、有比较好的发展前景,这会吸引他们走进来、住下去,进而有进一步融进去的可能。托达罗的城乡人口迁移理论模型还认为,促进人口转移的重要原因还有在城市的就业机会以及由此决定的预期城乡收入差距。在农民工流动中,他们更看重城乡之间在预期收入上的差距,这一定程度上代表着未来发展的机会。在国家统计局的农民工监测调查报告中,相关数据也印证了这一点。2019年农民工监测调查报告显示,外来农民工月均收入增速是高于本地农民工的,2019年外出农民工月均收入4 427元,比上年增加增长7.8%;本地农民工月均收入3 500元,比上年增长4.8%。外出农民工月均收入增速比本地务工农民工高3个百分点。① 这也从一个侧面解释了外来农民工为什么会远离家乡、外出求职。

近年来,农民工在城市就业,从事第三产业的人数逐年增加。之所以出现这一趋势,一方面是因为第三产业中的很多工作比较为外来农民工特别是新生代农民工所青睐,比如交通运输、仓储、邮政业和住宿餐饮业等工作时间相对更自由,也不如第二产业中的制造业和建筑施工业那样辛苦;另一方面也是因为第三产业有更多的就业机会、更有发展空间,如果能够付出更多努力,就可能有机会赚取更高收入。有较高收入的可能,有很好的未来发展期待,这使外来农民工能够看到未来的希望,从而愿意在城市安居,并努力提升自己留在城市、融入城市的能力。外来农民工在城市的收入水平较高、工作环境较好、发展前景广阔、生活充满希望,自然会对所在城市产生较强的满意度和归属感,愿意并努力融入这个城市。

另外,外来农民工在城市的居住情况也在很大程度上影响他们在城市的社会融入状况。能否有属于自己的安居之所,是在城市获得安全感和归属感的重要来源。居住房屋

---

① 见国家统计局网:《2019年农民工监测调查报告[R/OL]》,http://www.stats.gov.cn/tjsj/zxfb/202004/t20200430_1742724.html。

所在位置、居住场所的性质、居住房屋的面积、居住的设施条件等,都与外来农民工融入城市的意愿、进度相关。他们在城市的居住场所各有不同,有的居住在单位集体宿舍,有的住在雇主家里,有的自己单独租房,有的与同事或同乡合租住房,还有一些农民工在城市购买了住房等。在个案访谈中发现,拥有独立住所的外来农民工,日常生活更能找到家的感觉,在城市更有安全感,归属感更强。反之,居住在集体宿舍或与他人合租住房的农民工,坦言在日常生活中没有家的感觉,在非独立的住所里时常会有想家的感觉,找不到安全感和归属感。此外,居住场所的居住条件也影响着外来农民工的安全感、幸福感和认同感。在调研访谈中,受访的外来农民工表示,居住设施完善、住房条件很好,让他们在繁忙和辛苦的工作之余,能够享受到家的舒适和温馨,让他们在这个城市里有一个安全的港湾,能找到家的感觉,觉得在这个城市有自己的安身之所,自己是这个城市里的一员。反之,如果居住条件比较简陋,缺东少西,生活不便,居住其中只能勉强度日,毫无幸福感和安全感,就会产生飘飘如浮萍的感受,产生城市之大竟没有自己安身之所的失落。总之,居住条件会影响外来农民工日常生活中对城市社会的认同度、满意度、归属感,进一步影响着他们是否要积极融入这个城市的主观意愿。还有,农民工住所的地理位置也影响着农民工在日常生活中与城市社会和城市居民的交往和互动:如果在城区居住,日常生活中能逛市场、逛公园、看电影、做运动,能方便享受城市的基本公共设施、基本公共服务,能有类似于市民的生活方式和消费方式,还有机会参与城市社区组织的活动,有更多机会和市民交往,这些都有利于提升外来农民工融入城市的主观愿望和客观能力;如果居住在郊区,受地理位置和交通等条件的限制,就不能方便地享受到这些便利,与城市和市民的交往互动机会就会大大减少,不利于外来农民工实现城市社会融入。

(三)制度政策因素

外来农民工能否成功实现城市融入,强有力的制度政策起着决定性作用。国家和地方政府制定实施的与农民工市民化相关的户籍制度、社会保障制度、职业培训制度等是否完善和可行,以及这些已有的制度、政策给外来农民工带来的社会公平感,对农民工问题的关注程度和解决程度,对待外来农民工与原市民的区别度、公平度,都极大影响着外来农民工的社会融入。

表 5-12 外来农民工对其社会融入中制度政策作用的认知

问卷调查题目	受访者态度	人数/人	比例/%
城市对外来农民工的制度政策影响您定居城市吗	非常影响	274	57.6
	一般影响	185	38.9
	不影响	17	3.5

在发达国家的城镇化进程中,农村剩余劳动力的转移和城镇化基本是同步的,随着工业化和现代化进程的推进,农村出现的剩余劳动力开始发生职业转换,与此同时他们

基本也同步完成了身份转换,也就是说农村剩余劳动力市民化与城镇化的进程是同步进行的。但是,我国的农村剩余劳动力的市民化进程与城镇化却并不同步。因为城乡二元体制及相关制度的制约,农村剩余劳动力在从农村转移到城市的过程中,首先实现了职业的转换,由务农转为务工,但他们的身份转换却被已有的二元体制制度所隔断,这部分农村剩余劳动力离开农村进入城市后已经不再符合农民的身份,但他们又不具备市民的身份,形成了在职业上亦工亦农,但身份上又非工非农的尴尬地位,农民工群体由此出现。从职业上来讲,农民工已经走出农村,离开了农业生产,在城市里从事各类非农工作,并以自己的工资收入作为主要生活来源,受到工业文明和城市文明的熏陶,在思想观念和行为方式上与城市里的工人阶级日渐趋同。但是,从身份上来看,由于原有的城乡二元户籍制度的存在,农民工在城市即便有了稳定的工作、固定的居所、可靠的收入和趋同于市民的生活方式,由于不具备城市户籍,在身份上依然被排斥在城市之外,亦不能充分享受到与户籍挂钩的相关基本权益,使得农民工已经走出农村但却无法顺利融入城市,究其原因,制度制约是农民工群体难以融入城市的根本原因。

城乡二元社会结构形成于新中国成立之初。在短缺经济条件下,为集中有限的资源优先发展工业,1958年颁布的《中华人民共和国户口登记条例》,人为分割了农村户口和城市户口。这一城乡分割的户籍制度一方面限制农民向城市流动,另一方面对非农业户口提供就业、住房、粮油供应及医疗、养老保险等相关待遇,城市居民和农村居民从此处在彼此分割的城乡社会,形成了具有中国特点的城乡二元社会结构。改革开放后,农民虽然可以向城市流动,但户籍制度及与此相关的一系列制度始终是限制农民工完成身份转换、顺利实现城市融入的最大障碍。

在中国工业化、城镇化、现代化进程中,原有的户籍制度逐渐松动,户籍制度及相关的社会保障制度、就业制度等,近年来都发生一系列重大变革。2014年,国务院印发《关于进一步推进户籍制度改革的意见》,要求取消农业户口与非农业户口性质区分,统一登记为居民户口,户籍制度只具备人口登记管理功能,同时建立与统一城乡户口登记制度相适应的教育、就业、社保、住房、土地及人口统计制度。在进城落户上,全面放开小城镇落户限制,有序放开中等城市落户限制,合理确定大城市落户条件,户籍制度改革迈出突破性步伐。近年来,国家层面出台相关制度和措施,放宽和优化了外来人口在城市的落户政策,同时积极推进基本公共服务均等化,保证常住人口享有与户籍人口同等的教育、就业、社险、医疗、住房等基本公共服务。已经开始推行的居住证制度,也在一定程度上保障了在城市未落户的常住人口的市民待遇问题。随着户籍制度以及与此相关的系列制度的改革推进,城乡二元体制逐步被打破,城乡分割甚至对立的观念也在发生转变,外来农民工切实感受到城市社会从制度上对他们从排斥到接纳的态度转变,他们在城市的归属感和认同度在增强,城市融入的主观意愿也在增强。社会保障制度、劳动人事制度、教育培训制度等对外来农民工的接纳度和公平度也直接关系农民工对城市的认同和融入。在求职就业、子女教育、社会保障等方面是否与城市居民平等无差别,能不能解决在城市生活和发展的后顾之忧,关系到外来农民工在城市能不能获得安全感和归属感,直接影响外来农民工实现城市融入的主观意愿和客观能力。

(四)社会生活因素

影响外来农民工在城市实现社会融入的社会生活因素有很多,如:外来农民工在务工城市实际享受到的社会保障的完善度、满意度,在城市能否得到必要的职业技能培训等继续教育,在城市实现落户是否容易,与城市社会的交往互动程度,在城市的主要交往对象,与城市居民互动往来的程度,子女在城市接受教育的便利度、公平度,城市社会对农民工的接纳度和包容度,基本权益在城市的保障程度或受损程度,享受到的基本公共服务与城市居民的均等化程度,与城市其他群体对比产生的比较社会地位,在城市可预期的发展前景及由此带来的对未来的信心等。这一系列社会生活方面的因素,直接影响农民工融入城市的意愿及融入城市的能力。

表 5-13 外来农民工对其社会融入中社会生活因素作用的认知

问卷调查题目	受访者态度	人数/人	比例/%
在城市社会和谐的人际关系重要吗	非常重要	274	57.6
	比较重要	152	31.9
	不太重要	50	10.5
子女在城市受教育的情况影响您定居城市吗	非常影响	204	42.9
	一般影响	186	39.1
	不影响	86	18.0
在城市是否有社会保险重要吗	非常重要	223	46.8
	比较重要	156	32.8
	不太重要	97	20.4
落户城市这个问题重要吗	非常重要	174	36.6
	比较重要	189	39.7
	不太重要	113	23.7

问卷调查显示,外来农民工非常看重在城市社会里拥有和谐的人际关系、子女在城市里能享受到公平的教育、在务工城市缴纳连续的社会保险、能够在城市落户等,这些方面是影响外来农民工融入城市社会的重要因素。

外来农民工在城市能否顺利实现社会融入,一定程度上决定于他们对所在城市社会的认同度,而社会认同是建立在社会生活和社会交往之上的。社会交往方式和对象、职业类型及稳定性、日常生活适应度、对未来前景的信心、进城时间长短、社会保障程度、子女教育状况等都会极大影响外来农民工对所在城市的社会认同。比如外来农民工在城市居住时间越长,他们对城市社会、城市文化、城市生活的认识程度越深,从而他们对城市的社会认同度也会提高。随着在城市居住时间的积累,他们对城市生活的适应、对城市文明的接纳、在城市交往圈子的建立和完善、求职机会和门路的拓展、物质财富的积累等方面都会不断提升,相应的社会资本的积累也会加强他们融入城市社会的意愿。城市社会对农民工的接纳情况也关系到他们在城市的归属感,进而影响他们对城市的社会认同和社会融入。通过调研访谈可见,获得城市户籍或者居住证的外来农民工,对城市的社会认同明显高于他人。显而易见,这表明外来农民工已经在制度上获取了城市社会的认同和接纳,随之也会逐步获得更多城市的基本公共服务和基本社会保障,有关子女教育、医疗保障等基本权益就能得到更多实现,在城市生活的后顾之忧就能够缓解,甚至得以解决,生活的安全感也会更强。城市社会提供的社会保障、政策公平度、职业地位等也会直接影响外来农民工在城市生活的安全感、幸福感和归属感,如果这些社会保障、职业选择和市民待遇与原有市民无差别,他们就越易产生对城市高度的社会认同。当前,外来农民工在城市能够享受到基本社会保障、基本公共服务,但是,实际享有的社会保障还不够完善、水平还不高,还不能满足农民工在城市立足、发展、融入城市的需要。

在这些因素中,尤其需要强调外来农民工在城市感受到的比较社会地位,这会极大影响他们在城市的归属感。这里的社会地位主要指他们自我感知的主观经济社会地位,也就是他们和身边的参照群体比较形成的相对经济社会地位,他们考量自己社会地位的因素包括职业地位、经济地位、群体地位等。外来农民工对自己职业地位的认同是不断变化的,他们会经常与身边的其他群体进行比较,如果他们的职业地位一直处于城市社会的底层,在生活质量、子女教育、社会保障等方面自然很难融入城市主流社会,随之会产生强烈的挫败感和被排斥感,会否定对所在城市的社会认同。因此,必须不断提高农民工的客观经济社会地位,努力从各方面给外来农民工提供与市民无差别的社会待遇和基本公共服务,让他们主观感知到自己的经济社会地位在逐步提高,看到城市对他们的接纳和自己在城市生活的未来的希望,提升在城市的社会认同度和城市融入意愿。

另外,外来农民工在城市工作生活中的权益维护和受损程度,也极大影响着农民工在城市融入的主观意愿,是不可忽视的消极因素。以被拖欠工资为例,拖欠农民工工资曾经比较多发,追讨被拖欠工资曾经一度是农民工个人的行为,经历过一次工资被拖欠和讨薪失败,基本就会彻底放弃这个伤心之地,转到其他城市去求职。一次权益受损遭遇不公却无法讨回公道,会产生"100 − 1 = 0"的效果,让他们彻底否定这个城市,继而放弃这个城市。随着政府越来越重视维护农民工权益,拖欠农民工工资的行为被逐步纳入法律法规的调整,各地不断出台具体政策措施,防止拖欠农民工工资行为的出现或者积极帮助农民工解决工资拖欠问题,农民工在城市逐渐找到了安全感。

(五)文化观念因素

外来农民工对城市生活方式、行为模式、价值观念的主观认同度和客观接受度,在城市的文化生活参与度、满意度,在城市社会的适应性、归属感,对自身身份地位的自我认同,城市地方政府对外来农民工是主动接纳还是被动应对,城市居民对外来农民工是接纳还是排斥,外来农民工自身是否有较强的城市融入意愿,以及他们日常生活中使用媒体工具的情况,包括使用媒体工具的类型、对媒体内容的关注度、对媒体功能的了解程度、对媒体的认可度和信任度等,这些文化观念方面的诸多因素,都深深影响着外来农民工是否会产生主动融入城市的意愿,能否为融入城市采取积极主动的行为。

表 5-14 外来农民工对其社会融入中文化观念因素作用的认知

问卷调查题目	受访者态度	人数/人	比例/%
业余文化生活在您的城市生活中重要吗	非常重要	159	33.4
	比较重要	183	38.4
	不太重要	134	28.2
您对自己在城市的生活状况满意吗	非常满意	97	20.4
	一般满意	213	44.7
	不太满意	166	34.9
城市居民对外来农民工的态度影响您定居城市吗	非常影响	279	58.6
	一般影响	149	31.3
	不影响	48	10.1

调研结果显示,业余文化生活、在城市生活的满意度、城市居民对外来农民工的接纳度等文化观念因素对外来农民工融入城市社会具有非常重要的影响。文化因素既包括城市文化,也包括原有农村文化。外来农民工受城市社会的熏陶程度、对当地知识把握的多少、对乡村社会的牵挂、城乡价值观及行为方式的差别、接纳城市文化的主动性等深刻影响着他们对城市的社会认同度。国内外对移民的研究表明,流动人口在迁移过程中如果对原有文化比新文化了解得更多,他们对迁入地的文化认同度就会较低,反之,如果拥有很多当地的文化知识,那么他们的城市社会认同度就会很高。城市文化可以发挥潜移默化的影响力,促使外来农民工逐步接受城市的现代文明、价值观念、风俗习惯和生活方式,加快其在思想文化、价值观念的城市化。如果外来农民工经常参与城市文化生活,能够与市民共享城市文化服务,他们的自信心也会提升,增强外来农民工对城市生活的认同感和归属感,激励他们积极向前、奋发进取,以自信乐观的心态积极主动融入城市新生活。如果外来农民工认可城市文化,积极融入城市文化,更易减少与城市居民之间的文化隔阂,并在城市文化的熏陶中逐步提升自我,改变原本的边缘地位。外来农民工在市民化进程中,随着文化素质的提高,其社会参与的主动性和公民权利意识也会日益增强。由此可见,文化认同是农民工认同城市、完全融入城市的重要桥梁,其作用是其他任何因素都不可替代的。

从观念因素来讲,城乡分割甚至对立的观念深深影响着城市社会、城市居民和农民工自身。影响外来农民工实现城市社会融入的观念主要来自三个方面:一是城市地方政府的观念。城乡二元体制下,在提供基本公共服务和保障市民权利方面,城市地方政府曾经一度只把户籍在城市的市民纳入体制之中,对外来农民工持明显的排斥态度。尽管城市在发展地方经济和社会建设中离不开农民工的贡献,城镇化也需要将农民工纳入城市,但出于城市资源、经济利益和城市管理等方面的考虑,在解决农民工问题时,更倾向于把他们作为一个特殊群体或弱势群体,不愿意将其置于现代化、城镇化的高度,主动采取措施将其纳入城市,提供与市民无差别的基本公共服务和市民权益。由此,城市地方政府制定的相关制度、政策对外来农民工的覆盖和接纳程度自然不够,这种来自城市地方政府的制度性排斥因素会大大降低外来农民工在城市的安全感、归属感,继而明显降低他们对所在城市的社会认同,阻碍他们在城市的社会融入。二是城市居民对外来农民工所持的观念和态度。由于长期存在的城乡分割观念、城市资源有限等原因,城市居民对从乡土走出的外来农民工抱有一定的偏见。在市民旧有的偏见中,农民工往往被认为没文化、素质低、习惯差,他们不愿意正视农民工在城市建设中的重要作用,对他们缺乏心理认同。更重要的是,城市社会资源原本有限,如果外来农民工来到城市长期定居,自然会分享城市的公共服务、社会保障、就业岗位等这些资源,市民会产生权利利益被分割的心理,由此对外来农民工较为排斥,不愿意接纳外来农民工成为城市的一员。在社会交往中,出于这些观念,城市市民也不愿意与外来农民工进行社会交往和互动。这种来自市民的排斥心理和行为,会使外来农民工在城市的日常交往和互动中产生严重的挫败感。很多外来农民工在城市始终没有归属感,找不到家的安全感。这种归属感、安全感的缺乏,一方面是因为客观上城市社会还不能给他们提供足够的制度保障和社会保障,不能完全化解后顾之忧;另一方面是因为主观上感受到自己在城市没有被认可、被接受,没有享受到与当本地市民同等的待遇,感到被区别对待甚至是被排斥,这种在城市社会的否定性感受会大大降低外来农民工对城市的社会认同。三是外来农民工的自我观念。外来农民工的求职就业和发展,是从相对落后的乡村进入城市,从不发达地区来到发达地区,进城之初,他们很难在第一时间以平等自信的心态开始在城市的工作和生活。在城镇化进程中,由于主客观多方面因素的影响,外来农民工的平等观念和自信心理不断增强,但他们还没有彻底改变原有的传统观念。在户籍身份、经济地位和生活水平等方面与城市市民的差别,一定程度上加剧了外来农民工在城市的不平等、不自信的感受。受城乡二元的传统观念和自身在城市的客观状况影响,外来农民工很难将自己视为城市一员,形成城市主人翁意识还需以时日。这些传统观念的存在直接影响外来农民工形成对城市较高的社会认同度和融入城市社会的主观意愿。

(六)社会资本因素

如前所述,社会资本在外来农民工实现城市融入中具有重要作用,既能影响他们城市融入的主观意愿,又影响着他们城市融入的客观能力。外来农民工拥有的社会资本主要是关系型社会资本还是制度型社会资本,实际拥有的社会资本主要是在城市还是在乡村,拥有的社会资本成熟完善程度如何,自身是否有意识的、经常性的充分运用社会资本等,这些方面都极大影响着他们在城市的社会融入状况。

访谈案例 5-12

韩先生,48 岁,贵州毕节人,杭州某电子厂主管。

韩先生在杭州有将近十年的工作经历,和家人在杭州租房共同生活,孩子在杭州某中学读高中,韩先生和妻子两个人的工资收入能够维持较好的家庭生活水平。对于未来的打算,韩先生表示,自己和妻子在杭州有稳定的工作、比较满意的收入、连续缴纳的社保,对杭州这个城市也非常喜欢,将来打算定居杭州。谈及平时和城市居民的关系怎么样?有没有经常性来往?韩先生表示,自己近年来在杭州租房居住,也会参加一些社区活动,和社区居民有一定的往来互动,这让自己在这里比较有归属感,所以愿意住在这里,生活在这里。问到决定是否定居务工地的最主要因素,韩先生说,杭州为保障农民工权益制定了很多制度政策,自己在杭州有连续缴纳的社会保险,觉得在这里生活比较有安全感。

案例中的韩先生所讲的让自己愿意在杭州定居的主要影响因素,概括起来就是制度型社会资本和关系型社会资本。可见,在外来农民工社会融入进程中,社会资本既能够增强外来农民工融入城市社会的主观意愿,也能够提高外来农民工融入城市社会的客观能力。社会资本是一种有助实现自身目标的社会资源,作为特定形式的社会资源,只有当它被调动起来进行利用时,才能成为现实的资本在实践中真正发挥作用。社会资本能够弥补外来农民工工作生活上制度政策的缺失或不到位,能够帮助外来农民工实现进入城市、立足城市,为进一步融入城市奠定基础,同时能够补充外来农民工在城市生活的社会保障,增强外来农民工在城市的安全感。当然,如果外来农民工实际拥有的社会资本数量不足、质量不高、结构不合理,或者过度依赖社会资本,也会对外来农民工的社会融入产生一定的制约作用。鉴于本研究第三章已经具体阐述了社会资本对农民工社会融入的影响和作用,此处不再赘述。总之,外来农民工拥有的社会资本是影响他们城市融入的重要因素。

二、外来农民工社会融入影响因素的作用类型

外来农民工的城市融入,在空间变化上是指从城市外部来到城市内部的区域流动,融入过程中各种积极因素与消极因素相互作用。美国学者李用"推拉理论"解释人口迁移时指出,影响人口迁移的因素分为"推力"和"拉力"两个方面,即迁出地的推力与迁入地的拉力。他还指出,拉力和推力在流出地和流入地实际上都是并存的,即迁出地既有推动人口迁出的推力因素,也有制约人口迁出的拉力因素,迁入地既有吸引人口迁入的

拉力因素,也有阻碍人口迁入的推力因素。[①] 本研究在分析影响外来农民工社会融入的因素时沿用上述学者的理论框架,认为影响外来农民工在城市社会融入的因素也包括推力因素和拉力因素,这种推力和拉力并存在流出地农村和流入地城市,在外来农民工社会融入的过程中相互作用。由此,本研究根据上述各种影响因素在外来农民工城市社会融入过程中发挥的具体作用和分布区域,将其归类为促进城市融入的内部拉力因素、推动城市融入的外部推力因素、阻碍城市融入的内部推力因素和制约城市融入的外部拉力因素。

(一)促进城市融入的内部拉力因素

促进城市融入的内部拉力因素,是指存在于流入地城市,在外来农民工社会融入中发挥推动作用,促使或加快外来农民工实现城市融入的积极影响因素。概括来讲,内部拉力因素就是所在城市能够吸引外来农民工想要留在这个城市、融入这个城市的所有因素。如城市里较高的经济收入、高质量的经济生活水平、完善便利的公共基础设施、更多的就业机会、优越的物质文化生活条件、政府不断完善的制度政策、在城市社会日渐提高的待遇和地位、不断丰富完善的社会资本等,对于外来农民工来说,这些方面具有家乡农村无法比拟的优越性,深深吸引着他们。

调研访谈显示,表示喜欢浙江省内城市、愿意留在浙江省内的城市工作生活、有长久定居意愿并期待成为"新浙江人"的外来农民工,表述的理由大同小异,基本都表达了在浙江省内城市工作生活有老家不可比拟的优越性、便利度、可期的未来前景等。浙江省作为沿海经济发达省份,经济发达且充满活力,对劳动力需求很大,作为制造业大省有数量充足的就业岗位,作为民营经济比例很高的省份能提供数量更多、种类更丰富的工作岗位,且人文环境和生态环境良好,用人政策和劳动福利较好,社会建设和社会治理走在全国前列,良好的就业创业环境和生活环境吸纳了大量省外劳动力来浙江就业、生活、发展。这些方面对外来劳动力都比较有吸引力,也同样是外来农民工在浙江省内实现城市融入的内部拉力。

需要指出的是,更重要的内部拉力是城市接纳外来农民工的制度政策和社会保障、城市社区对外来农民工的关爱和支持、城市社会和市民对外来农民工的认可和接纳、外来农民工在城市的经济收入和未来发展前景等。浙江省作为制造大省和民营经济大省,改革开放以来一直是吸引接纳外来农民工较多的省份,在解决农民工问题、维护农民工权益、促进农民工市民化等方面也有很多不断完善的制度政策、日渐成熟的做法举措,成为外来农民工在浙江省内城市务工发展的重要社会资本,在外来农民工融入省内城市的过程中发挥着拉力作用。省市各级政府比较重视农民工问题,在解决农民工问题上没有缺位,主导制定了一系列规章制度、出台了一系列意见办法、采取了一系列政策措施,这一系列政策措施都极大丰富了外来农民工在城市的社会资本,成为吸引外来农民工留下

---

① Lee E S, "A Theory of Migration," *Demography*, No. 1(1996):47-57.

099

来、融进去的积极推动因素。

（二）推动城市融入的外部推力因素

外部推力，是指存在于流入地城市之外，促使外来农民工离开原住地、进入城市，并愿意留在城市、融入城市的积极因素。影响农民工地区流动和城市融入的因素非常复杂，多种因素共同作用，最终决定农民工的去留。"推拉理论"认为，在市场经济和人口自由流动的情况下，人口之所以迁移，是因为通过流动可以改善生活条件。流入地那些使流动人口改善生活条件的因素就成为流动人口进入的拉力，而流出地那些不利的社会经济条件就成为流动人口进入的推力，人口迁移正是在流入地的拉力和流出地的推力两种力量的共同作用下完成的。从外来农民工的地域流动来看，他们由乡村进入城市，在这种地区差异和比较中，是做出了从相对落后省份的农村流动到相对发达省份的城市的选择。家乡不便的生活条件、相对较低的经济收入、明显落后的公共基础设施建设、枯燥匮乏的文化娱乐活动等，都会推动外来农民工离开农村、进入城市，促使他们尽可能在流入地留下来、融进去。随着小康社会的全面建成，城乡差距在逐步缩小，但城乡之间和区域之间的差距仍然比较大，这种地区差距仍然是促使农民工流向发达地区的重要推力。全国第七次人口普查的统计数据显示，浙江省外来人口主要来自安徽、河南、贵州、江西和四川等五个省份，从这些省内流出进入浙江省的人口都超过百万。来自中西部地区的湖北、湖南、云南等省的省外流动人口也比较多。[①] 这种人口流动趋势充分证明了地区差距在外来农民工做出流动方向选择和产生城市融入意愿中的重要影响。

相比较长三角地区，中西部地区的农村相对显得落后，追求更高的经济收入、向往更美好的生活，会推动一部分农民工从中西部流动到东部地区，一部分外来农民工就来到浙江省内求职就业、生活发展，而且期待长久居住、成为本地的一员。近几年随着中西部地区的发展，地区经济发展水平整体提升，在全面建设社会主义现代化的进程中，区域差别将会逐步缩小，这种外部推力相应会呈减弱趋势，在推进外来农民工实现城市融入时不能回避和忽视它。

（三）阻碍城市融入的内部推力因素

内部推力，是指存在于外来农民工所在城市内部，不利于外来农民工实现城市融入，甚至阻碍农民工融入城市的消极因素。外来农民工在流入地城市能否顺利融入，取决于城市所提供的制度、政策、措施、条件等，能否让外来农民工在城市开始正常的基本生活，能否解决他们在城市生活的后顾之忧。如果在住房、经济收入、社会保障、子女教育和基本权益上面临困难或风险，他们就不可能在城市实现真正地融入。

在流入地城市，外来农民工客观上原本就是一个相对弱势的群体，他们没有城市户口，在城市得不到与户口相关联的基本权益；他们人生地不熟，没有成熟的社会资本来获

---

① 见浙江省统计局网：《浙江省第七次人口普查主要数据（新闻发布稿）》，http://tjj.zj.gov.cn/art/2021/5/13/art_1229129213_4632760.html。

取更多就业信息和机会;他们受教育水平相对较低,缺乏专业技术能力,很难获得收入高的工作;他们没有经济积蓄,很难有属于自己的安居之所和高质量的生活……外来农民工在这种境遇下开始他们的城市生活,深深体会到自身的比较利益低、社会地位低、生存发展成本较高,在城市的生活幸福感不强。由此,外来农民工很难产生融入城市的主观意愿,也很难提高融入城市的客观能力。这些在流入地影响外来农民工生活和发展的系列因素,成为农民工城市融入的主要推力。近年来,在外来农民工融入城市的进程中出现了新的推力,包括:城市供给侧结构性改革中去产能、调结构,一定程度上影响了外来农民工的原有就业模式;经济发展方式转变使一些吸纳外来农民工就业的企业开工不足,岗位减少,用工量下降,导致就业岗位发生变动,外来农民工不得不寻求新的工作岗位。

为对内部推力因素有进一步了解,在问卷调查中,设计了"农民工定居城市最大的困难是什么"这一问题,选题一共包括六个选项,即无住房、工资低、社会保障不足、没有城市户口、就业岗位差、孩子上学难。结果显示,对于定居城市最大的困难,不同受访农民工的选择有所不同,选项人数呈分散状态(见表5-15)。为进一步确认,又进行了随机访谈,发现外来农民工对这六个方面都比较看重。这说明,这些因素在农民工定居城市中的作用都非常重要,每一个问题可能都会成为外来农民工融入城市的最大障碍。

表5-15 定居城市最大的困难

最大困难	无住房	工资低	社会保障不足	没有城市户口	就业岗位差	孩子上学难
人数/人	76	82	96	66	87	69
比例/%	16.0	17.2	20.2	13.9	18.3	14.5

除了这些原本存在的城市内推力之外,外来农民工在城市的融入还会受到突发事件的重大影响。2020年以来,一场影响全球的疫情突如其来,在一定程度上影响了外来农民工的流动和就业。受疫情冲击,一部分小微企业出现资金短缺、市场遇冷等问题。受海外疫情影响,外贸企业也遭遇订单减少、市场萎缩等困难,这些情况会使一部分农民工面临失业风险。流动性强、灵活就业的农民工群体受疫情影响最为直接。在调研访谈中,一些跨省的外来农民工也表达了他们的担忧和打算。国家统计局2020年的农民工监测调查报告显示,在2020年的外出农民工中,跨省流动农民工有7 052万人,比上年减少456万人,下降了6.1%;在省内就业的外出农民工有9 907万人,占外出农民工的比重为58.4%,比上年提高了1.5%[①]。可见,在过去的几年中疫情这类突发事件成为影响外来农民工城市融入的新推力。

城市内部推力是目前影响外来农民工融入城市最大的制约因素,也是推动外来农民

① 见国家统计局网:《2020年农民工监测调查报告[R/OL]》,http://www.stats.gov.cn/xxgk/sjfb/zxfb2020/202104/t20210430_1816937.html。

工实现城市融入必须高度关注和需要切实破解的关键因素。

（四）制约城市融入的外部拉力因素

外部拉力，是指存在于外来农民工流入地城市之外的、影响或制约其在流入地城市实现社会融入的消极因素。外来农民工在流入地城市实现社会融入，前提是流入地要相对优越于他们的故土乡村，如果这种优越性不明显，或者家乡的某些优势甚至要强于他们所在的流入地城市，外来农民工留在这个城市的意愿就会降低、动摇，甚至是彻底消失。作为农村剩余劳动力，在城乡预期收益差距很大的前提下，外来农民工在乡城流动中基本呈现正向流动状态，即从农村流向城市。但在城乡预期收益差距缩小的情况下，这种流向就可能发生反转，他们可能会选择返回乡村。

农村的生活节奏较慢，自然环境美丽清洁，生活成本也较低，在户籍所在地生活产生的归属感、拥有的宅基地等基本权益和保障、依存的故土乡情，这些方面一直是在乡村牵扯农民工的最主要的拉力，让他们离乡时难以割舍，在城市中时常牵挂。在决定是否要在城市定居时，这些因素会是外来农民工拿来与城市进行反复比较的重要考量。近年来实施乡村振兴战略带来的农村的变迁，是外来农民工城市融入中又一强有力的外部拉力。2017 年党的十九大之后，国家开始实施乡村振兴战略，逐步推出一系列围绕农民、农业、农村的利好政策措施，在新阶段优先发展农业和农村，推动中西部地区和农村发展。在乡村振兴战略的全面实施中，政府鼓励和支持农村发展，对农民创业的制度政策和资金支持力度很大，农村的就业岗位和创业机会增加，农民增收的途径增多，发展空间增大，农村经济、社会面貌焕然一新，吸引力大大增强，外来农民工开始在乡村振兴战略中对城乡进行综合比较和衡量。他们常年在城市务工，已经练就了一技之长，增长了见识，开阔了眼界，提高了能力，外出务工所积累的经验和技能，在当下的乡村更能发挥出自身优势，不需要离土离乡就能实现致富、发展。在乡村振兴战略背景下，在农村从事农业生产以及与农业生产相关的产业，预期收益在不断提高，当进城务工的收益持续得不到明显改善的情况下，就导致外来农民工在流入地城市与流出地乡村的预期收益差距缩小，乡村日益上升的比较利益就会成为农民工返乡的强大拉力。还有一个不能忽略的因素就是户口问题，户籍一向被认为是外来农民工实现市民化的关键因素，能不能在城市落户，事关外来农民工在城市能否获得均等公共服务、能否在城市获得归属感。但在乡村振兴战略和优先发展农业农村的政策实施中，农村户口具有一些城市户口无法享有的权利，对外来农民工来说，户籍转入城市之后还能不能再转回农村，转走户口之后，农村承包地、宅基地、惠农直补能否享受，农村地区孩子升学的一些支持计划能否享受（比如国家对贫困地区的专项招生计划），这方面的顾虑导致一部分农民工放弃把户口转到城市的机会，成为影响外来农民工在城市实现社会融入的外部拉力。在这些外部拉力因素的作用下，回流返乡的外来农民工与进城务工的外来农民工并存，近年来跨省流动的外来农民工呈现减少的趋势。国家统计局 2017 年农民工监测调查报告数据显示，在外出农民工中，省内流动农民工有 9 510 万人，比上年增加 242 万人，增长 2.6%，占外出农民工的 55.3%，比上年提高 0.6 个百分点，自 2014 年以来占比逐年提高。[①] 2018 年和 2019 年的数据也反映出本地农民工持续明显增加、跨省农民工不断减少的趋势（见表 5－16）。

表 5－16　全国农民工流动趋势

年份	省内就业农民工		跨省就业农民工	
2017 年	总人数/人	9 510	总人数/人	7 675
	增加人数/人	242	增加人数/人	11
	增长比例/%	2.6	增长比例/%	1.5
2018 年	总人数/人	9 672 万	总人数/人	7 594 万
	增加人数/人	162 万	增加人数/人	－81 万
	增长比例/%	1.7	增长比例/%	－1.1
2019 年	总人数/人	9 917 万	总人数/人	7 508
	增加人数/人	245 万	增加人数/人	－86 万
	增长比例/%	2.5	增长比例/%	－1.1

（注释：本表根据国家统计局历年农民工监测调查报告数据整理）

　　总之，外来农民工社会融入影响因素的作用类型主要有：促进城市融入的内部拉力因素、推动城市融入的外部推力因素、阻碍城市融入的内部推力因素、制约城市融入的外部拉力因素。它们相互作用，深刻影响着外来农民工在城市的主观融入意愿和客观融入能力。因此，要充分发挥内部拉力和外部推力的积极作用，限制内部推力和外部拉力的消极作用，以促进外来农民工在城市的社会融入进程。

①　见国家统计局网：《2017 年农民工监测调查报告［R/OL］》，http://www.stats.gov.cn/tjsj/zxfb/201804/ t20180427_1596389.html。

第六章

基于社会资本培育推动外来农民工实现社会融入的可行路径

外来农民工来到浙江就业创业、生活发展，能不能在流入地留下来、融进去，实现安居乐业，是浙江省实现经济社会高质量发展和共同富裕示范区建设中必须面对和解决的重要课题。本章基于社会资本的培育，探索促进外来农民工在城市实现社会融入的可行路径，试图提出最大限度化解阻碍外来农民工市民化进程的措施。

第一节　巩固外来农民工已有社会资本

外来农民工在城市工作生活，既带来了原有的乡村社会资本，又不断培育新的城市社会资本，在城市工作生活和进行社会交往中，外来农民工实际控制和真正利用的乡村社会资本和城市社会资本有增有减，社会资本总量处于不断变化和重构的过程中。导致社会资本变动的，既有外来农民工的主观作为，又有城市和乡村社会生活的客观影响。其中，2020 年以来发生的新冠肺炎疫情是影响外来农民工社会资本变动的重要客观因素。由此，维护外来农民工社会资本不因此而流失，并在此基础上不断丰富和完善他们的城市社会资本就非常必要。

一、认清疫情对外来农民工社会资本的影响

2020 年新冠肺炎疫情发生以来，以灵活就业为主、流动性非常强的外来农民工受疫情影响很大。一方面，跨省务工的外来农民工数量减少：国家统计局 2020 年农民工监测调查报告显示，我国在 2020 年的农民工总数为 28 560 万人，相比 2019 年下降了 517 万，其中，跨省流动的农民工数量为 7 052 万人，比 2019 年减少 456 万人，下降 6.1%[①]；另一方面，外来农民工在城市务工的收入水平、岗位数量、求职特点都发生了变化：在调研访谈和实地考察中可见，新冠肺炎疫情冲击之下，城市里为外来农民工提供较多岗位的家

[①] 见国家统计局网：《2020 年农民工监测调查报告》，http://www.stats.gov.cn/xxgk/sjfb/zxfb2020/202104/t20210430_1816937.html。

政、维修、娱乐、旅游、餐饮、物流、交通等第三产业和加工制造业及建筑业等第二产业受到的影响较大。

服务业方面的需求明显下降,很多企业开始减少服务供给或直接停业。很多外贸制造企业和出口加工企业受到的冲击更大,外贸订单数量明显下降。一些企业面临产品市场销售停滞、产业链上下游断供、资金链紧张等困境,不得已采取了降薪、减员等措施。这对外来农民工的职业冲击非常大,突出表现在市场整体岗位供给减少、岗位稳定性下降、失业风险增加、劳动关系矛盾突出、重新就业困难、收入水平下降、职业期待降低等。具体来说,2020 年疫情发生之初,外来农民工跨省返岗务工遇阻,不能及时返岗工作,一时间没有收入或收入减少,有的外来农民工因企业停产停工而直接失去工作。外来农民工在城市灵活就业,频繁更换工作岗位是他们的职业常态,疫情发生时适逢春节,很多外来农民工辞去原有工作回老家过年,计划待春节之后再回城市重新求职,但是突如其来的疫情使得一段时期内城市一些小微企业和提供大量就业岗位的服务门店停业,导致准备重新求职的外来农民工陷入意外困境。城市用工缺口下降、岗位减少,农民工求职难度变增加、收入水平也有所下降,这些都极大影响外来农民工在城市的工作生活,甚至会动摇他们在城市继续留下来的信心。

疫情还一度影响了外来农民工的择业观念。疫情发生之前,很多外来农民工,尤其是新生代农民工为不断寻找收入相对更高、工作相对更轻松、时间相对更自由的岗位,选择从事临时短工,一边工作、一边求职,更换工作比较频繁,一旦发现在工资收入、工作强度、工作时间等方面更具吸引力的岗位,他们便可直接作出职业转换的决定,灵活就业是很多外来农民工比较青睐的方式。但是,疫情发生之后,很多不确定性因素增加,工作岗位减少,重新求职变难,频繁更换工作变得不安全、不可靠。在疫情期间,很多外来农民工逐步开始转变求职观念,他们更期待一份稳定可靠的工作,担心一些不确定性因素会影响自己在城市的工作和生活,疫情什么时候彻底结束还难以预期,有一份稳定的工作岗位和可靠的工资收入更加重要,除非不得已,他们在职业选择中倾向于求稳定,不会轻易放弃现有的工作。对外来农民工群体来说,稳就业、保就业,是解决他们在城市的基本工作生活、真正实现城市融入的首要问题。

疫情影响下外来农民工的这些职业变化,对他们的关系型社会资本的拓展和使用产生较大影响。疫情发生后,中国立足国情、坚持人民至上,科学统筹疫情防控和经济发展,实施疫情防控的系列措施。基于这一阶段疫情防控的需要,外来农民工所在企业和所居住的员工集体宿舍不能像疫情之前那样随便出入,作为企业员工的外来农民工进出企业和集体宿舍变得没有那么方便,与其交往的非本单位员工更不能够随意进出他们所在的企业和集体宿舍,因而他们业余时间进行社会交往的机会大大减少。在社会层面,出于疫情防控的需要和安全考虑,人们减少了非必要的人际往来,增进友谊和加深感情的聚会减少,社会层面的人与人的经常性交往受到明显影响。在这种客观形势下,外来农民工在城市拓展新的社会关系的难度增加,原有的社会关系也出现不同程度的淡化和疏离。少聚集是防控疫情的基本要求,外来农民工所参与的正式组织和非正式组织,在疫情之下也不能像之前那样经常开展常态化组织活动。由此,疫期期间外来农民工所在的社区、工会、行业组织和外来农民工自发的非正式组织很难经常性开展活动,这对他们拓展新的社会关系、充分使用组织内的社会关系造成了很大制约。疫情防控政策调整实施"乙类乙管"后,外来农民工社会资本所受到的影响在短时间内也不会彻底消除。

总而言之,疫情明显制约了外来农民工社会资本质的提升与量的拓展,也影响了他们在工作生活中充分使用实际拥有的社会资本,这对于他们实现在城市的社会融入是非常不利的。外来农民工所在城市应该立足农民工市民化和地方经济社会发展的高度,正视疫情对外来农民工城市社会资本的存量变动和使用效率的影响,继而充分认识外来农民工在城市社会融入中受到的影响,基于疫情防控政策的调整,力所能及做好外来农民工服务和保障工作,帮助外来农民工巩固已有社会资本,使之不继续流失,并逐步恢复疫情期间已经流失的原有社会资本,确保他们城市社会融入进程不因疫情冲击而迟滞、中断或彻底失败。

二、帮助外来农民工积极维护社会资本存量

外来农民工在城市拥有的关系型社会资本和制度型社会资本的成熟完善程度与他们在城市的社会融入进程紧密相关。如前所述,在新冠疫情发生之前,外来农民工在城市的社会资本不断发生积极变动,实际拥有的社会资本数量持续增长、质量逐步提升,尽管如此,这些社会资本仍然不够完善成熟,实际发挥的作用仍然不能满足外来农民工实现城市社会融入的需要。疫情发生之后,外来农民工原本不够成熟完善的社会资本受到明显冲击,总体呈现出数量减少、质量下降的趋势。由此,必须激发和调动外来农民工自身、城市政府、社会等各方共同发力维护外来农民工社会资本,使之不发生明显下降,并在此基础上积极采取措施促进相关社会资本的积累与拓展,以推动外来农民工实现城市社会融入。

社会资本是行动者在社会关系中主动利用的一种资源,外来农民工实际拥有多少社会资本、这些社会资本能否发挥积极作用,取决于他们自身是否积极主动去使用这些社会资本。由此可见,能否维护社会资本使之不出现明显流失,外来农民工自身的积极努力是根本。疫情防控政策虽然已经调整,但疫情对用工单位和外来农民工求职就业的影响不会立刻消失,用工单位完全摆脱生产经营的暂时困难、外来农民工完全消除求职就业的困难,还需要时间。由此,帮助外来农民工巩固和恢复原有社会资本,要引导他们在主观和客观两个方面作出调整和努力。主观方面,在突如其来、影响全球的大规模疫情面前,要引导外来农民工客观理性地认识疫情对全球范围内各行各业和各个地区的全面深刻影响,疫情影响的不是某一个城市、某一个地区、某一个国家,而是几乎影响每一个城市、每一个地区、每一个国家;疫情影响的不是某一个群体的某一个方面,而是几乎影响了所有群体的方方面面。要调整心态应对特殊时期的挑战,面对暂时的求职择业困

难,要放眼长远,理性应对,抓住企业复工复产的机会,以积极的心态尽快采取主动措施进行转岗和再就业,暂时避免过高期待,以保证工资收入不中断、工作保持连续性、社会保险正常接续,不轻易退出城市,不轻易放弃城市梦想。客观方面,外来农民工要在国家政府的帮助支持下,将疫情的冲击降到最低,维护原有社会资本不因疫情而大量流失,在城市立稳脚跟,不因疫情而中断城市社会融入进程。外来农民工要在国家政策和地方政府的支持帮助之下,不断提升自身职业技能和专业本领,积极响应和参加各类培训,提升劳动技能和职业素质,增强适应突发状况的能力和应对困难的能力。2020 年,人社部决定在 2020 年和 2021 年两年开展大规模、广覆盖和多形式的职业技能培训,以在岗农民工、城镇待岗和失业农民工、返乡农民工、农村新转移农民工和贫困农民工等为主要培训对象,计划每年对 700 万人次以上农民工进行培训。[①] 外来农民工要主动关注相关信息和行动计划,抓住机会积极参与培训,提升职业技能和转岗求职本领。同时,国家应积极采取措施,加大对拖欠农民工工资、不履行劳动合同、不遵守劳动法等侵害外来农民工合法权益等事件的处罚力度,最大限度降低外来农民工被侵权事件的发生率,保护外来农民工的合法权益;外来农民工也要主动了解法律常识,增强法律观念和法律意识,学会用法律武器维护自身合法权益。

三、要做好疫情下外来农民工的服务保障

外来农民工所在城市的地方政府及其相关部门要准确把握疫情新形势,统筹做好疫情政策调整后外来农民工的就业复工,稳定他们在城市的工作和生活。一方面政府有关部门应根据市场需求,有针对性调整外来农民工就业结构,稳定外来农民工就业;另一方面,地方政府要加大对企业的扶持力度,给企业一个休养生息的空间,让企业逐步恢复和进一步发展,为外来农民工提供更多就业岗位,为他们实现社会融入提供基本保障。

第一,外来农民工所在城市的政府和企业应采取可行措施帮助外来农民工实现复工返岗。受疫情冲击的过去几年里,外来农民工遭遇了复工返岗难、失业风险高、经济收入降低、生活遭遇困境等一系列风险和困难。企业也面临较大的挑战和考验。有的企业由于市场萎缩、产品需求下降等原因迟迟不开工,有的企业由于本身抗风险能力不强而遭遇停产倒闭,有的企业由于订单减少而减产裁员,有的企业为维持生存降低工资等,这些都进一步加大了外来农民工在经济收入、日常生活、就业等方面陷入困境的风险。外来农民工在应对这些问题时,显得力量薄弱、力不从心或无能为力,需要城市地方政府及相关部门给予帮助和支持。受疫情影响,过去几年里,外来农民工跨省流动遭遇困难,疫情政策调整之后,外来农民工跨省流动的主观意愿和客观状态恢复到疫情之前的状态还需要时间。外来农民工如果不能顺利实现跨省流动、返岗复工,就无法继续在城市获得进

---

① 见中国政府网,《人力资源社会保障部关于印发农民工稳就业职业技能培训计划的通知(人社部函〔2020〕48号)》,http://www.gov.cn/zhengce/zhengceku/2020-06/02/content_5516681.htm。

一步发展,如果长期不能回乡团聚,他们就可能动摇甚至放弃再次离乡跨省务工,最终结果都是阻断外来农民工融入城市的进程。疫情政策调整后,特别需要外来农民工务工地的政府或企业主动采取措施,推动他们积极实现跨省流动,顺利实现返岗复工和回乡团聚。由此,在外来农民工返岗返乡、求职就业、合法权益保障等方面,外来农民工务工地政府应积极主动制定政策制度,采取措施办法,帮助他们顺利实现跨省流动,助力外来农民工实现城市社会融入。

在 2020 年疫情发生初期,浙江省内很多企业率先采取措施,通过派专门的车队、包高铁、包飞机等措施,帮助外来农民工实现跨省流动,较早实现了返岗复工。2020 年 2 月,浙江省安全生产委员会发布了《关于进一步认真做好企业复工复产安全生产工作的通知》(浙安委〔2020〕5 号),对企业复产复工和疫情防控进行指导和布置;①2020 年 2 月,浙江省自然资源厅发布《浙江省自然资源厅关于全力做好疫情防控和企业复工复产资源要素保障服务的通知》,全力支持企业复产和企业员工复工;杭州市委市政府在2020 年 2 月出台《关于严格做好疫情防控帮助企业复工复产的若干政策》,保障企业复产和农民工复工。浙江省还精细做好外来农民工在春节等特殊时间点的回乡探亲和离乡返岗服务工作,既保障外来农民工能够回乡探亲与家人团聚,又保障他们能安全顺利地返城复工。随着疫情政策的调整,为进一步做好企业稳工稳产工作和留浙过年省外员工的生活保障,浙江省人社厅等四部门于 2022 年 12 月联合发布《关于做好元旦春节期间企业稳工稳产并开展对留浙过年省外员工温暖关爱行动的通知》(以下简称《通知》),对外来农民工开展送温暖、送关爱活动,灵活安排职工在岗培训,保障工资、休假等待遇,切实为留浙过年省外员工解决实际困难;为有效保障企业用工需求和生产要素供给,该《通知》还支持阶段性用工需求量较大的企业与富余员工较多的企业开展余缺调剂,对缺工比较严重的企业实行清单式管理,安排专人跟进帮扶,还通过继续实施阶段性降低失业保险费率政策,落实社保费缓缴、社保补贴、培训补贴等减负稳岗扩就业政策。与此同时,浙江省内多地陆续出台帮助外来农民工稳岗和用工企业复产的系列政策。诸如:绍兴市在稳岗留工方面推出包括政府一次性发放"新绍兴人"消费券、"年货邮到家"温暖礼包、鼓励企业发放红包、改善工作条件等内容的十条举措,帮助外来农民工留工过年;义乌市出台涵盖消费补贴、交通出行、留岗红包、生产补助等内容的"留义过年"十条举措,以催热本地经济、助力企业恢复生产。此外,浙江多地出台对春节"不打烊"企业的奖励措施,鼓励企业恢复生产,为外来农民工提供更多岗位。这一系列举措既能帮助外来农民工稳定岗位、渡过难关,又能保障省内相关企业不因用工缺口而影响正常生产经营,能够形成留岗用工的良性循环,帮助外来农民工在城市站稳脚跟,因此可以在更大范围内推广实施。

---

① 见浙江省应急管理厅网,《浙江省安全生产委员会关于进一步认真做好企业复工复产安全生产工作的通知.浙安委〔2020〕5 号》,https://yjt.zj.gov.cn/art/2020/2/11/art_1228991502_41902412.html。

第二，要对外来农民工进行政策性支持，帮助他们提高技能、稳定就业。疫情影响给企业和员工带来的风险和损失都比较大，很多企业为保障企业利润会减产裁员，尤其是一些制造加工、餐饮服务、美容美发、批发零售等小规模企业，在疫情冲击下抵抗风险的能力相对要低，而这类企业恰恰吸纳外来农民工的数量较多。疫情政策调整之后，地方政府和相关部门应该抓住时机，针对性制定和落实相关制度政策，对企业采取税费优惠和金融政策支持，提高小微型企业恢复生产的能力，确保提高企业吸纳外来农民工就业的能力。同时组织外来农民工技能培训，提高他们的职业技能，帮助他们增强岗位适应能力，为企业带来更多效益。面对不可避免的外来农民工失业、转岗和再就业问题，城市地方政府应积极有为，帮助他们解决暂时的就业困难。受疫情影响，企业生产经营的结构一度发生较大调整，由此导致了一些外来农民工失业。需要认清的是，疫情影响下的外来农民工失业并非是简单的因不愿意接受现有工作条件和工资水平而发生的自愿失业，也不是现代经济学理论中所讲的由于劳动力总供给大于总需求而发生的总量失业，而主要是由于生产经营的结构性调整、资源配置比例失调发生的摩擦性失业；由于疫情冲击导致某类生产经营和服务总需求减少，由此被迫降低总产出而引起的周期性失业；由于企业生产经营调整和技术要求变化导致劳动力供给和企业需求不匹配造成的结构性失业；由于农民工掌握的职业技能不适应一些企业的技术要求而发生的技术性失业。这些外来农民工在城市发生的非自愿性的摩擦性失业、周期性失业、技术性失业和结构性失业，不是靠农民工自身在短时间内能够解决的，需要城市、地方政府和用工企业运用政策和经济手段进行干预和调整，帮助外来农民工尽快恢复就业复工。

第三，城市地方政府及相关部门要积极引导和调整外来农民工的就业结构。一方面，地方政府和相关部门要通过外来农民工方便接收信息的平台和途径，及时准确地提供和发布劳动力供求信息，让失业的外来农民工在第一时间掌握招聘岗位和求职信息，尽快重新找到工作，顺利完成转岗和再就业；为求职的外来农民工提供有针对性的基本公共服务、职业培训和技能提升的机会，鼓励他们积极参与职业技能培训，以应对岗位转换的职业技能需求；为就业的外来农民工做好劳动力市场的中介服务工作，帮助他们顺利完成岗位转换和劳动关系转移。另一方面，对因受疫情冲击发生暂时性生产经营困难、急需恢复生产能力的出口加工制造业及餐饮服务业等劳动密集型生产企业和服务业中小企业，地方政府应立足地方经济社会发展和农民工市民化的高度，对这些吸纳外来农民工较多的企业优先提供政策性支持，给予重点扶持。一要积极受理和快速处理发生暂时经营困难的企业申请在职培训补贴、岗位补贴、社保补贴等，帮助企业渡过暂时性困难，保证企业能够正常生产经营，以保证外来农民工在企业里的岗位持续稳定；二要引导在线下生产端失业的外来农民工向用人缺口较大的在线服务业、线上餐饮服务订购和物流配送、网络购物服务和快递等行业转岗，解决相关企业的用人缺口，解决他们的求职问题。

第四，对出现暂时困难的外来农民工给予救助和帮扶。地方政府要主动关注短时期内难以再就业而出现生活困难的外来农民工,为他们提供必要的救助和帮扶。人力社会保障部门和省市各级工会应利用财政资金和社会资金,设置外来农民工帮扶救助基金,对生活困难的外来农民工进行分类帮扶、精准帮扶、重点救助,帮助他们解决家庭生活、大病就医、培训就业、子女就学、法律维权等方面遇到的特殊困难。解决外来农民工遭遇的临时困难不能光靠政府,外来农民工所在企业和社区也应责无旁贷地担起责任。可通过政策鼓励、岗位考核和信贷支持等手段,引导企业和社区积极帮助和服务外来农民工,有效化解他们因疫情遇到的具体困难。可以制定临时性制度政策,通过对接纳外来农民工就业的企业进行政策性奖励,对随意解聘外来农民工进行政策性限制,将服务外来农民工的工作项目和效果纳入社区工作考核范围等措施,鼓励企业和社区主动将其纳入工作规划,帮助外来农民工解决难题;对外来农民工工资拖欠问题要加大治理力度,通过设置外来农民工工资专项资金、对欠薪企业和主要负责人从严处理等举措,帮助他们及时足额拿到工资。对外来农民工与企业之间发生的劳动争议,要快速处理,不使外来农民工因疫情影响遭遇的困难因此加重,提高外来农民工走出困境的信心。

同时,还需要立足长远,制定、完善和落实与外来农民工相关的法律法规和制度政策,化解他们城市社会融入中遇到的种种不利因素,使其融入进程不因疫情影响而迟滞或中断,避免更多外来农民工融入城市失败而回流返乡。外来农民工所在城市政府的制度性举措要能够解决农民工凭个人努力无法解决的一系列问题,帮助他们解决在稳岗、转岗、求职再就业以及个人和家庭生活方面的突出困难,使他们感受到来自政府的温暖,缓解他们在城市工作生活和社会融入中的后顾之忧。

第二节 运用政府主导作用优化制度型社会资本

制度型社会资本具有政府社会、法律法规、制度政策的权威性和强制力,是外来农民工社会资本中最为有效的一部分。自农民工群体形成以来,各级政府就日渐重视并开始逐步解决突出的农民工相关问题。随着城镇化、现代化进程的推进,外来农民工群体规模日渐扩大,其在经济社会发展中作用的日益凸显,以及外来农民工市民化问题的逐步复杂化,使各级政府对外来农民工群体及其市民化问题更加重视,并不断出台系列制度政策、实施系列措施办法,以解决外来农民工在流动中和市民化过程中遇到的问题,外来农民工的制度型社会资本呈不断丰富的趋势。但已有制度政策存在碎片化、不够系统,有缺位、不够全面、表面化、不够深入、欠细化、难以落实、利用少、效果欠佳等问题。因而要梳理并落实已有与外来农民工相关的制度政策,引导他们全面了解和充分使用现有制度型社会资本;要细化并整合已有制度型社会资本,使已有社会资本在外来农民工的社会融入中发挥的作用切实有效;要优化并完善新的制度型社会资本,使外来农民工在城市的制度型社会资本不断趋向成熟完善,以推动他们的城市社会融入进程。

一、帮助外来农民工充分使用已有制度型社会资本

针对外来农民工群体的城乡流动、权益保障和市民化等方面的问题,国家和地方层面不断出台法律法规、制定政策制度、实施措施办法,涵盖了外来农民工进城务工、求职生活、基本权益保障、职业培训、子女教育和城市融入等诸多方面,成为他们融入城市社会重要的制度型社会资本,在外来农民工实现发展目标、维护基本权益和实现市民化方面发挥着不可替代的作用。

(一) 外来农民工对已有制度型社会资本使用不足

外来农民工在流入城镇、定居城镇、融入城镇的每一个阶段都存在需要破解的难题:在流入城市阶段,要稳定就业,及时、足额获得尽量多的经济收入,保障基本生存权益;在定居城镇阶段,需要稳定就业、保障医疗、解决住房等基本公共服务,满足基本利益诉求;在城市融入阶段,需要获得归属感、价值实现和社会认同等。为保障他们流入城市到融入城市的各阶段的利益诉求得到基本实现,国家层面和浙江省层面都制定实施了一系列法律法规、制度政策、措施办法。

这些法律法规、制度政策和措施办法,基本上是在外来农民工相关问题比较突出、亟待解决时制定实施的,制定和实施主体不一、发布和依托的平台也不一。从制定和实施的主体来看,有国家立法机构、司法机关,也有中央政府及各部委等,有各省、各级地方政府,也有政府相关职能部门等;从发布和依托的平台来看,有中央和地方各级政府官方网站,也有各级各类新闻媒体平台;从形式来看,有正式的法律法规、意见办法,也有会议决定和内部文件通知;从载体来看,既有纸质文件,也有很多电子资源。这些各级各类与农民工密切相关的制度型社会资本,都是针对某一重要问题而专门制定实施的,都有具体的要求和明确的目标,若能为外来农民工充分利用则效果不可估量。但由于其制定实施主体、发布平台、依托的载体等方面的复杂性,很多已经制定实施很久的法律法规、制度政策、措施办法并没有被外来农民工了解或熟知,还没有切实发挥应有作用,没能成为维护外来农民工权益和实现外来农民工行动目标的现实社会资本,充其量只是一种潜在的社会资本。由此,首先要系统搜集并整理已有相关制度型社会资本,帮助外来农民工全面掌握和充分使用制度型社会资本,发挥制度型社会资本的应有作用。

(二) 引导外来农民工充分使用已有制度型社会资本

对已有制度型社会资本,外来农民工首先要知道它的存在、了解它的内容、清楚它的作用,然后再去充分掌握和使用。帮助他们认识和了解已有制度型社会资本有哪些、具体能解决什么问题、在哪里可以掌握具体详细的内容,是帮助外来农民工充分使用社会资本的前提。

1. 要掌握和运用国家层面已有的制度型社会资本

自农民工群体产生以来,国家层面从立足解决农民工具体问题,到立足推进城镇化、现代化进程,陆续出台了一系列保护农民工权益的法律法规,制定了一系列指导解决农

民工相关问题的制度政策,推动了一系列破解农民工市民化瓶颈和壁垒的改革措施,成为外来农民工实现城市社会融入的最有力的一部分社会资本。

为破解外来农民工融入城市社会的制度壁垒,国家在户籍制度、社会保障制度、就业制度等方面推行了系列改革。在1958年以前,中国居民可以自由迁徙,1958年全国人大常委会通过《中华人民共和国户口登记条例》,首次明确将城乡居民区分为"农业户口"和"非农业户口",以法律形式限制人口的地区流动,限制农民进入城市,由此逐步形成了城乡分割的二元社会体制。改革开放之后,国家开始实施居民身份证制度,逐步放开小城镇户籍,农民向城市流动的限制逐步被打破,并在一定条件下有了在中小城镇落户并与城市市民实现基本公共服务均等化的可能。与此相关的政策文件和规定包括:1984年《国务院关于农民进入集镇落户问题的通知》、1985年《公安部关于城镇暂住人口管理的暂行规定》、1997年《国务院批转公安部小城镇户籍管理制度改革试点方案和关于完善农村户籍管理制度意见的通知》、1998年《国务院批转公安部关于解决当前户口管理工作中几个突出问题意见的通知》、2001年《国务院批转公安部关于推进小城镇户籍管理制度改革意见的通知》、2012年《国务院办公厅关于积极稳妥推进户籍管理制度改革的通知》等。为适应新型城镇化的需要,2012年中央一号文件要求解决符合条件的农民工在城市的落户问题,在推进城镇化过程中优先解决一亿左右的新生代农民工在城市落户的问题。十八大之后,中央确立了新型户籍制度改革的目标,破解农民工身份转换的户籍瓶颈,逐步推进农民工在城镇落户和基本公共服务均等化,陆续制定颁布了一系列文件。2013年党的十八届三中全会通过《中共中央关于全面深化改革若干重大问题的决定》,其中指出,要"创新人口管理,加快户籍制度改革,全面放开建制镇和小城市落户限制,有序放开中等城市落户限制,合理确定大城市落户条件,严格控制特大城市人口规模"。2014年7月国务院印发《关于进一步推进户籍制度改革的意见》,提出应统一城乡户口登记制度,全面实施居住证制度,推进城镇常住人口共享城市的就业服务、基本养老、基本医疗卫生、义务教育、住房保障等城镇基本公共服务;在进城落户上,要求逐步全面放开建制镇和小城市落户限制,有序放开中等城市落户限制,合理确定大城市落户条件,严格控制特大城市人口规模,户籍制度改革迈出突破性步伐。2016年中央一号文件要求,截至2020年,要落实1亿左右农民工和其他常住人口在城镇定居落户的目标,保障进城落户农民工与城镇居民有同等权利和义务,加快提高户籍人口城镇化率;全面实施居住证制度,建立健全与居住年限等条件相挂钩的基本公共服务提供机制,努力实现基本公共服务常住人口全覆盖。2016年国务院办公厅印发《推动1亿非户籍人口在城市落户方案》,提出要把在城镇就业居住五年以上和举家迁徙的农民工以及新生代农民工作为重点群体,全面放宽放开城镇落户限制,促进有能力在城镇稳定就业和生活的农民工进城落户;并鼓励支持地方政府落实主体责任,制定实施相关配套政策,保障进城落户的农民工与城市市民平等享有基本公共服务、医疗保险、养老保险、子女教育、住房保障等权利,通过加速破除城乡区域间户籍迁移壁垒、不断健全配套政策体系、提高户籍人口城镇化率。这一方案是推动农民工进城落户、共享城市权利、实现城市融入的重要的制度型社会资本。2019 年 4 月,国家发改委印发《2019 年新型城镇化建设重点任务》,把已在城镇就业的农业转移人口落户问题作为新型城镇化建设的重点任务进行了具体布置,进一步推行居住证制度,并鼓励各地区逐步扩大居住证附加的公共服务和便利项目,提出积极推动已在城镇就业的农业转移人口落户、推进常住人口基本公共服务全覆盖,要求放开和放宽各级城市的落户条件,全面取消城区常住人口 300 万以下城市的落户限制。2019 年底,中共中央办公厅、国务院办公厅发布《关于促进劳动力和人才社会性流动体制机制改革的意见》,强调要取消和放宽城市落户限制,全面取消城区常住人口 300万以下的城市落户限制,全面放宽了城区常住人口 300 万至 500 万的大城市落户条件,同时要求完善城区常住人口 500 万以上的超大特大城市积分落户政策。与此相配套,推动常住人口享有与户籍人口享有同等的教育、就业创业、社会保险、医疗卫生、住房保障等基本公共服务,实现基本公共服务均等化,要求全面落实支持农业转移人口市民化的财政政策,鼓励地方政府积极接纳和支持农民工在城市实现社会融入。① 改革开放以来,随着农村剩余劳动力向城市的流动和农民工城市融入的需要,制约农民工实现市民化的户籍制度这一根本制度瓶颈日益凸显,国家层面为破解这一瓶颈陆续出台放宽和取消农民工落户城市的限制,并配套提供相关基本公共服务,推动农民工落户城市、融入城市。要通过整理汇编等形式,为外来农民工了解和使用这些社会资本提供便利。

为推动和保障外来农民工顺利进行跨地区的乡城流动、落户城市、在城市正常工作生活,国家在社保转移、异地就医、劳动权益保障等方面也陆续出台了一系列相关法律法规和制度政策。如:外来农民工流动性较强,跨地区就业后原有的养老保险和医疗保险就会中断,极大制约了他们的自由流动,为解决包括外来农民工在内的跨地区流动就业人员的养老保险和医疗保险转移接续问题,2010 年第十一届全国人大常委会第十七次会议通过《中华人民共和国社会保险法》,其中第十九条规定"个人跨统筹地区就业的,其基本养老保险关系随本人转移,缴费年限累计计算。个人达到法定退休年龄时,基本养老金分段计算、统一支付。具体办法由国务院规定";第三十二条规定"个人跨统筹地区就业的,其基本医疗保险关系随本人转移,缴费年限累计计算",为农民工跨省流动就业提供了法律支持。2014 年,人力资源社会保障部、财政部、卫生计生委联合印发《关于进一步做好基本医疗保险异地就医医疗费用结算工作的指导意见》,明确了基本医疗保险异地就医医疗费用结算工作的目标任务和实现途径,提出了完善市级统筹、规范省内异地就医结算、推进跨省异地就医结算的分层次推进思路,是解决跨省流动的外来农民工异地医疗保险问题的重要政策依据。

对拖欠外来农民工工资问题,国家层面也相继出台了一系列法律法规和管理办法。

---

① 见中国政府网,《中共中央办公厅　国务院办公厅印发〈关于促进劳动力和人才社会性流动体制机制改革的意见〉》,http://www.gov.cn/xinwen/2019-12/25/content_5463978.htm。

2011年《中华人民共和国刑法修正案（八）》增设了拒不支付劳动报酬罪，以转移财产、逃匿等方法逃避支付劳动者的劳动报酬或者有能力支付而不支付劳动者的劳动报酬，数额较大，经政府有关部门责令支付仍不支付的，构成拒不支付劳动报酬罪；单位犯前款罪，对单位判处罚金，对其直接负责的主管人员和其他直接责任人员，依照拒不支付劳动报酬罪的规定进行刑事处罚。自刑法设立拒不支付劳动报酬罪以来，企业恶意欠薪大大减少，为保障外来农民工工资权益提供了强有力的法律保障。2016年国务院办公厅制定《关于全面治理拖欠农民工工资问题的意见》，通过全面规范企业工资支付行为、健全工资支付监控和保障制度、推进企业工资支付诚信体系建设、依法处置拖欠工资案件、改进建设领域工程款支付管理和用工方式、加强组织领导和监管等具体举措，全面治理拖欠农民工工资问题，为进一步保障农民工按时足额拿到工资提供了国家层面的有力支持。2017年9月，人社部制定印发《拖欠农民工工资"黑名单"管理暂行办法》。2017年11月，人社部与发改委、人民银行、住建部等30个部门和单位联合签署并印发了《关于对严重拖欠农民工工资用人单位及其有关人员开展联合惩戒的合作备忘录》，各地人社部门结合本地实际，制定出台相关实施细则，依法开展拖欠农民工工资"黑名单"认定工作，并实行跨部门联合惩戒。2019年人社部推动实施农民工工资支付情况专项执法行动，查处一大批欠薪违法案件，向社会公布了一大批重大欠薪违法行为，成功为数十万名农民工追发工资待遇，同年，人力资源和社会保障部先后公布了几批拖欠农民工工资的"黑名单"，"黑名单"的相关单位和人员将受到"一处违法，处处受限"的联合惩戒。[①] 2021年，为根治工程建设领域拖欠农民工工资问题，规范农民工工资专用账户管理，切实维护农民工劳动报酬权益，人力资源社会保障部等十部门印发《工程建设领域农民工工资专用账户管理暂行办法》，维护工程建设领域农民工工资权益。[②] 新冠肺炎疫情发生之后，为避免拖欠农民工工资，保障农民工劳动权益，2021年人社部依据《保障农民工工资支付条例》制定出台《拖欠农民工工资失信联合惩戒对象名单管理暂行办法》，对拖欠农民工工资失信联合惩戒对象的适用范围、职责分工、列入条件和期限、惩戒措施、信用修复和工作程序等作出规定，是维护农民工工资权益的重大具体措施。

国家层面在破除农民工城市融入的制度壁垒方面所进行的一系列改革、推出的一系列法律法规与制度政策，是外来农民工在城市实现社会融入最可依赖、最有力量的社会资本，现阶段外来农民工对国家层面已有制度型资本明显认识不够、使用不足，应通过形成专门的文件汇编、加强政策宣传、培训外来农民工等手段，帮助外来农民工全面掌握、深入了解、充分利用国家层面的制度型社会资本。

---

① 见人民网，《严重拖欠农民工工资将被列入失信联合惩戒名单》，http://bj.people.com.cn/n2/2021/1122/c82840-35015765.html.

② 见中国政府网，《人力资源社会保障部等十部门关于印发〈工程建设领域农民工工资专用账户管理暂行办法〉的通知（人社部发〔2021〕53号）》，http://www.gov.cn/zhengce/zhengceku/2021-07/15/content_5625083.htm.

2. 要充分利用浙江省地方层面现有制度型社会资本

浙江省作为吸引外来农民工较早和较多的省份,为解决外来农民工问题、吸纳外来农民工流入、促进外来农民工融入,在落实国家相关法律法规、制度政策方面制定了很多细则,同时从本地实际出发制定了一系列具体的制度政策、实施了一系列可行的办法措施,成为浙江省外来农民工拥有的最直接的制度型社会资本。为帮助外来农民工促进其城市社会融入进程,需要梳理并整合浙江省地方层面已有的制度型社会资本,使之为外来农民工知晓并充分运用。

在外来农民工落户城镇方面,浙江省积极推动户籍制度和相关配套制度改革,相继推行了户籍登记制度城乡一体化、城镇落户政策条件放宽或限制取消、居住证制度与基本公共服务挂钩等措施,为外来农民工定居落户、最终融入城市提供政策和制度支持。2013 年 9 月 30 日,浙江省将德清县作为浙江省首个实施户籍管理制度改革的试点县,启动了户籍制度改革,取消农业、非农业户口划分,统一登记为"浙江居民户口",建立统一的户口登记制度,同时推进相关行政制度的城乡一体化配套改革,促进城乡待遇均等化,为外来农民工城镇化提供基本的制度条件。2014 年开始,浙江省全省开始推进城乡统一的户口登记制度,探索建立"全员登记、依规领证、凭证服务、积分量化"的新型居住证制度,逐步实现浙江省内社会管理城乡一体化、公共服务均等化。2015 年《浙江省人民政府办公厅关于进一步做好为农民工服务工作的实施意见》提出了积极改革户籍制度、实施积分落户、居住证市民化待遇等举措,服务于农民工落户城市。2017 年,浙江省政府办公厅出台《关于调整完善户口迁移政策的通知》,规定优秀农民工可"无条件"落户,对优秀农民工开放了户籍限制。为了让进城农民工享受同城待遇,更好地安居乐业,浙江省较早推出居住证制度,并逐步在居住证上附加相关市民待遇,推动农民工与市民的基本公共服务均等化。2019 年,浙江省人民政府办公厅下发《关于加快推进全省户籍制度改革的通知》,再次要求各地放开放宽落户限制,并督促各地贯彻落实,调整完善政策,进一步放开放宽城镇落户限制,进一步丰富了外来农民工扎根城市的制度型社会资本。2020 年,浙江省公安厅制定《浙江省常住户口登记管理规定》,全面贯彻落实中共中央办公厅、国务院办公厅《关于促进劳动力和人才社会性流动体制机制改革的意见》规定,实施全面取消城区常住人口 300 万以下城市落户限制、全面放宽城区常住人口 300 万至 500 万的大城市落户条件、完善城区常住人口 500 万以上的超大特大城市积分落户政策。全面放宽浙江省内落户条件和限制、简化落户手续和材料。《浙江省常住户口登记管理规定》分三类规定了浙江省内居住地落户政策:"杭州市城区实行积分落户;宁波和温州市城区实行凭合法稳定就业凭证、合法稳定住所(含租赁)和参加城镇社会保险凭证申报落户;其他城镇地区实行凭合法稳定住所(含租赁)申报落户"。[①] 为外来农民工

[①] 见杭州市公安局网,《浙江省常住户口登记管理规定》,http://police.hangzhou.gov.cn/art/2021/8/24/art_1229559258_1736976.html。

在浙江省内的居住地落户提供了政策支持。在大力放宽外来农民工进城落户条件的同时,浙江省积极推行居住证制度,并将其与基本公共权力均等化相联系,为方便包括外来农民工在内的外来人口,浙江省内逐步推行了电子居住证制度。2021年6月,绍兴市公安局在浙江省公安厅的指导下,在浙江全省率先启动电子居住证改革,进一步完善以居住证为载体的公共服务均等化机制,在外来农民工就业、教育、医疗、住房、救助以及数据资源归集等方面作出探索性尝试。这一系列户籍制度改革的政策制度、措施办法,是外来农民工在浙江省内享有基本公共服务、实现落户和融入城市的重要的制度型社会资本。

在外来农民工公共服务保障、权益维护和就业等方面,浙江省也有较丰富的制度支持。为加大农民工权益维护力度,2012年,浙江省司法厅、浙江省人力社保厅、浙江省总工会联合印发《关于加强农民工法律援助工作的意见》,为进一步发挥解决农民工问题中法律援助的职能优势,维护农民工的合法权益,要求司法局、法律援助中心要了解农民工的价值观和社会需求变化,针对劳动纠纷的易发与多发,要主动顺应农民工维权新变化,切实加强和改进农民工法律援助工作。重点部署了"农民工讨薪""工伤职工帮扶"等法律援助农民工专项行动,完善了农民工法律援助组织网络,加强了司法所法律援助受理点和农民工集中区域法律援助联系点建设,明确了就事关农民工生存、生活问题的法律援助申请,要尽可能放宽经济困难审查标准;对群体性案件或其他情况特殊案件,应及时受理并允许受援人事后补交证明材料;涉及农民工维权的,要提高办理效率;要加强监督管理,提高农民工法律援助工作质量,切实为农民工提供高效的法律援助,维护农民工合法权益。[①] 为外来农民工运用法律武器维护自身合法权益提供了有力的制度型社会资本。

在外来农民工社会保险、职业提升、子女教育、住房保障方面,浙江省也制定实施了一系列制度政策。2004年,浙江省劳动和社会保障厅转发《劳动和社会保障部关于农民工参加工伤保险问题的通知》(劳社部发[2004]18号),并结合浙江省实际情况,提出了解决农民工工伤保险问题的具体意见;2006年,浙江省政府就解决农民工问题首次发布政策性文件,出台《关于解决农民工问题的实施意见》,针对解决农民工工资偏低和工资拖欠、用工管理、就业服务、职业培训、社会保障、公共服务、权益维护等方面做了详细的规定;2015年,省政府办公厅发布《浙江省人民政府办公厅关于进一步做好为农民工服务工作的实施意见》,就做好农民工服务工作提出一系列具体实施意见。为保障农民工社保权益,浙江省在农民工社会保险方面也有一系列支持政策,从2018年1月1日起,浙江实施城乡统一的失业保险政策,农民工与城镇职工同等参保缴费,同等享受失业保险待遇。在农民工子女教育方面,2008年开始,浙江省政府将农民工子女教育纳入当地

---

① 见杭州市人民政府门户网站,《关于贯彻执行浙江省司法厅、浙江省人力社保厅、浙江省总工会〈关于加强农民工法律援助工作的意见〉的通知》,http://www.hangzhou.gov.cn/art/2021/8/30/art_1229063383_1740633.html。

政府的发展规划,免除符合入学条件的农民工子女义务教育阶段的"借读费",使农民工子女和浙江本地孩子一样享受义务教育阶段"全免费"的政策,按照"以流入地政府为主、以公办学校为主"的原则,解决农民工子女在城市的入学教育问题。为杜绝欠薪,保障农民工及时足额拿到工资报酬,2007年,浙江省委、省政府要求各地、各部门把农民工工资清欠纳入政府部门目标责任制考核,确保农民工及时足额拿到工资;2017年起,浙江开始深入开展"浙江无欠薪"行动,2018年开始,为保障建筑工程农民工合法权益,深化"浙江无欠薪",全省开始逐步实现建筑工程农民工实名制信息数据全覆盖,以保障农民工按时足额拿到劳动报酬;自2019年以来,浙江省在诸暨市首先开展拖欠农民工工资争议速裁试点工作,此后逐步在绍兴市、衢州市继续扩大速裁机制试点范围,在确保当事人合法权益的前提下,制定了程序性和灵活性兼顾的办案规则,对拖欠农民工工资争议案件施行繁简分类,建立"速裁、速送、速调、速审、速结"的速裁工作机制,通过缩短办案周期、仲裁监察无缝衔接、乡镇(街道)有效对接、多方联合调解等方式,专设"跑道"实现"即审+重调+快结",提升拖欠农民工工资案件的办案效率。为提升农民工在职场上的竞争力,浙江省从2019年开始实施"农民工学历与能力提升行动",浙江省总工会将每年投入1000万元,对取得大专以上学历和高级工以上职业资格证书(技能等级证书)的一线农民工提供补助,计划到2022年,在有学历提升需求且符合入学条件的农民工中,每年资助1万人接受大专、本科学历继续教育;同时,通过免费开放课程为农民工提供实用技术技能培训,全面提升农民工自身素质和从业能力。2019年开始,在高职扩招中符合相关要求的农民工也可参加报考。2000年以来,为关爱农民工、提高农民工素质,浙江省在建筑施工现场创建民工学校,并在省委、省政府鼓励下在全省推广。2020年通过的《浙江省实施〈中华人民共和国工会法〉办法》,还对农民工加入工会组织做出进一步明确规定,规定全省各个单位不得拒绝农民工加入工会,凡是与本单位建立劳动关系(含事实劳动关系)的农民工,不论户籍所在,用工形式如何,工作时间长短,都要依法把他们组织到工会中来。

浙江省层面的制度型社会资本是保障省内外来农民工权益、推动外来农民工融入的最直接的制度型社会资本,要引导和帮助外来农民工充分认识、全面掌握和真正利用。政府可以设立专门的临时工作组织和临时专门工作人员,搜集、整理、汇编现有相关的法规政策、措施办法,通过在外来农民工专题网站发布、在手机端和电脑端推送、印制纸质资料发放等方式,帮助外来农民工全面了解和具体掌握相关制度资源,以帮助他们最大限度充分利用现有的制度型社会资本。

二、政府主导优化完善制度型社会资本

外来农民工顺利在城市定居生活、最终实现城市融入,离不开国家层面和地方层面的制度型社会资本支持。已有制度型社会资本尽管数量越来越多,调整和解决外来农民工城市融入的相关问题越来越广,但仍然存在一些突出问题:一是原有解决外来农民工各类问题的制度政策和措施办法,基本都是各级政府及相关部门以问题为导向、应解决

具体的外来农民工问题之需要而制定出来的,散见于政府及各级各类部门,以文件、通知等形式发布在政府和各部门网站,呈"碎片化"状态。二是已有的外来农民工制度型社会资本多是针对解决突出的外来农民工问题而制定和实施的政策措施,还不够全面和完善;很多制度政策是政府制定的指导性意见,还不够具体和细化。三是有些制度政策和要求措施需要各级各类部门和组织的相互支持配合才能够高效实施,有些制度政策由于缺乏相关配套和支持,真正落地实施有难度。四是制度政策制定出来之后宣传、普及不够,有些政策制度只有新闻媒体和网络平台的简要新闻报道,政策制度的文件原文不容易查到,外来农民工知晓不多、利用不足,甚至完全不知晓,难以主动利用。五是各级各类部门在实施已有政策措施时对接不够、配合不够,实施效果大打折扣,不能真正解决问题。已有制度型社会资本的这些不足之处,极大影响和制约了农民工对社会资本的准确掌握和充分利用,不能发挥现有制度型社会资本的作用。由此,要在政府主导下,切实考察已有制度政策的不足,从浙江省实际出发,有针对性提出、对接、细化、落实具体的应对措施,整合细化已有制度型社会资本,进一步优化完善浙江省层面的外来农民工制度型社会资本。

(一) 细化已有制度型社会资本使之切实可用

针对外来农民工城市融入中的户籍制度、社会保险、基本公共服务、职业培训与技能提升、子女教育、住房问题、权益维护等方面的问题,国家或地方层面基本都有相关政策制度或者法律法规进行规划、部署、指导。这些制度政策、法律法规只有在实践中被充分利用才能转化为外来农民工融入城市的现实制度型社会资本,否则只能是潜在的社会资本,不能真正发挥实际作用。因而要使制度型社会资本切实可用,需要做到如下几方面。

1. 认识已有制度型社会资本之不足

梳理现有制度政策可见,很多是指导性、规范性的意见,不够具体,不具备直接参照执行的可操作性。以 2016 年国务院办公厅印发的《推动 1 亿非户籍人口在城市落户方案》为例:为推进城镇化,2014 年的《国家新型城镇化规划(2014—2020 年)》提出,要以人的城镇化为核心,合理引导人口流动,有序推进农业转移人口市民化,稳步推进城镇基本公共服务常住人口全覆盖。为推动城镇化和农民工市民化,国务院于 2016 年制定了《推动 1 亿非户籍人口在城市落户方案》,方案中要求进一步拓宽落户通道,制定实施配套政策,并落实了具体工作项目的责任部门。研读《推动 1 亿非户籍人口在城市落户方案》(以下简称《方案》)全文可见,《方案》要求把在城镇就业居住五年以上和举家迁徙的农民工以及新生代农民工作为重点群体,这些对象比较具体,容易把握。《方案》要求全面放宽放开城镇落户限制,促进有能力在城镇稳定就业和生活的农民工进城落户,放宽城镇落户限制则要求地方政府制定具体的条件和标准;提出鼓励支持地方政府制定实施相关配套政策,保障进城落户的外来农民工与城市市民平等享有基本公共权利,加速破除城乡区域间户籍迁移壁垒,不断健全配套政策体系。这些具体做法要求地方政府要履行主体职责。显而易见,城镇落户的具体条件和标准、政策的落实程度和实施进度,都会因为地方城市的自身情况不同而存在较大差别。总之,《方案》中推进城市落户的要求都是宏观和原则性的,具体实施细则要求各具体执行部门自行制定。为切实推动《方案》落地见效,2018 年国家发改委办公厅发布关于督察《推动 1 亿非户籍人口在城市落户方案》落实情况的通知,要求分析总结方案落实过程中的好经验、好做法,摸清改革的障碍和工作短板,进一步提出有针对性和可操作性的整改措施。可见,此次督查也是要求各地方在落实方案时要有具体可行的应对措施。然而在地方政府的具体实施中,往往会存在诸多问题。

或不够细化,目标或方案比较宏观和概括,在实际运用中操作空间很大,具体执行部门出于各种考虑可以变通执行,导致实施效果不符合制度政策制定的初衷。以 2020 年实现 1 亿非户籍人口落户城市目标为例:中央提出"提高户籍人口城镇化率"的要求,是为了解决城镇化不彻底和户籍制度改革推动不力的问题,而完成 1 亿非户籍人口城市落户的目标,则需要各省政府和地方各部门的具体实施。待落户城市的非户籍人口中,外来农民工是主要群体,在外来农民工落户城市方面,一些地方政府并不是非常赞同和支持。落户城市,不仅仅是获得一个城市户口,还会同时涉及基本公共服务的提供、基本公共权益的实现、现有城市公共资源的分配等一系列相关问题。外来农民工落户城市可以说是利弊并存,外来农民工进城不落户,他们在城市里的基本工作生活对城市管理的挑战和冲击是有限的,他们生活成本相对较低,所以能接受较低的工资水平、简单的住房条件,个体不涉及子女教育和生活保障等一系列复杂问题,发生失业、社保缺失等问题,城市政府也可以不承担直接责任。但外来农民工一旦落户在城市,在城市的身份性质则发生了根本变化,作为城市市民的一员,外来农民工家庭的住房、社保、就业、子女上学等一系列问题会直接纳入政府的责任范围。由于国家层面对进城落户 1 亿人口的具体要求不够细化,加之考虑到外来农民工进城落户可能产生的这些重负,一些城市地方政府会采取变通措施,以减少外来农民工落户的数量。例如,一些地方政府采取就地变更户籍身份的办法,完成外来农民工城市化的数量指标。具体通过城乡区域界定的变化,把县变成市、把乡变成镇,或者变成区、把村委会变成居委会,通过这种方式,居住区居民的户籍身份就变了,实现了农业户口到城镇户口的转变。这种办法一方面能够完成非户籍人口城镇化的人数目标,另一方面还能够帮助住在城中村或城市周边的收入与生活水平本来就不明显低于城市市民的本地乡村居民实现市民化,从而既减少了外来农民工落户城市的数量,又不影响完成外来农民工城市化的指标,这种方式使城镇化指标实现了明显提升。但实际上,这只是一个统计口径的变化,城镇化的程度和户籍城市化的居民的实际情况并没有改变,需要进城落户的农民工市民化问题也并没有解决。中国特点的城镇化核心应该是农民工的市民化,新型城镇化的落脚点应该着眼于帮助已经进入城市工作生活的农民工落户城市,实现城市融入。① 国家层面可以进一步细化城镇化的具体指标

---

① 蔡昉:《新型城镇化与新发展格局》,https://baijiahao.baidu.com/s?id = 1681249371934507907&wfr = spider&for = pc。

要求,各省级政府和地方各部门应该着眼真正城镇化的实际要求来推动非户籍人口落户城市。

或不够系统,散见于各部门的不同平台和载体。现有的农民工制度型社会资本,多是各级各类部门为解决农民工不同领域的问题有针对性制定和实施的,诸如:为解决农民工工资拖欠问题,较早期国家层面针对拖欠农民工工资就有了一些要求和具体行动。2003年,针对广东省一起重大欠薪事件,国务院总理曾专门作出批示,帮助农民工讨薪。国务院总理帮助讨薪也从一个侧面说明当时农民工欠薪之严重,地方政府相关部门保障农民工工资权益之不力。针对拖欠农民工工资屡禁不止的问题,2011年开始,国家层面将恶意拖欠农民工工资纳入刑法调整范围,增设了拒不支付劳动报酬罪,《中华人民共和国刑法修正案(八)》规定:以转移财产、逃匿等方法逃避支付劳动者的劳动报酬或者有能力支付而不支付劳动者的劳动报酬,数额较大,经政府有关部门责令支付仍不支付的,构成拒不支付劳动报酬罪。对单位和直接负责的主管人员和其他直接责任人员,都会依照拒不支付劳动报酬罪的规定进行刑事处罚。人力资源和社会保障部也通过多次出台文件,实施专项行动,要求设立专门账户等举措来治理农民工工资拖欠问题。然而拖欠农民工工资问题仍屡禁不止,并没有彻底解决。对制约外来农民工城市融入的户籍制度瓶颈,国家和地方陆续出台一系列政策制度和实施方案,对事关外来农民工生存发展利益的社会保险、子女教育、就业培训等问题都有相关部门制定过相关制度、实施过相关行动加以推动解决,但是,针对外来农民工群体在城市融入这一根本问题还缺乏系统的政策制度。2011年,民政部曾印发《关于促进农民工融入城市社区的意见》,意在解决农民工在城市社区不能均等享有基本公共服务、在城市的政治经济文化权不能得到有效保障、在城市的社会生活不能得到城市和市民的理解和尊重等问题。同时提出要充分发挥社区作用,健全农民工服务管理平台,促进农民工融入城市生活,并对促进农民工融入城市社区的主要任务和组织领导等进行了指导性部署。① 此后,国家层面没有再出台针对外来农民工城市融入的系统性、专门性制度文件。

梳理整合已有政策制度可见,指导和解决外来农民工相关问题的制度政策都散见于各类载体和平台,或在制定部门的网站发布,或在网络平台转发,或在一些新闻媒体报道,呈明显"碎片化"的状态,不够系统,需要加强顶层设计,做好整合。

2. 细化已有制度型社会资本

近年来,政府及相关部门已经开始在一些领域对已有制度政策进行细化,以增强可操作性。户籍制度改革是破解城乡二元体制,推动农民工最终实现城市融入的制度根本。经过国家和地方各省的持续推动,户籍制度改革已经迈出实质性步伐,制约外来农民工市民化的制度瓶颈正在逐步消除。但是,现有户籍制度改革还存在一些突出问题,

---

① 见中华人民共和国民政部网,《关于促进农民工融入城市社区的意见》,http://xxgk.mca.gov.cn:8011/gdnps/pc/content.jsp?id=13892&mtype=1。

一是一些地方政府存在对外来农民工落户城市目标的变通应对,通过就地改变户籍的方式来完成外来农民工落户城市的数据目标,实际上不能解决根本性问题;二是国家出台户籍制度改革的意见和标准,多是指导性和规划性的,不够细化,在地方的落实不够。在解决外来农民工落户城市问题上,城区常住人口300万以下的城市落户限制已经全部取消,城区常住人口300万至500万的大城市落户条件也全面放宽,城区常住人口500万以上的超大特大城市实行积分落户政策。实际上,农民工在常住人口300万以上的城市落户还有较大难度,特别是超大城市和特大城市的具体积分落户政策对外来农民工群体的接纳度还远远不能满足多数外来农民工的落户需求。外来农民工落户城市、实现市民化,需要国家和地方通过加强顶层设计,整合细化现有制度政策,推动有条件的城市尽可能接纳多一些外来农民工落户,推动有条件的外来农民工尽可能早一些实现落户城市,以实现户籍制度改革的原定目标,推动城镇化进程。为保障进城落户外来农民工的相关权利,消除他们的后顾之忧,推动他们积极主动融入城市,2016年9月29日,国土资源部等部门联合印发了《关于建立城镇建设用地增加规模同吸纳农业转移人口落户数量挂钩机制的实施意见》,要求现阶段农民工进城落户后,要确保土地承包权、宅基地使用权、集体收益分配权"三权"不变,这极大促进了农民工进城落户的积极性。但是,保障外来农民工进城落户的条件和相关保障仍需进一步细化。

户籍制度改革的顶层设计在国家,但最终落实要靠各级地方政府。所以,各省市地方政府需要从本地实际出发,立足外来农民工市民化和中国城镇化、现代化的高度,重视外来农民工城市落户问题,切实放宽落户限制,针对外来农民工实际制定具体的积分落户政策。在户籍制度改革的整合和细化方面,国家相关部门还要及时做好督查,确保已有制度的落实。例如,在农民工落户城市方面,发改委2018年对《推动1亿非户籍人口在城市落户方案》(以下简称《方案》)落实情况的督察就作了示范作用,一方面督查省级相关部门的落实情况,重点督查在加大对农业转移人口市民化的财政支持力度、建立财政性建设资金对吸纳农业转移人口较多城市基础设施投资的补助机制、建立城镇建设用地增加规模与吸纳农业转移人口落户数量挂钩机制等方面的工作,对取得的实质性成效、进展滞后的方面及滞后原因、整改措施进行具体督查;一方面督查城市政府对《方案》的落实情况,重点督查放开城市落户限制、建立进城落户农民"三权"维护和自愿有偿退出机制、保障进城落户农民基本公共服务同城同待遇、促进有条件在城镇稳定就业生活的农村贫困人口市民化等方面的工作,对取得的实质性成效,任务进展滞后及原因、整改措施等进行具体督查。[①] 这一专门督查活动的实施就推动了各省、各地方对相关政策和方案的进一步落实。

在推动外来农民工落户城市的同时,还要辅以配套的相关领域的改革,完善以社保

---

① 见中国政府网,《国家发展改革委办公厅关于督察〈推动1亿非户籍人口在城市落户方案〉落实情况的通知》,http://www.gov.cn/xinwen/2018-10/11/content_5329523.htm。

制度为中心的外来农民工城市融入保障制度,以缩小直至消除外来农民工与城市原市民在基本公共服务方面的差距。由此,政府要细化配套的公共服务政策措施,从就业、医疗、教育、培训等方面整合细化现有制度政策,保障外来农民工在城市社会的基本权益,让他们在城市里逐步实现幼有所育、学有所教、劳有所得、病有所医、住有所居、老有所养、弱有所扶,促进他们心甘情愿、无后顾之忧地落户城市、融入城市。为解决跨省就业人员的养老保险问题,2009 年人力资源社会保障部、财政部制定《城镇企业职工基本养老保险关系转移接续暂行办法》(以下简称《办法》),从 2010 年 1 月 1 日起,包括农民工在内所有参加城镇企业职工基本养老保险的人员,在跨省就业时基本养老保险关系可以随同转移,并对转移的个人账户和统筹账户进行了指导性规定,在转移个人账户的同时,还转移 12% 的统筹基金(单位缴费)。《办法》中有专门条款对农民工养老保险的接续转移问题进行了规定:"农民工中断就业或返乡没有继续缴费的,由原参保地社保经办机构保留其基本养老保险关系,保存其全部参保缴费记录及个人账户,个人账户储存额继续按规定计息。农民工返回城镇就业并继续参保缴费的,无论其回到原参保地就业还是到其他城镇就业,均按前述规定累计计算其缴费年限,合并计算其个人账户储存额,符合待遇领取条件的,与城镇职工同样享受基本养老保险待遇;农民工不再返回城镇就业的,其在城镇的参保缴费记录及个人账户全部有效,并根据农民工的实际情况,或在其达到规定领取条件时享受城镇职工基本养老保险待遇,或转入新型农村社会养老保险。农民工在城镇参加企业职工基本养老保险与在农村参加新型农村社会养老保险的衔接政策,另行研究制定。[①]"至此,农民工跨省就业的养老保险问题在制度上得到了保障。但在实际执行过程中,各省、各地方还存在一些问题,需要通过逐步提高统筹层次等办法,逐步加以解决。

目前,我国基本养老保险已经构建起城镇职工和城乡居民基本养老保险两大制度平台,农民工无论在城镇就业还是在农村务农,都有相应的制度保障。在城镇就业的农民工,一是与用人单位建立劳动关系,依法参加企业职工基本养老保险。二是在城镇从事个体经营或灵活就业,以灵活就业人员身份自愿参加企业职工基本养老保险,也可以选择参加城乡居民养老保险。参加职工养老保险的农民工,跨省流动就业时,养老保险关系可以转移接续,缴费年限累计计算;达到职工法定退休年龄后,可以按规定办理城镇职工养老保险制度和城乡居民养老保险制度衔接。达到法定退休年龄时累计缴费不足十五年的,可以缴费至满十五年,按月领取基本养老金,也可以转入新型农村社会保险或者城镇居民养老保险(现已统一为城乡居民养老保险),按照国务院规定享受相应的养老保险待遇[②]。这些现有关于社会保险的制度政策使农民工养老保险权益初步得到保障。

---

① 见中国政府网,《国务院办公厅关于转发人力资源社会保障部财政部城镇企业职工基本养老保险关系转移接续暂行办法的通知》,http://www.gov.cn/zwgk/2009-12/29/content_1499072.htm。

② 见中国政府网,《中华人民共和国社会保险法》,http://www.gov.cn/guoqing/2021-10/29/content_5647616.htm。

但实际上还存在部分农民工因参保意识不强或企业未履行相应责任,没有及时纳入养老保障体系的情况。

在社保转移接续上,2009 年,国务院办公厅转发人力资源社会保障部、财政部关于《城镇企业职工基本养老保险关系转移接续暂行办法的通知》(国办发〔2009〕66 号)规定,参保人员跨省流动就业的,在新就业地按规定建立基本养老保险关系和缴费后,可向新参保地社保经办机构提出基本养老保险关系转移接续申请,办理养老保险关系转移接续手续①。根据现有政策,外来农民工异地就业可以在全国范围内进行基本养老保险关系的转移接续。为提升养老保险异地转移服务的便捷服务,人力资源和社会保障部在国家社会保险公共服务平台开通了养老保险关系转移的网上申请和进度查询服务,支持参保人员通过登录平台门户网站、手机软件、电子社保卡等渠道申请办理转移业务。截至2020 年 9 月底,全国所有地市全部开通网上申请服务,同时全面优化了转移经办流程、完善了部级转移系统,取消了纸质办理材料和表单、缩短了办理时限、施行了部级督办和争议处理,大大提高了社保转移接续工作的效率。今后,还需要继续提升转移接续服务的便利化和智能化水平,加快实现养老保险关系转移接续的在线办理和顺畅衔接。一是继续完善全国转移平台的建设和应用,推动养老保险关系转移业务全面通过系统办理,进一步提升网上申请审核率。二是指导各地按照优化后的转移接续经办流程,压缩业务办理时间,精简有关证明材料和表单,减轻参保群众的办事负担。三是开展养老保险关系转移接续系列宣传,引导参保群众了解相关政策和办事流程,推广转移网上申请等便民新举措,减少外来农民工办理转移接续的时间、人力成本,提高外来农民工社保参保率。

对部分外来农民工参保意识不强、一些用人单位为外来农民工办理社保不到位等问题,政府要通过加大宣传、加强执法等手段,督促外来农民工积极主动参保、监督用人单位依法为外来农民工缴纳社会保险。2019 年以来,人力资源和社会保障部开展了养老保险政策"看得懂,算得清"的宣传,在政务微信公众号开设"看得懂,算得清"栏目,开展养老保险政策解读活动。还通过中国政府网、共产党员网以及各类主流新闻媒体进行转载,努力帮助包括农民工在内的劳动者理解养老保险"长缴多得,多缴多得"的原理,促使农民工积极主动参加社会保险。今后,在前期宣传工作的基础上,还需要聚焦外来农民工、灵活就业人员等重点群体,创新和丰富宣传形式,深入企业、街道、社区、工地等基层一线为外来农民工解读社保政策,开展现场解读和经办服务指引,帮助他们明理算账,提高对社保政策的知晓度。要进一步提升宣传工作的针对性和精准度,对外来农民工人数较多的企业和社区,通过走访、专题座谈、专项辅导等方式来宣传社保政策,让更多外来农民工了解社保、主动参保,自觉维护自身权益。还需要以外来农民工等群体为重点,加

---

① 见中国政府网,《国务院办公厅关于转发人力资源社会保障部财政部城镇企业职工基本养老保险关系转移接续暂行办法的通知》,http://www.gov.cn/zhengce/content/2009-12/29/content_8104.htm。

大对用人单位参加各项社会保险和缴纳社会保险费情况的督查,对用人单位不依法办理社会保险登记、经行政处罚后仍不改正的,通过列入社会保险严重失信人名单等联合惩戒手段,加大对单位违法行为的惩治和震慑力度,依法维护外来农民工合法权益。外来农民工跨省就业的养老保险能够得到基本保障,他们跨省流动就业的最大后顾之忧就能得以基本解决。

与养老保险同样重要的还有外来农民工的异地医疗保障问题。2016年,国务院《关于整合城乡居民基本医疗保险制度的意见》,要求整合城镇居民基本医疗保险和新型农村合作医疗,建立统一的城乡居民基本医疗保险制度,并要求各地方在2016年底前对制度整合出台具体实施方案。① 此后,各省从自身实际出发开始逐步推行以整合城乡居民医保为重点的综合医疗改革,从在个别省份试点到在全国范围推开,逐步建立起了城乡统一的医疗保险体系。城乡居民基本医疗保险整合后,统一的基本医疗保险体系改变了此前跨地区流动人员医疗保险难以接续的问题,非常有利于跨省流动的外来农民工参加基本医疗保险,极大保障了他们的医疗问题,缓解了外来农民工异地定居的后顾之忧,对外来农民工在城市的定居融入起到极大推动作用。

现有的国家层面的制度政策,通过整合细化正在发挥越来越实际的作用,成为外来农民工真正可以利用的制度型社会资本。为全面助推外来农民工在城市的社会融入,今后在事关农民工切身利益的求职就业、职业培训、子女教育、住房保障、工资拖欠、侵权和劳动纠纷、困难救助、业余文化生活等方面,还应该继续从外来农民工实际情况出发,有针对性做好现有制度政策的整合细化和落地实施。诸如建立城乡统一的人力资源市场体系、就业服务体系,缓解外来农民工城市融入中由于劳动力市场分割带来的不利;积极为外来农民工住房、子女入学提供便利,帮助他们逐步融入城市;开展新技能、新岗位培训,培育更多外来农民工成为高技能人才等。这都是外来农民工迫切需要的,能够切实保障在城市就业定居的外来农民工的基本权益,解决他们在城市的后顾之忧,从而促进外来农民工自愿实现城市社会融入。

(二) 优化浙江省制度型社会资本使之成熟完善

立足建设共同富裕示范区、打造全面展示中国特色社会主义制度优越性的重要窗口,浙江省应从本地实际出发,立足共同富裕,创新和优化外来农民工拥有的制度型社会资本,为外来农民工城市融入提供更加成熟和完善的制度支持。

2021年,中共中央、国务院作出支持浙江建设共同富裕示范区的决策,并以《中共中央国务院关于支持浙江高质量发展建设共同富裕示范区的意见》(以下简称《意见》)进行顶层设计。《意见》提出,要"推进以人为核心的新型城镇化,健全农业转移人口市民化长效机制,探索建立人地钱挂钩、以人定地、钱随人走制度,切实保障农民工随迁子女平等

---

① 见中国政府网,《国务院关于整合城乡居民基本医疗保险制度的意见》,http://www.gov.cn/zhengce/content/2016-01/12/content_10582.htm。

接受义务教育,逐步实现随迁子女入学待遇同城化。"①对新型城镇化和农民工市民化提出了明确要求。在共同富裕示范区建设中,外来农民工这一重要群体的城市融入至关重要,在浙江省共同富裕示范区建设和城镇化、现代化进程中,需要进一步从浙江实际出发,充分发挥自身优势,优化农民工城市融入的制度型社会资本。

1. 政府要主动发挥在优化制度型社会资本中的主导作用

外来农民工在城市社会的身份认同、地域认同、文化认同、地位认同、职业认同和城市融入都需要政府的积极作为。在中国城乡二元社会结构形成过程中,在经济体制改革和现代化建设进程中,政府发挥主导作用能产生巨大效应已经被实践所证明。在外来农民工城市融入过程中,政府不是旁观者,而是主导者,政府应当高度重视并充分发挥自身不可替代的主导作用,将外来农民工在城市社会的融入置于城镇化的高度,积极主动采取措施增强外来农民工对城市的社会认同、融入城市的主观意愿,推动外来农民工积极融入城市的客观行动。

外来农民工对城市的社会认同度不高,最主要的障碍是各种制度,而政府对制度的变革责无旁贷。政府掌握着丰富的资源,应立足外来农民工市民化的高度,系统设计将外来农民工纳入城市的顶层制度,纵向自上而下形成为外来农民工提供基本公共服务的大气候,横向促进各方面的联合以形成将外来农民工纳入城市的合力系统,从制度上将外来农民工纳入城市,消除他们形成城市社会认同中的制度障碍。自外来农民工群体出现以来,城市政府在看待和解决外来农民工问题时,已经逐步从关怀弱势群体的角度转变为城镇化、现代化建设需要的角度。政府应清楚地认识到,让外来农民工在城市社会产生归属感和安全感,形成主人翁意识,没有政府的积极作为是不可能实现的;同时要认识到增强外来农民工对城市的社会认同和融入,最根本的是要通过制定落实相关制度、加大公共财政支持力度等手段,敞开城市的怀抱,完全接纳外来农民工成为城市里与原市民无差别的一员。

浙江省一直高度重视并积极解决农民工问题,2006 年浙江省政府出台《关于解决农民工问题的实施意见》,首次就农民工问题发布政策性文件,针对农民工工资相对偏低和工资拖欠问题、就业服务和培训问题、社会保障问题、基本公共服务问题、权益维护问题等方面作了详细规定。明确要求用人单位聘用农民工必须签订劳动合同,农民工工资不得低于当地最低工资标准,要严格执行国家有关工作时间、休息休假、支付加班工资的规定,建立企业职工工资正常增长机制,合理确定农民工工资水平和增长幅度,要建立健全农民工工资支付保障制度、加大对拖欠工资的用人单位的处罚力度等,要制定适合农民工特点的工伤、医疗、养老参保政策,农民工子女接受义务教育要与当地学生享有同等待遇等。在解决农民工问题、维护农民工权益方面,浙江省政府立足现实解决问题,积极发

---

① 见中国政府网,《中共中央国务院关于支持浙江高质量发展建设共同富裕示范区的意见(2021 年 5 月 20 日)》,http://www.gov.cn/zhengce/2021-06/10/content_5616833.htm。

挥政府的主导作用,极大增强了在省内务工的农民工的安全感。浙江省从省情出发还出台了一系列具体政策措施,提高农民工职业技能,增加农民工工资收入,引导农民工参加社会保险,维护农民工劳动权益,扩展农民工享受的基本公共服务范围。但外来农民工在城市的职业稳定性不高、工资收入较低,劳动权益受侵害的事件还偶有发生,基本公共服务仍然没有与市民均等化,参加养老保险和医疗保险的情况还不理想,大量外来农民工还不能实现城市落户。

2015 年,浙江省政府从本省实际情况出发,制定了《浙江省人民政府办公厅关于进一步做好为农民工服务工作的实施意见》,从六个方面制定了二十四条具体措施,切实解决农民工市民化中面临的突出问题。其中要求,要加强对农民工工作的组织领导,完善农民工工作协调机制,县级以上地方政府成立农民工工作领导小组,要加大农民工公共服务经费投入,各级政府要将农民工工作经费纳入同级财政预算支出范围,要营造关心关爱农民工的社会氛围。2019 年浙江省总工会印发《浙江省"农民工学历与能力提升行动"实施意见》实施"双提升行动",由浙江省总工会牵头,省教育厅、省人社厅、省财政厅各负其责并紧密配合,从 2019 年起至 2022 年,省总工会每年投入 1 000 万元,各级工会配补资金,资助一定数量的农民工接受能力提升与学历继续教育,这对特别需要职业能力提升的农民工而言是非常大的利好措施。实践证明,地方政府主导作用的充分发挥能够在很大程度上推动外来农民工融入工作单位、子女融入所在学校、外来农民工家庭融入所在社区,有利于他们最终融入城镇。

同时,政府在公共财政投入、政策的制定实施、责任的划分明确、企业社区积极性的调动、城市社会观念的更新引导等方面都要主动发挥主导作用。各级政府要把将农民工纳入城市的程度作为衡量下级政府经济社会发展质量和水平的重要内容、衡量政府工作业绩的重要依据,把为农民工提供基本权益保障纳入地方政府的职责范围;在城市社会公共服务体系的建设布局和服务提供等方面,要调研和重视外来农民工的群体特点和需求,把为外来农民工提供均等的社会保障纳入当地经济社会发展规划;政府在预算公共财政投入时要充分考虑外来农民工的基本权益需求,把为外来农民工提供社会保障纳入地方公共财政支持范围。政府还可以通过实施奖励和惩罚制度来调动企业和社区为外来农民工提供公共服务的积极主动性,对接纳和服务外来农民工效果较好的企业,政府可以予以政策上的优惠和资金上的支持,引导企业树立接纳外来农民工的社会责任感。在各类媒体建设中,也要加强监管,引导媒体客观评价外来农民工对城市的影响,积极宣传外来农民工对城市社会的巨大贡献和不可替代性,营造全社会认可和接纳外来农民工的氛围环境,为他们提供家的归属感,进而提高他们对城市的社会认同度。

2021 年 6 月,浙江省制定了《浙江高质量发展建设共同富裕示范区实施方案(2021—2025)》,其中对共同富裕中的农民工市民化问题作出了部署和设计,为外来农民工在浙江务工和城市融入提供了新的制度型社会资本。在共同富裕示范区建设中,更需要优化和细化农民工服务,以推动外来农民工加快城市融入,实现共同富裕。要大力推进外来农民工市民化的集成改革,以户籍制度、基本公共服务、收入分配等机制为重点综合展开。特别要持续深化户籍制度改革,全省除杭州市区以外的地区应该全面取消落户限制政策,实行以经常居住地登记户口的制度,同时推动杭州优化、完善以居住年限和社保缴纳年限为主要指标体系的积分落户政策,全面推动、落实杭州市区以外城市的租赁房屋落户政策。要从浙江省实际出发,发挥已有经验和优势,持续健全新型居住证制度,大力推行电子居住证,实现"一地发证、全省通用",力争实现符合条件的外来农民工全部持有居住证,以便利他们在省内的自由流动。要逐步在居住证上附加基本公共服务,探索建立以"居住证＋积分"为核心的优质公共服务梯度供给制度,鼓励积分较高的优秀外来农民工积极融入城市,同时逐步扩大居住证持有人实际可享有的公共服务和社会保障内容,把居住证打造成外来农民工融入城市的"身份证"、服务城市的"贡献证"和共享发展的"权利证"。要持续完善积分入学政策,逐步实现外来农民工随迁子女入学待遇同城化,探索尝试积分入住保障房制度。还要同时推动社保制度精准化结构性改革、幸福养老服务体系构建、"浙里安居"品牌打造、新时代社会救助体系的全面建立、公共服务社会化改革等,努力实现转移更便捷、就业更稳定、增收更显著、居住更安定、服务更优质、保障更有力、权益更平等,有序推进外来农民工全面融入城市。这一系列举措将成为外来农民工最直接、最可靠的制度型社会资本,极大推动他们在浙江的城市社会融入。

2. 完善外来农民工社会保障体系以消除其后顾之忧

促进外来农民工认同城市社会、融入城市社会,最终实现市民化,首要的就是解决好社会保障问题,社会保障是否完善、是否能够切实落地,直接关系到外来农民工在城市的归属感和安全感。如果他们不能被纳入城市社会保障体系,在城市就会始终心存"外来人"的感觉,不能把城市社会当成自己的家,找不到归属感和安全感。只有建立城乡统一的社会保障制度,使他们和原市民一样无差别地享受城市公共服务,外来农民工才能在共享城市公共文化服务的过程中强化对城市的认同,逐步实现城市融入。根据马斯洛需要层次理论,人的需求可以分为五种:生理上的需要、安全上的需要、情感和归属的需要、尊重的需要、自我实现的需要。这五种需要像阶梯一样从低到高,按层次逐级递升,一般来说,某一层次的需要相对满足了,就会向高一层次目标发展,追求更高层次的需要就成为驱使行为的动力。外来农民工来到异地工作生活,物质生活和经济权益是首要追求的目标。从他们目前在城市的总体状况来看,他们基本解决了吃穿等基本生活需要,进而会产生更高层级的需要,如对在城市的社会保障的需要。在城市能否有可靠的社会保障直接关系他们在异地他乡的安全感,事关外来农民工能否安心生活在城市、能否稳定工作在城市、能否顺利融入城市。

外来农民工在城市就业大概分为两类情况,一是与用人单位签订正式劳动合同,建立了相对稳定的劳动关系;还有一类是经常流动在各种工作岗位,并未签订劳动合同的灵活就业人员。这两类外来农民工参加社会保险的情况有所不同,通常情况下,签订正式劳动合同的外来农民工,用人单位一般会依法为其缴纳基本社会保险,而没有签订劳动合同的农民工,多数都没有缴纳社会保险。因此,从浙江省情出发、立足共同富裕的高度,必须针对外来农民工群体特点进一步优化和完善社会保障制度。应督查用人单位依法为外来农民工规范缴纳社会保险,并确保外来农民工工作岗位变化时社会保险能顺利接续转移。同时还要引导他们增强参保意识,主动关注企业职工基本养老保险、基本医疗保险、失业保险和工伤保险,为自己在城市的生活和发展提供安全无忧的保障。其中特别要设计和监督好灵活就业的外来农民工的社会保险缴纳和接续转移,确保他们不因工作岗位的频繁变动而使社会保险权益受损。

根据浙江省现有状况,将外来农民工纳入城市公共服务体系,应积极构建外来农民工权益保障机制,以制度的形式保障他们的社会权益,让他们分享改革发展带来的成果。浙江省外来农民工数量众多,其自身状况和社保需求与浙江省本地农民工和城市市民相比有自身的特殊性,在加快落实和改革完善已有政策制度的同时,要针对外来农民工制定相关过渡性政策制度。在城市社会保障供给还不能完全满足外来农民工社保需求的情况下,在完善城市社会保障体系、尽快将农民工完全纳入城市制度体系的过程中,要同时充分考虑外来农民工的社保需求,构建有针对性的临时性、过渡性政策制度,完善他们实际拥有的制度型社会资本,以保障外来农民工能尽早享受日益完善的社会保障。本研究认为,第一,要降低外来农民工参保"门槛",建立灵活务实的社会保险制度。考虑外来农民工收入水平等因素,可适当降低他们的缴费基数,尝试设置多层次的缴费基数标准,允许条件好的外来农民工选择和本地城镇职工相同的征缴基数,对低收入外来农民工可以最低工资标准设为缴费基数的底限。要降低各险种征缴比例,政府适度补贴个人缴费部分,适当降低单位缴费部分,减轻用人单位负担以调动单位为外来农民工参保的积极性。对于养老保险,可以考虑适当降低外来农民工的缴费年限,让他们年老时都能够领到基本养老费。第二,可以实行分层分类保障,扩大外来农民工参保覆盖面。改革和完善现行的养老和医疗保险制度,使稳定就业的外来农民工都能够依法享受相应待遇,对不稳定就业的外来农民工实施过渡性的办法,合理确定个人账户和统筹账户的比例,实现社会保障的低水平、广覆盖,使每一个外来农民工都能得到基本保障。第三,应加强城市社会保障体系建设,尽快将外来农民工纳入城市现有的社会保障体系,为他们提供完善的社会福利。在教育、住房、文化生活等方面,也应逐步将他们纳入统一的城市社会保障体系,加快推进外来农民工市民化进程。第四,应不断扩大城镇基本公共服务覆盖面,让没有落户城市的外来农民工也能均等享受城镇基本公共服务。要完善就业、失业登记管理制度,为他们提供职业技能培训服务;要做好外来农民工的基本医疗保险关系转移接续和异地就医结算工作,将他们纳入社区医疗卫生服务体系,为他们提供基本医疗卫生服务;要把外来农民工纳入城镇住房保障体系,对符合条件的外来农民工提供廉租房等住房保障,采取多种方式满足他们的基本住房需求;要为外来农民工随迁子女提供在城市均等受教育的机会,以政策支持和教育资源提供为支持,要求城市公办学校接纳外来农民工随迁子女入学,确保外来农民工子女在城市接受均等的义务教育和学前教育等。第五,应建立覆盖外来农民工的城市社会救助和社会福利制度体系。社会救助是社会保障的最低层次,也是权益受损者在无路可走的情况下可能得以渡过难关的基本手段。外来农民工在城镇生活的基础不牢固,是城市中最困难的群体之一,为保障其基本生活和权益,应建立外来农民工应急救助机制,诸如开展针对外来农民工的法律援助、对遭遇意外伤害或重大疾病造成生活重大困难、陷入绝境的外来农民工给予临时性的应急援助等措施。

3. 加大公共财政支持力度以确保基本公共服务惠及每个外来农民工

优化农民工的制度型社会资本,最直接的手段就是要加大公共财政的投入力度。外来农民工是城市财富的主要创造者之一,理应与市民无差别共享地方公共财政的支持和覆盖。城市地方政府应该把为外来农民工提供基本公共服务的支出纳入地方财政预算,根据财政支付的能力逐步加大对这方面的公共财政投入力度。

如前所述,外来农民工在城市的经济收入、公共服务、社会保障、子女教育、职业培训等方面的获得程度会直接影响他们对城市社会的认同。政府及相关部门应该按照城镇常住人口,而不是户籍人口来配置基本公共服务资源,进一步明确外来农民工及随迁家属可以享受的基本公共服务项目,不断提高综合服务能力,不断扩大覆盖外来农民工的基本公共服务项目范围。城镇化的核心是人口的城镇化,人口城镇化的主要内容是农民工的市民化。政府要高度重视外来农民工市民化在城镇化中的重要地位,责无旁贷为外来农民工提供与本地市民无差别的基本公共服务,而不能对外来农民工存有排斥心理,不能因为担心将外来农民工纳入本地财政预算体系会影响地方经济发展和社会建设的成绩而心存偏见,城市的建设和发展有外来农民工创造的巨大财富,他们有权利在城市享受基本公共服务。从浙江省现状出发,基于外来农民工社会保障的特殊性,城市地方政府应加大公共财政支持,在外来农民工还没有完全融入城市的过程中,可以加大公共财政支持、调动社会资本投入,尝试临时设立外来农民工专项基金,针对外来农民工群体的特殊性提供他们急需的社会保障和基本公共服务,以提升他们的经济收入、基本公共服务、社会保障、子女教育、职业培训的水平。

浙江省近年来在把外来农民工纳入城市公共服务体系方面做了大量工作,投入了大量公共财政资金予以支持。2021年,浙江省发展改革委、省建设厅联合印发《浙江省新型城镇化发展"十四五"规划》,提出高质量推动农业转移人口全面融入城市,解决农民工"身份和权益"问题。全面深化户籍制度改革和新型居住证制度,完善人地钱挂钩的激励性配套政策,率先实现农民工与城镇人口之间身份平等、机会同等、服务均等、权益对等,推动农民工在城市的全面发展。根据"十四五"规划对农民工城市融入的部署,针对省内外来农民工社会融入现状,为保障外来农民工基本公共服务的全覆盖和均等化,政府还要继续加大公共财政投入力度,把外来农民工最大限度纳入本省地方公共服务体系,使外来农民工享有与城市户籍人口同等待遇。与此同时,城市地方政府还要全面落实支持外来农民工市民化的配套财政政策,推动城镇建设用地增加规模与吸纳农业转移人口落户数量挂钩,为外来农民工落户和融入城市提供住房和基本公共服务保障。就业是民生之本,稳定的工作更是外来农民工在城市立足发展和融入的根本前提,为保障他们在城市稳定就业,获取稳定且较高的经济收入,在外来农民工就业创业和专业技能培训方面,城市地方政府需要加大支持力度,在财政支持方面加大外来农民工培训资金投入,完善和落实职业技能鉴定补贴政策,改进职业技能培训的补贴方式,开展订单式培训、定向培训、企业定岗培训等方式,引导形成培训机构平等竞争、外来农民工自主参加培训、政府购买服务的机制。并鼓励企业积极组织外来农民工培训,对企业给予合理的培训财政补贴。政府大力提供公共财政支持,最大限度保障外来农民工在城市逐步享受到无差别的基本公共服务,是外来农民工融入城市之必需。

4. 以法律手段保障农民工基本权益

外来农民工在城市基本权益的保障仅有政策制度的完善还不够,由于缺乏强制性监督制约,已有的政策制度还未能全部落实到位,极大制约了外来农民工在城市社会的融入。法律的强制性能更有效推动各项制度政策的落实和农民工合法权益的维护。

由于制度观念等多方面原因,尽管国家政府从城镇化需要出发,通过包括制度变革在内的系列措施,推动外来农民工在城市实现与市民的均等化,但因为观念羁绊、利益牵制、监督不够等,已有政策制度的执行有些并不是很到位,相关法律还不够完善,尤其缺乏直接针对农民工问题制定的具体法律法规。如《劳动法》《工伤保险条例》《职业病防治法》《社会保险法》等相关的法律法规在维护农民工权益方面正在发挥作用,但专门针对农民工的立法还没有,已有法律法规对农民工问题的针对性也不够。当前我国关于农民工权益保障的立法位阶较低,效力等级不够高,专项立法更少,在解决农民工问题时不能产生理想的效力。《中华人民共和国刑法修正案(八)》针对恶意拖欠农民工工资现象增加了拒不支付劳动报酬罪,极大保护了农民工及时足额获取劳动报酬的权益,但依然没有杜绝拖欠农民工工资的现象。还有很多相关法规,如《关于农民工参加工伤保险有关问题的通知》《非法用工单位伤亡人员一次性赔偿办法》《关于非全日制用工若干问题的意见》《关于农民工参加工伤保险有关问题的通知》等,基本都是行政法规和部门规章。而且,很多法律条文的规定也过于原则和笼统,可操作性不强,对违反法律法规侵害外来农民工权益的行为更缺乏严厉的处罚措施,用人单位及其主管人员的违法成本较低,大大影响了这类法律法规在保障农民工权益方面应有的作用。因而,要着力完善针对外来农民工的立法,制定、修改相关法律法规,用法律的强制手段来保障外来农民工权利的落实完善。农民工市民化是一个长期过程,不可能一蹴而就,在这一现实情况下,应当考虑尽快制定《农民工权益保障法》,为农民工提供最直接、最有力的法律保护。当前,在国家层面相关法律出台之前,浙江可以从本省实际出发,制定专门针对外来农民工的地方性法规,来保证相关政策和制度的落实,切实保障外来农民工的合法权益,让他们在城市找到归属感,增强对城市社会的认同。

另外,完善立法的同时必须加大执法力度。由于用人单位的利益驱动、来自各方面的监督不够、单位侵害外来农民工权益的违法成本较低、对外来农民工心存偏见等原因，外来农民工权益受侵害的情况时有发生。一方面，外来农民工在城市难以得到全部应该享有的基本权益和基本公共服务；另一方面，当外来农民工受工伤，遭遇用人单位不缴纳或少缴纳社会保险、拖欠工资的侵权行为时，他们运用法律手段维护自身权益的行动往往并不顺利。外来农民工个人和用人单位直接交涉时，他们明显处于绝对弱势地位，很难通过平等协商达到目的。运用法律手段维权，不懂法的外来农民工的维权成本很高，一旦走上司法维权道路，诉讼成本高、诉讼时间较长、举证困难等因素都会使他们承担一些不利后果。即便胜诉了，司法实践中的执行难也会极大阻碍他们得到本应享有的合法权益。所以，不到万不得已，外来农民工不愿意诉诸法律。这些都是外来农民工维权实践中最突出的一些现象，究其原因，就是法律没有在他们维权过程中发挥应有的监督制约作用，也就是执法力度远远不够。有法不依等于无法，在有法可依的前提下要加大执法力度，执法必严、违法必究。首先，要做到有法必依。用人单位应严格遵守现行的相关法律法规和规章制度，最大限度维护外来农民工的合法权益，模范守法，用人单位的主管部门和上级部门要加大监管力度，督促用人单位在招工、用工过程中严格依法办事。其次，要做到违法必究。有关部门对已有的法律法规要加大执法力度，执法部门一经发现企业单位相关的违法行为，应严惩不贷，增加侵犯外来农民工权益等违法行为的成本，使侵权者不敢和不能随意侵害外来农民工合法权益，真正做到有法必依、执法必严，切实维护外来农民工权益。

还需注意的是，要增强外来农民工运用法律武器的意识和信心。外来农民工在合法权益受到侵害时，最有力的维权手段就是法律，但由于诉讼成本高、诉讼时间长、胜诉执行难等，再加之自身法律意识薄弱等因素，很多外来农民工在权益受损时，往往被迫放弃运用法律这一最有力的维权手段。外来农民工总体上文化水平不高，法律知识尤其欠缺，法律意识相对不强，法律知识的欠缺致使他们不能预见可能存在的风险而进行自我保护，在权益受损害后也不知道怎么样用法律武器来维护自己的权益。因此，他们普遍存在劳资关系不清，维权意识不够等问题。他们来到城市求职，或由于失去原有工作，变换工作岗位时，急于找到工作而往往不重视签订劳动合同；或在签订劳动合同时忽视具体条款、搞不清相互的权利义务关系、放弃争取可能的利益等；或忽视合法权益的争取、为侵权行为的发生埋下隐患，一旦在劳动关系中发生劳动争议，首先就在维权中处于不利地位。由于劳动合同的缺陷，可能存在基本社会保险、工伤保险和失业保险缺失，在欠薪追讨、工伤赔偿、死亡赔付等方面可能得不到应有的保障，导致他们的合法权益保障面临一定风险。当权利受损时，即使他们有明确的维权意识和法律意识，很多外来农民工也不懂得如何运用法律武器维护自身合法权益。由于不懂得劳动争议程序，在工伤赔偿和劳资纠纷发生后，很多外来农民工不清楚工伤认定的程序，不了解仲裁时效，加之缺乏证据意识，在举证方面也明显不力。因此，为维护外来农民工合法权益，首先，要加大法制宣传力度，增强外来农民工的法律意识。社区、媒体和用人单位要加大对外来农民工法治宣传和教育的力度,可以采取印发法律知识读本、农民工维权手册、提供法律援助热线电话等手段,让他们掌握更多法律知识、增强法律意识;对有法律疑问、法律纠纷的外来农民工,可组织志愿者律师现场解答,为他们出谋划策、提供帮助和指导;如果符合法律援助条件的,可以指导他们申请法律援助。其次,要加大帮助外来农民工获取法律知识及法律援助的力度,增强他们用法律手段维权的信心。由于缺乏有效的经费保障,法治宣传教育活动的开展受到一定限制,宣传力度不够;在执法过程中,由于外来农民工一贯所处的弱势地位,容易导致他们的权益被忽视,他们自己也会缺乏用法律手段解决问题的信心。所以,在法律维权实践中,应特别关注外来农民工的弱势地位,对其提供更多的支持和帮助,用事实和案例让他们树立维权信心,增强他们用法律手段维护合法权益的主动性。

总之,不断优化完善制度型社会资本,能够最大限度维护外来农民工的基本权益,使他们能够与市民无差别共享基本公共服务,极大推动外来农民工个体融入企业、子女融入学校、家庭融入社区、群体融入城镇。

第三节　发挥各类组织作用拓展关系型社会资本

关系型社会资本是外来农民工社会资本中最为直接、最便于使用的社会资本。外来农民工城市融入的必要条件之一就是他们对城市拥有较高的社会认同,而他们在城市的身份认同、地域认同、文化认同、地位认同和归属认同都会受到他们所拥有的社会资本的影响。增强外来农民工对城市的社会认同,首先要保障他们在城市的基本权益,让他们能够与城市居民平等享受就业机会、医疗保障、福利待遇,让他们在客观工作生活中和主观心理上感受到来自城市社会的接纳和由此带来的安全感,而关系型社会资本在这方面的作用不可忽视。外来农民工的关系型社会资本能够提高他们对城市社会的参与度,让他们对城市文化和生活方式等有更深入的了解,在社会交往中更多感受到城市社会的文明程度和便利程度,从而增强在城市生活的积极性和自信心,能够长时间稳定地生活在城市,而在城市居住生活的时间越长,对城市文化及生活方式的认同度也会越高。同时,层次逐步提升的关系型社会资本能够帮助外来农民工实现利益追求和发展目标,与城市居民无差别共享改革发展成果,这无疑会极大增强外来农民工在城市社会的安全感和归属感,增强他们对城市的社会认同。

自外来农民工进城以来,他们所拥有的社会资本不断变动,关系型社会资本数量日益增长、质量逐步提升,在他们城市融入的过程中发挥着越来越重要的作用。如前所述,一方面,外来农民工在故土乡村拥有一定数量的关系型社会资本。由于现存制度的原因,新生代农民工的制度身份依然是农民,他们的户籍、土地等基本保障在故土农村,在农村依然拥有一定量的关系型社会资本,但在数量上日益严重流失,在质量上也很难进一步提升,这部分关系型社会资本在外来农民工城市融入进程中难以发挥作用。因为很多外来农民工生活、工作在城市,追求、梦想在城市,他们期望成为城市里与市民无差别的正式一员,随着在城市工作、生活时间的延长,城市生活经历和城市文明熏陶使他们对在农村的生活习惯、传统观念、人际关系等的认同度日益呈减弱趋势,更多外来农民工越来越认同城市生活方式和城市现代文明,将更多精力致力于城市社会资本的拓展,以实现他们的城市梦想,对这部分外来农民工来说,他们会自动忽略乡村社会资本,不再积极主动维护和拓展乡村社会资本。也有一部分外来农民工,因为城市生活的较高成本,在社会保障、子女教育、收入水平、生活状态与城市居民相比较产生的心理落差,在城市不易改变的边缘地位等,融入城市的期望值和积极性下降。加之近年来国家对农村的系列利好政策,农村较低的生活成本、干净绿色的社会环境等因素,使这些外来农民工产生回流家乡的想法,对于这部分外来农民工来说,乡村社会资本可能是他们下一步回到农村安身立命的根本,所以他们不会轻易放弃这部分社会资本。另一方面,外来农民工的城市关系型社会资本数量有所增长但质量还不高,这部分社会资本在外来农民工城市融入中正在发挥巨大作用。城镇化进程中,一部分外来农民工对城市的社会认同度日益提高,融入城市的愿望使他们在交往的主动性、交往范围和交往层次等方面都有明显提升和扩展,在求职、生活、工作、社会交往和城市融入过程中,特别重视并积极主动利用城市关系型社会资本。他们的交往对象不仅仅局限于亲缘、地缘结成的关系,而是开始主动和更多城市居民交往。总体来看,期待市民化的外来农民工可供利用的城市关系型社会资本数量不断增加,层次逐步提升。但外来农民工的制度身份没有改变,他们在城市里的边缘性地位没有根本改变,市民对他们的偏见也没有完全消除,现存的城市关系型社会资本数量和质量还远不符合外来农民工城市融入的实际需要。

基于关系型社会资本在外来农民工市民化进程中的作用以及外来农民工拥有的关系型社会资本的实际存量,改变外来农民工关系型社会资本数量不足、质量不高的状况,以量足质高的关系型社会资本推进外来农民工与城市社会和谐相处,积极融入城市社会生活之中,是我国城镇化和现代化进程中亟待解决的重要课题。

一、发挥社会组织作用以强化外来农民工城市社会认同

社会组织有广义、狭义之分。广义的社会组织是指人们从事共同活动的所有群体形式,包括家庭、社会团体、政府、企业、军队和学校等。狭义的社会组织是指以提供社会服务为宗旨组合起来的、不同于营利组织和政府组织的非营利性、非政府性的组织形式,是介于政府与企业之间的第三方独立组织。培育外来农民工关系型社会资本,主要要借助狭义的非政府社会组织,通过社会组织和社会工作者帮助外来农民工获得更多的社会资源,以强化其城市社会融入。社会组织本身就是一种关系型社会资本,加入某一社会组织,就可能获得了共享这一社会组织资源的机会。在外来农民工城市社会融入过程中,相关社会组织对外来农民工的接纳以及外来农民工自身的组织化,是培育城市关系型社

会资本的重要途径,而促进各类社会组织主动接纳外来农民工则是前提和关键。随着社会建设的积极推进和公民意识的逐步崛起,我国社会组织发展较快,各级各类社会组织数量增多,在经济社会生活中发挥着越来越重要的作用。近年来,我国社会组织参与社会治理、承接政府转移职能的能力也在不断提高,社会组织服务农民工的社会治理作用也日益凸显。作为政府和企业之间的社会力量,社会组织在服务农民工方面具有许多得天独厚的优势,应该立足现代化和城镇化的需要,探究社会组织服务农民工的可行模式,充分发挥其为外来农民工提供服务、反映诉求、协同社会管理、促进社会融入等方面的积极作用。

现阶段,我国非政府社会组织的产生和发展还存在诸多制约,突出体现在制度环境存在明显不足、政府社会支持不够、身份合法性面临困境、筹集资源的能力有限、内部管理不够规范等方面。这些不足极大制约了社会组织应有作用的发挥,为化解这些方面的制约因素,应从以下几方面着手解决。

第一,要突破社会组织的产生程序和存在身份的合法性问题。社会组织是为了达到特定目标,按照一定的宗旨、制度、程序建立起来的具有一定职能的社会群体。各类社会组织都有特定的组织目标、相对确定的组织成员、比较规范的组织机构、制度化的行动规范。社会组织必须依法并按照一定程序成立。《社会团体登记管理条例》是我国目前规范管理社会组织最主要的法律依据。其中对社会组织管理确立了"双重分层管理体制",明确规定成立社会团体应当经其业务主管单位审查同意,社会团体的管辖由各级登记管理机关负责。在社会组织"双重分层管理体制"下,社会组织的成立和运行,特别是服务外来农民工的社会组织的产生都有规范的程序。社会团体的成立需要经其业务主管单位审查同意,很多服务外来农民工的社会组织实际上并不存在业务主管单位,若要依法成立,就需要从属于或挂靠在某一政府部门,由于事关主管责任问题,若无直接业务联系,政府部门很难接受这种从属和挂靠,这就为服务外来农民工的社会组织的建立设置了难以逾越的门槛。另外,民办非企业单位不得设立分支机构、社会团体不得设立地域性的分支机构等规定也极大制约了此类社会组织的产生、发展和壮大。为此,要使服务外来农民工的社会组织成立程序便捷、获得合法身份较容易,就必须全方位完善社会组织成立、管理的相关制度,简化和放宽此类社会组织审查批准条件和注册申请手续,确保其能够获得健康发展和不断壮大的空间。城市地方政府要立足城市管理和外来农民工市民化的高度,对新成立的服务外来农民工的社会组织在政策优惠、活动经费、服务方式等方面予以全方位支持,加快其发展壮大。

第二,增强各类社会组织对外来农民工的接纳程度。与外来农民工城市融入相关的社会组织,包括各类正式和非正式社会团体、非营利社会组织以及一些基金会等,这些社会组织对外来农民工的权益维护、培训咨询、法律帮助、社会交往都能发挥积极作用,有助于外来农民工实现发展目标、维护合法权益、扩展社会交往、积累社会资本、增强社会融入。然而不可否认的是,城市的各种组织对外来农民工的接纳程度并不理想,一些社会组织对外来农民工甚至持排斥态度,这种排斥的态度使外来农民工严重缺乏被认同感,进一步影响他们在城市的社会认同和融入,还可能使外来农民工产生较强的自我否定感,会降低甚至消退他们融入城市的信心和主观意愿。如果各类城市社会组织对外来农民工接纳度不够,而专门属于农民工群体的社会组织又少之又少,则外来农民工很难通过社会组织参与城市的资源分配,这会进一步导致他们在城市社会资源的博弈和话语权的争夺中处于弱势地位。现有工会、共青团、妇联等社团组织在社会管理服务方面的作用非常重要,要积极吸纳更多外来农民工进入这些社团组织,也要积极推动外来农民工主动运用这些社团组织的强大功能,充分发挥这些组织本身的优势作用。政府部门尤其要加强引导,把已成为工人阶级重要组成部分的外来农民工吸纳到工会组织中来,让工会真正成为他们维护合法权益的依靠。外来农民工毕竟存在自身的特殊性,他们的权利诉求与市民身份的工人存在现实的差异,为了有针对性解决外来农民工的特殊问题,还应该考虑帮助他们建立临时农民工工会,使他们从依靠原始的血缘、亲缘和地缘关系,转变到运用正式的社会组织表达和维护他们的利益,逐步构建成熟的城市社会资本。当前,农民工代表已经开始进入地方各级人代会,各级人大应逐步增加农民工代表的名额,使农民工进人大由个别现象逐步成为一般现象,培养外来农民工在城市的主人翁意识。与此同时,还要支持和鼓励社会组织通过多种途径和方式服务外来农民工,使他们的关系型社会资本不断丰富。

第三,要提升社会组织服务外来农民工的能力。社会组织要积极开展实际有效的服务工作,并通过宣传、呼吁、建议等多种途径获得政府部门的关注和认可,争取更多机会来承接政府的转移职能,接受政府的工作委托,助力提升政府的服务效率,为外来农民工提供更高效的服务。社会组织需要外部支持,更需要内在提升,建立良好的内部管理机制,提升自身的专业能力、管理水平和服务质量,是获得社会公信度和可持续发展的基本前提,是高效服务外来农民工的重要保障。特别要做好内部制度建设,完善规章制度,强化组织管理,加强队伍建设,提升服务能力。为有针对性做好外来农民工服务工作,还应该定期开展外来农民工调研,准确、详细了解他们的实际情况,尤其是他们在城市的发展变化情况,以便有针对性开展工作,不断提升服务水平和效果。

第四,要发挥社会组织中立性的自身优势。外来农民工是城市的建设者和生力军,对经济社会的发展发挥着重要作用,关爱、帮扶外来农民工,是社会组织服务社会的重要体现。社会组织应主动担当,积极行动,关心关爱外来农民工,积极开展帮助外来农民工的志愿服务活动,为他们融入城市创造有利条件和氛围。还要通过提出意见、建议等手段促使政府、企业、社会其他部门和城市市民改变对外来农民工的观念和态度,积极宣传外来农民工勤奋好学、吃苦耐劳、自强不息、贡献城市、服务社会的良好品质和重要作用,在全社会营造尊重、关爱、服务外来农民工的浓厚氛围,推动形成认同和接纳外来农民工的社会风气。

第五,社会组织要多为外来农民工提供专业服务。近年来,我国社会组织的专业性不断提高,提供专业服务的能力不断提升,相关社会组织应充分发挥自身的专业性优势,为外来农民工提供各方面的专业服务。社会组织尤其应该针对外来农民工之所需、之所急,提供他们最需要的就业服务、技能培训、法律常识和文化知识,帮助他们寻找就业机会、稳定劳动关系、追讨工资报酬。社会组织要为外来农民工维权提供可行的支持与帮助,引导他们增强维权意识、帮助他们提升维权能力,同时发挥组织优势帮助他们开展维权行动,这是最符合外来农民工需要的关系型社会资本。社会组织还可以通过集中培训、专题讲座、主题宣传、法律咨询等形式,把有关法律法规,特别是劳动权益的基本知识普及给外来农民工,弥补他们文化素养的不足,培养他们的法律观念,增强维权意识。对外来农民工的培训与教育,要以培养和增强他们的综合素质和维权能力为主要目标,开展有关城市生活的基础知识培训教育,加深他们对城市社会的理解认识和适应能力。此外,要支持引导外来农民工自发结成各类自有组织,在他们城市融入的过程中,由外来农民工组成、专门为外来农民工服务的各类"草根组织",是他们不可缺少的关系型社会资本。地方政府应该立足城市化高度来支持和引导外来农民工互助会、各种行业协会等非正式组织,注重规范和引导这些非正式组织淡化地缘色彩和乡党情感联结,强化其动员功能,为外来农民工形成社会认同和实现社会融入提供内在动力。事实上,组织成员的观念与行为的示范作用会强化或改变个体的行为规范,使个体行为在影响中发生转变,各类农民工组织能够促使外来农民工行为取向和利益目标的整合,这对培育成熟的关系型社会资本是非常必要的。

二、调动用人单位服务外来农民工的积极性

外来农民工在城市立足的根本是拥有一份满意稳定的工作,他们在城市最主要的活动是工作,用工单位是外来农民工在城市生活、工作的最主要的活动场所,同事工作关系是他们最主要的生活圈。外来农民工来到城市首先会先谋得一份工作,以此为前提开始在城市的生活,在工作中逐步认识和体验城市,可以说,外来农民工所在的工作单位是他们认识城市、感知城市的第一个平台。用人单位为他们提供什么样的工作环境和氛围、能否为他们提供与城市职工平等的待遇、是否尊重他们并将其视为企业发展的重要一部分、能否依法保障他们的社会保险和工资报酬,都直接影响着外来农民工对城市的社会认同。

在市场经济条件下,企业以追求经济效益最大化为第一目的,对社会效益的重视相对不够。能够为外来农民工提供更多工作岗位的基本是私营、个体等非公企业,对私营或个体企业而言,经济效益是它们生存发展的根本,为外来农民工提供权益保护和基本服务,企业运营成本自然会增加,经济效益相对会降低,由此,用工企业主动投入人力、物力、财力来为外来农民工提升服务的积极性不高。激励和调动用工企业服务外来农民工的积极主动性,使他们在工作单位有持续提高的薪资待遇、日益改善的劳动条件、逐步完善的劳动保障和不断拓展的发展空间,提升用工企业对他们的吸引力,增强他们对所在

单位的认同感,是推动外来农民工城市融入之必需。一方面要通过法律和制度的制约引导、政策和资金的支持鼓励,引导企业在招工用工、薪酬待遇、社会保险等方面为外来农民工提供与本地职工无差别的同等待遇。政府有关部门应设计切实可行的制度和政策,提供物质奖励或政策、资金方面的支持,鼓励企业主动将外来农民工的需要和利益纳入企业发展中。尤其是吸纳外来农民工数量较多的民营企业,可以考虑把他们接纳外来农民工的数量、提供服务的程度与政府提供的政策资金支持相挂钩,促使用工企业主动为外来农民工提供持续向好的待遇。另一方面,外来农民工来到省内城市求职,一部分人在城市里没有属于自己的家,他们中的很多人,有的虽然已婚,但配偶没有随同务工,有的工资不高、经济条件不允许,还有相当一部分人未婚。这些外来农民工在城市没有租住房屋,而是住在用工企业的单位集体宿舍,单位宿舍就是他们的家,他们的业余生活基本就在单位度过,用工企业为他们提供的业余生活、文化服务直接影响他们的归属感和认同感。在督促用工企业提高对外来农民工权益保障的同时,主管部门还需要指导企业的外来农民工文化服务工作,引导企业将其纳入企业文化建设计划和企业发展规划,提升企业服务外来农民工的自觉性。要特别鼓励用工企业加强外来农民工文化建设,大型企业等外来农民工生产生活密集区可以参照本地公共文化设施建设标准,配套建设固定文化设施,在外来农民工临时性聚居区增加配置临时性文化设施、提供流动文化服务。用工企业还可以尝试配备专门的文化管理人员、提高文化设施管理水平、保障文化服务质量,确保外来农民工在用工企业能够享受到常态化的业余文化生活。用工企业还要加强对外来农民工文化活动的组织能力,依靠本单位工会、共青团等群众组织,将外来农民工积极纳入本单位的文化活动,努力推进外来农民工融入企业、认同企业。

三、转变旧有观念以推动外来农民工主动融入城市社会

城乡二元体制逐步破解,但社会意识的相对独立性使城乡分割的观念在各领域依然存在:城市居民对外来农民工的偏见并没有完全消除,一定程度上依然将外来农民工视为城市的"不速之客",在心理和行为上排斥他们,对外来农民工融入城市持否定排斥态度;城市地方政府也还未能将完善外来农民工基本公共服务、促进外来农民工市民化置于城镇化与现代化的高度而纳入本职工作范围;外来农民工对城市还缺乏足够的社会认同,还不能完全将自己视为城市的正式成员,这些都极大限制了外来农民工的城市关系型社会资本的拓展。为此,政府要引导全社会根本转变城乡分割的旧有观念,推动城乡一体、开放统筹,积极将外来农民工纳入城市公共服务体系,使外来农民工日渐获得更多的城市社会资本。同时要利用大众传媒等手段引导城市居民尊重并完全接纳外来农民工,促进外来农民工从思想文化、观念习俗等方面不断自我革新、认同城市,以助于外来农民工城市关系型社会资本的拓展和丰富。

首先,要加快城市社会旧有观念的转变,对外来农民工由排斥转变为接纳。外来农民工的制度身份依然是农民,在他们还没有获得城市户籍之前,城市社会和城市居民还

将外来农民工视为"外来人口"。在城市资源总量确定的前提下,城市地方政府和原有市民都不愿意让外来农民工来分享相对有限的城市资源。外来农民工对城市社会是否认同,既取决于他们在城市社会有没有家的感受,又取决于城市社会是否把外来农民工当作自己的成员看待。因此,彻底转变城乡分割、排斥农民工的传统观念,是增强外来农民工城市社会认同度、推动外来农民工与城市社会和城市居民积极互动、拓展社会资本的基本动因。城市地方政府要转变以往将外来农民工作为一个特殊群体或弱势群体来关怀的做法,应将其置于现代化、城镇化的高度,主动将其纳入城市,接受外来农民工成为城市一员。政府、社会和大众媒体还要积极引导市民转变排斥外来农民工的心理和行为,可以尝试通过发布文件、媒体宣传、表彰外来农民工等做法,树立外来农民工积极良好的社会形象,让市民充分认识外来农民工在城市建设中的重要作用,从观念上接纳外来农民工,和外来农民工平等共享城市的就业机会、社会保障、基本公共服务等城市资源,使外来农民工对城市产生高度信任和认同,充满安全感地与城市社会和城市居民平等互动。

其次,引导外来农民工观念的自我革新,让外来农民工主动融入城市社会。外来农民工在城市的认同融入受到外在城市和内在自身的双重影响,既需要城市对农民工的接纳,也需要外来农民工对城市的主动认同。这个影响过程是双向的,城市政府和社会通过系列保障措施将外来农民工纳入城市体系之内,外来农民工也需要积极主动参与城市社会交往和各类公共活动,自觉创造条件融入城市社会。在这个双重影响和双向互动中,外来农民工同样需要尽快转变"外来人"的观念,树立主人翁意识,以积极自信的心态主动融入城市社会。

早在 2004 年,中央"1 号文件"中就明确指出,"进城就业的农民工已经成为产业工人的重要组成部分"。[1] 外来农民工进入城市从事产业劳动,属于工人阶级的一部分,工人阶级不仅是先进生产力的代表,还是先进文化、先进思想的代表。外来农民工要彻底成为工人阶级的一员,除职业属于产业工人范畴之外,还必须不断自觉提高自身的专业技术能力、科学文化水平和思想观念素质,在思想、文化、观念、习惯、技能等方面加快自我革新、不断提高自我,成为完全意义上的现代产业工人阶层,尽快融入城市工业文明。随着进城时间的增加、职业身份的浸染、城市文明的熏陶,外来农民工在城市的主体意识和平等观念逐步增强,但他们还不能彻底摆脱城乡二元社会体制的影响,还没有完全扭转根深蒂固的传统观念。由于制度身份的限制和社会传统观念的左右,外来农民工还很难将自己视为城市社会里无差别的正式一员,城市主人翁意识不足,融入城市的主动性和自信心不够,旧有传统观念极大制约了外来农民工对城市的社会认同度。他们要充分认识到自己为城市建设作出的巨大贡献,认识到自己是城市财富的创造者之一,也理应

---

[1] 见中国政府网,《中共中央国务院关于促进农民增加收入若干政策的意见》,http://www.gov.cn/test/2005-07/04/content_11870.htm。

是城市社会资源的享有者之一,树立在城市社会的主人翁意识和社会责任感。城市、地方政府和城市社会也应积极引导和推动外来农民工加快观念更新,培育他们拥有城市主人翁意识。如可以在网络、电视、报纸等媒体上开设外来农民工专栏,创办针对外来农民工的微信公众号,通过手机终端推送等手段,推动他们加快观念更新,为外来农民工认同城市社会、彻底融入城市提供主观动因。

第四节　借助社区功能推动外来农民工社区融入

社区是城市居民生活的主要场域,是成员之间相互来往、相互依赖、相互认同的空间基础。法国社会学家布迪厄认为,共同场域塑造共同习惯,共同习惯影响共同场域。[①] 外来农民工与市民在社区这个共同场域内长时间互动交流,将使外来农民工积累更多"市民特质",城市居民也会在互动中逐步改变对外来农民工的看法和态度,从而逐步走向社区和谐共融。社区同时也是党和政府联系居民的纽带,是实现最基础的社会管理、提供最基本公共服务的基层社会管理的重要平台,因而发挥社区的作用,能够促进外来农民工与城市社会互动交往、彼此认同、相互融合。

一、推广社区服务外来农民工的好做法

有效的社区融入是外来农民工实现城市社会融入的坚实基础,无论他们在城市里居住在什么地方,都应该将其纳入社区管理,提供社区服务。目前,外来农民工在城市的生活类型大致有三种:第一类,他们没有居住在城市社区,而是居住在用工单位里的集体宿舍,城市社区的日常工作几乎完全不能覆盖外来农民工,他们的居住区里没有正常的社会活动,很多从事建筑、加工制造类工作的外来农民工就是这种居住情况;第二类,他们集中居住在厂区外面的集体宿舍,是"准社区"类型,由用人单位统一安排和管理,居住区里有基本正常的社会活动和交往。这些外来农民工集中居住的园区地理位置处在某一社区管辖范围内,但社区日常工作却基本不覆盖这里,基本没有社区组织规范化的管理;第三类,他们在城市原有社区里租房或买房,已经进入城市社区里,居住时间相对稳定,一般居住一年以上,是城市社区日常工作的对象。第一类外来农民工与城市居民几乎没有日常生活的交集;第二类外来农民工集中居住,与当地社区和城市居民基本保持相对独立的关系,有社区形式,但是没有社区实质;第三类外来农民工和当地城市居民共同居住在同一社区,居住社区原本存在且比较成熟,但是他们中的大多数还没有完全认同和融入这一社区。调研访谈显示,外来农民工很期待所在社区为自己提供有针对性的服

① 潘旦:《增权理论视角下农民工自组织的经济增权功能研究》,《浙江社会科学》2018 年第 10 期,第 79 - 80 页,第 94 页,第 158 页。

务,以解决在工作、生活、医疗、子女入学、业余生活等方面的相关问题。外来农民工是城市建设的主力军,城市社区应将为外来农民工提供各类公共服务作为社区工作责无旁贷的内容,以为他们顺利融入城市社会提供支持。

早在 2011 年,民政部就制定《民政部关于促进农民工融入城市社区的意见》(以下简称《意见》),强调了促进农民工融入城市社区的重要意义,提出了促进农民工融入城市社区的基本原则,明确了促进农民工融入城市社区的主要任务。《意见》要求,要以农民工需求为导向,构建以社区为载体的农民工服务管理平台;要紧密结合农民工就业服务需求,依托社区公共就业服务窗口,配合相关部门做好农民工的社区就业服务工作;保障农民工参与管理社区公共事务和公益事业的民主权利,引导农民工合法、理性地表达自己的合理诉求,提高自我管理的能力;要健全覆盖农民工的社区服务和管理体系,按照社区基本公共服务均等化的要求,将涉及农民工切身利益的社区服务项目逐步向农民工覆盖,切实帮助农民工解决工作生活中的困难和问题;要大力发展丰富多彩的社区文化生活,围绕尊重、关心农民工的主题,组织开展形式多样的活动,增进农民工对所在社区的认识,加快他们对城市生活理念和生活方式的适应和融入,加深与本地居民的沟通交流,加快农民工融入社区的步伐。[①] 根据民政部《意见》的部署,全国各地立足本地经济社会发展实际和现代化、城市化需要,开始探索和推行促进外来农民工融入社区的具体方案和可行做法。浙江各地方在社区服务外来农民工方面探索和实施了很多好做法,也出现一些管理和服务外来农民工的典型社区。在优化社区服务外来农民工时,首先要关注并着力推广已有的好做法,学习借鉴典型社区的实践经验,优化社区服务外来农民工的能力。

第一,要关注外来农民工社区典型,推广样板经验。浙江省在社区服务管理方面大胆尝试、积极实践,出现了一些社区服务管理方面的典型,形成了很多好的做法和值得借鉴的经验。目前,省内一些农民工社区在服务农民工方面卓有成效,如浙江省宁波市北仑区银杏社区、杭州钱塘区白杨街道邻里社区,都是社区服务农民工的典型,做法各有不同,经验同样可贵。宁波北仑区银杏社区是实行农民工自治管理的民工社区,社区成员全部是农民工,社区居委会成员大部分也都是居住在社区的打工者。农民工社区的建设和管理仿照城市普通社区框架,篮球场、图书室、健身器材等各种社区硬件设施齐备;立足服务农民工的理念,充分考虑外来农民工各方面的需求,创造安定和谐的社区生活环境,培养农民工的认同感和归属感;调动社区成员积极参与社区服务和社区管理,培养社区农民工当家作主的主人翁意识,促进社区融合。经过多年建设,农民工社区里的农民工成员归属感很强。从银杏社区的管理经验和效果来看,企业办社区,对集中居住的农民工实行社区化管理,有利于农民工在城市的融合和融入。宁波北仑区以此为样板,陆

---

① 见中国政府网,《民政部关于促进农民工融入城市社区的意见》(民发〔2011〕210 号),http://www.gov.cn/zwgk/2012-01/04/content_2036774.htm。

续将集中居住的外来农民工纳入社区化管理,开展各类文化娱乐活动,营造社区的和谐氛围,让外来农民工把社区当作自己的家,继而把所在城市当作自己的家,舒心生活、安心工作、放心融入城市。①

　　杭州钱塘区白杨街道邻里社区是杭州首个完全由外来人口组成的社区,邻里社区于2006年成立,是专为外来农民工提供社区化服务的独具特色的新型社区。邻里社区成立十多年来,始终把提升社区居民获得感放在工作首位,为外来农民工提供基本公共服务的社区集成供给,不断创新基层治理管理模式,获得全国第一批流动人口社会融合示范社区、全国和谐社区建设示范社区、中华全国总工会职工书屋、浙江省党建示范社区等50多项荣誉。实践证明,邻里社区的建设模式的可行性、服务外来农民工的有效性,是值得借鉴和推广的。邻里社区成员都是外来务工者,被称为"新新区人",社区从多角度服务外来农民工,多方面为他们提供基本公共服务,形成很多有创新、有效果的好做法:在孩子教育方面,社区外来农民工多数在周边企业上班,为让他们安心工作,社区在暑假成立暑期班,招募志愿者当老师,还为托管的孩子设计各种活动以丰富他们的假期生活;在日常生活方面,邻里社区2019年成立社区党群服务中心,设施齐全、服务周到、党群服务中心里还贴心设置"最多跑一次"服务区、青春书咖、亲子阅读区等服务项目,社区还创办社区食堂,打造"共享厨房",为社区外来农民工提供周到贴心的服务;社区管理方面,社区建立了党建引领、社会协同、公众参与的党建联席会议制度,每季度召开会议,社区、开发商、物业、企业、警务室、居民等代表共同商议社区治理难题。邻里社区党组织还启动"梧桐树故乡再造"计划,联合辖区在职党员、企业、职能部门为社区外来农民工开展为民服务项目,调动大家一起积极参与社区志愿服务,树立主人翁意识;文化服务方面,社区培育了特色文化团队,举办文化活动,为"新杭州人""新钱塘人"融入社区提供丰富的文化资源,提升他们的文化认同感和社区归属感。邻里社区已成为"新钱塘人"的第二故乡,成为外来农民工融入城市的重要平台和桥梁。宁波市北仑区银杏社区、杭州钱塘区白杨街道邻里社区,都是社区管理服务农民工的典型,在农民工集聚地管理服务农民工方面提供了成功范本,具有很强的典型示范和实际推广意义。但是,外来农民工社区也存在不可忽视的不足:社区成员结构特殊,全部由外来农民工组成,虽然社区管理日益精细、外来农民工归属感越来越强,但这类社区独立存在,与城市社会存在一定的距离和隔阂,外来农民工认同融入本社区后,还存在继续融入城市社会的一个过程。要实现外来农民工和城市社会的真正融合和彻底融入,社区的管理服务模式还有待进一步探索创新。

　　第二,要借鉴社区管理服务城市居民的经验,提升服务外来农民工的能力。外来农民工的城市融入并不能在仅由外来农民工构成的社区完成,需要将其纳入城市普通社区,由城市社区为其提供基本公共服务,促进其与城市社区相互融合,才会有更理想的效果。由此,社区服务外来农民工要借鉴一般社区管理城市居民的基本经验,推广到管理

① 《宁波民工社区留住民工的心》,《解放日报》2006年2月17日第7版。

和服务外来农民工的工作中,增强其服务外来农民工的能力。近年来,浙江省在城市社区管理服务上坚持以人民为中心的理念,围绕"布局合理、建设规范、资源集约、服务高效、居民满意"的目标定位,深入推进社区服务综合体建设,不断优化工作机制、提升服务效率,涌现出一批成效明显、各具特色的实践样板,在社区管理和服务居民方面有很多好的做法和值得推广的经验。2022年,杭州市民政局公布了杭州市首批示范型社区服务综合体名单,这些上榜的社区服务综合体,在为城市居民提供综合服务方面都有一些值得推广的好做法,服务工作卓有成效。

实地考察可见,这些示范型社区服务综合体各有千秋,有一系列好做法和成功经验值得推广。杭州市上城区南星街道馒头山社区邻里中心,各类功能服务区和民生设施齐全,迎客厅、百通岗、议事坊、休闲斋、社会组织创客空间、文化大礼堂等便民、利民、惠民活动场地一应俱全,社区卫生医疗服务站、社会工作站、未成年人保护站、农贸市场等配备齐全,委托第三方社会组织运营的居家养老日间照料中心、老年食堂、排舞厅、儿童之家令人耳目一新,社区全方位一体化服务居民,居民满意度颇高。杭州上城区彭埠街道普新邻里中心,下设公共服务空间、党建展陈空间、运动酷跑空间、复合文化空间、新城赋能空间、综合养老空间等多个版块,吸纳社会组织参与社区居民服务,经常性组织开展各类便民惠民活动,是民生服务类阵地区域性标志。杭州余杭区五常街道海创社区,则针对辖区内互联网企业较多、互联网计算机人才丰富的特点,打造创享平安、创客管理、创融文化、创意服务、创新治理的"五创"服务场景,社区内有全能社工窗口、综治调解室、党建活动室、群团之家、人才驿站等多元化功能室,经常开展服务群众的社区活动。海创社区还通过数字赋能搭建"小邻通"居民在线服务系统,打造文明积分、邻里群聊、邻里公约等线上社区,提升社区公共服务水平、满足群众多样化需求。

此外,还有很多省内社区,从自身实际出发,在服务社区居民方面推广和创新"枫桥经验",提升管理和服务水平。如台州温岭市把居住出租房管理作为提升流动人口管理能力的支点,创新开发居住出租房屋"旅馆化"管理系统、打造专职化队伍,建成集人脸识别、智能门锁、智能用电、视频巡控等为一体的居住出租房屋智能防控"云平台",实现居住出租房智慧管理,提升社会治理智能化水平;杭州下城区的武林大妈秉承"问家里长短、护邻里平安"的工作理念,依托"熟人社会"互知、互谅、互信优势,发挥安全巡防员、民情收集员、纠纷调解员、平安宣传员、邻里互助员、文明劝导员"六大员"作用,实现"治安零发案、矛盾零激化、管理零盲区、入户零遗漏、互助零距离"目标,成为新时代"枫桥经验"都市版范例;温州市瓯海区建设"社会心理服务体系建设"试点先行区,以"预防为主、防治结合、重点干预、广泛覆盖"为目标,立足基层实际,从平台、人才、制度、保障等入手,创新实施三大举措抓好工作保障,三级平台夯实阵地建设,四支队伍提升专业支撑,四项机制确保长效的"3344"工程,全力构建"教育、疏导、干预"三位一体的瓯海特色心理干预体系;义乌市探索建立"以外调外"的调节机制,在全国范围内首先设立涉外纠纷人民调解委员会,在外来人口集中村或社区,设立外来人口人民调解委员会,充分调动外来人口参与社会治理的积极性,让外来人员担任纠纷调解员和法治宣传员,提升了矛盾纠纷处理率,为深化平安建设、和谐社会发挥了作用;宁波市海曙区秉持"消化存量,严控增量、疏堵结合、分类处理、试点先行、以点带面"的工作思路,以"消防安全、建筑安全、治安安全、环保安全"为四条治理底线,按照"纳规一批、整改一批、取缔一批"的原则,积极创新出租房屋管理服务新模式,有效化解了工厂厂房改建公寓楼带来的社会治理难题,提升了外来人员的安全感;丽水市云和县创新"小县大城"治理模式过程中,坚持"枫桥经验"基本精髓不动摇,大力实施流动人口安家落户、安居乐业、安身立命"三安工程",通过户籍改革、平安联防、矛盾联调、警民共建等举措,形成了"小县大城、共建共享"等治理格局,群众的获得感、幸福感、安全感显著提升。浙江省内各地创新辖区管理治理服务模式,提升管理服务实效和居民获得感的好做法、好经验在社区管理服务外来农民工中非常值得借鉴。借鉴现有管理服务的好做法为外来农民工提供社区服务,是促进外来农民工融入城市社区,继而融入城市社会的重要途径。

二、提升社区服务外来农民工的工作能力

浙江省的社区服务外来农民工的工作创新较多、特色明显,但在社区管理理念、社区组织和制度支持、社区资源分配、社区工作队伍等方面还有很多亟待改进和突破的地方,这些不足极大制约了社区管理服务水平和能力。转变工作理念、加强制度支持、突破制度制约、强化工作队伍,是提升社区管理服务外来农民工能力的前提和根本。

第一,要转变社区工作理念。以往的社区工作主要把城市居民作为工作对象,忽略甚至排斥外来农民工,仅仅把外来农民工视为管理的对象,没有作为服务对象,把他们和本地居民区分开来,日常社区活动也常以户籍为门槛将外来农民工拒之门外。这在客观上加剧了外来农民工与社区管理者和社区居民的隔阂与冲突,既让外来农民工难以增进对城市、社区的认同,也强化了城市居民对外来农民工的排斥。为此,要推动社区服务外来农民工的工作导向尽快转变,即由以往的以经济导向、政绩导向为主,转向以社会效益导向、外来农民工需求导向为主。政府要考虑把将外来农民工纳入工作体系的程度作为社区工作的评价指标,将服务外来农民工的效果列为社区考核奖惩项目,以督促社区将服务外来农民工列为社区工作责任和目标,为他们提供与本地户籍居民均等化的服务。社区管理服务还要考虑外来农民工群体的个性需求,尝试设置社区专门工作人员关注和解决他们急需或突出的问题。外来农民工在城市毕竟还是相对弱势的群体,需要更多的支持和关爱,社区要对有困难的外来农民工及时伸出援手,解决他们的燃眉之急。如此,外来农民工就会在社区找到家的感觉,就会逐步淡化对家乡农村的心理依赖,对城市有越来越强的社会认同。

第二,要完善社区制度支持。社区的建设和治理是国家社会治理体系框架内的一部分,是党和政府落实国家政策、了解民情民意、管理服务公民的最基层单位,在行政隶属上受街道办事处领导,是党和政府领导下的基层治理单位,其管理体制和运行机制是在

党和政府顶层设计和分级领导下进行的,党和政府的主导与推动是提升社区管理服务水平和能力的最有力的支持。社区治理和服务能力在日益提升的同时,仍然存在服务功能不强、治理服务群众的内容和载体单一、政府部门包办较多、社会力量和市场主体参与不够、社区居民的参与度不高等不足之处。为解决社区治理和服务的体制机制及服务能力等方面的问题,2017年,我国首次以党中央、国务院名义出台《中共中央国务院关于加强和完善城乡社区治理的意见》,明确了完善社区治理的指导思想、基本原则和总体目标,确定了社区治理等阶段性战略重点、主攻方向和推进策略,为社区治理提供了国家层面的城乡社区治理纲领性文件,并对发挥基层党组织在社区治理中的领导核心作用、发挥基层政府在社区治理中的主导作用进行了顶层设计。进入新时代,在推进国家治理体系和治理能力现代化中,社区治理逐步形成"党委领导、政府负责、社会协同、公众参与、法治保障"的体系框架。① 在社区具体工作中,还需要完善社区治理的制度体系,充分发挥政府主导和协同作用,调动社会力量参与,激发社区工作主动性,为社区治理和服务外来农民工提供有力支持。

社区治理和服务功能的充分发挥,仅仅依靠社区的单一工作是不够的,还需要形成协调一致、共同发力的合力体系。政府应从顶层制度的设计、变革、优化和完善入手,首先转变政府在社区工作中的直接领导者定位,在社区治理中发挥主导组织协同作用,调动社会组织、市场主体、社区居民积极参与社区治理。将基层政府的一些权力和功能适度下放给社区,政府部门不大包大揽,善于借助社会组织和市场主体的专业性,为社区居民提供专业性服务。社区的主要功能是基层治理和服务,主管街道也应突出治理和服务职能,淡化经济发展功能,上级政府应转移街道的经济发展责任,突出其城市管理、公共服务和社区建设责任,并对街道和社区工作体制机制进行改革,给予制度支持、经济投入、政策支持,扩大社区治理权限、增强自主性,提升其服务群众的能力。只有构建完善的制度体系,形成多方参与、共同治理的社区治理体系,才能够充分激发社区在外来农民工社区融入以及城市融入中发挥应有作用。

第三,要强化社区工作队伍。社区工作队伍是社区工作的载体,社区工作队伍配备的数量和它的质量决定了社区服务外来农民工的能力和水平。社区工作队伍主要包括社区居民委员会干部和社区工作者。社区居民委员会是城市居民自我管理、自我服务的基层群众自治组织,根据《中华人民共和国城市居民委员会组织法》规定,居民委员会成员由五至九人组成;居民委员会的设立、撤销和社区规模调整等事项,由不设区的市、市辖区的人民政府决定;居民委员会的工作经费和来源,居委会成员的生活补贴费的范围、标准和来源,由不设区的市、市辖区的人民政府或者上级人民政府规定并拨付;居民委员会的工作由不设区的市、市辖区的人民政府或者它的派出机关给予指导、支持和帮助。居民委员会是社区工作队伍的核心,其队伍构成、成员素质和工作保障等事关社区管理

① 郎晓波:《"乡城"迁移视野下农民工城市融入的代际差异和社区支持》,浙江大学出版社,2019,第163页。

和服务水平、能力和效果。社区工作者是经过一定的选拔或公开招考程序,被社区聘用的专门工作人员,社区工作者属于社区聘用的工作人员,不属于公务员编制,也不属于事业编制。目前,社区工作队伍的构成结构、人员数量、待遇保障和管理服务能力等方面,还不完全适应新时代基层社会的治理要求,不能完全满足城市居民的服务需求,面对社区内制度身份相对特殊的外来农民工,尤其不能完全适应服务外来农民工的要求。社区工作者队伍不够稳定、人员数量不足、服务能力不强、工作压力较大等问题尤为突出,新冠肺炎疫情发生后的一段时间内,在疫情频繁多点发生的情况下,作为疫情防控一线的社区,人员不足、工作强度大等问题更加凸显。

补足人员数量、调整队伍结构、降低工作强度是社区工作者队伍建设的前提。政府主管部门要把建设社区工作队伍置于完善基层治理机制的重要地位来抓,因需要增加社区工作者数量,按要求配齐社区网格员。在适度增加社区专门工作人员的基础上,还需调整社区工作队伍结构、扩展社区工作人员吸纳渠道、扩充工作队伍规模,让各有所长的专门社会工作者、社区志愿者、农民工志愿者和社会力量进入社区工作队伍,解决工作人员不足的突出问题;稳定工作队伍、增强服务意识、提升服务能力是社区工作者队伍建设的根本。面对社区工作者的社会认同度不高、工作待遇不高、职业前景不明确,难以吸引来、留得住、培养好高素质人才的问题,一方面政府可以考虑在社区设置事业编制岗位进行激励,组建职业化、专业化的社区工作队伍,另一方面应完善社区工作人才的选拔、引进、培养、使用、评价、激励等配套措施,畅通晋升渠道、完善保障体系,提高工资待遇,稳定工作队伍。增强专业能力、提升服务效果是社区工作者队伍建设的落脚点。在社区队伍扩充和建设中,要配备符合需要、具有专业知识和能力的适量的专业人员,推动社区专职工作者的职业化、专业化。同时拓展选聘渠道和方式,增加社区内居民的推选和社会力量的引进,将社区内热心、有能力、愿意从事社区工作、乐于为社区付出的城市居民和外来农民工纳入社区工作队伍,有助于提高服务工作的针对性;此外,还需要建立社区治理权责清单制度,合理确定社区工作职责范围和社区工作事项,分清街道办事处和社区的权责界限,转移社区承担的不合理行政负担,让社区工作队伍专心服务社区居民。要将社区工作队伍建设纳入国家和地方人才发展规划,结合本地方实际制定社区工作队伍发展专项规划,加强常态化、专业化培训,培养社区管理骨干,提高社区管理服务水平。

三、提升社区服务外来农民工的实际效果

外来农民工离乡进城,远离原本熟悉的亲朋好友、远亲近邻,生活中所有的问题都要独自应对和解决,在正常的生活、交往、娱乐、小孩照看、继续教育等基本需求之外,还难免会遇到自身人力、物力、财力无法解决的问题和难以克服的困境,需要社区公共服务予以分担和解决,要让外来农民工切身体会社会管理和服务的效果,服务供给就要与他们的特殊需求相对应。本研究建议从几个方面发力,提升社区服务外来农民工的实际

效果。

一要改善社区配套支持。浙江省近年来重视社区建设,社区配套日益完善,但辖区内外来农民工居住数量较多的社区、集中居住的工业园区、工厂集体宿舍所在社区,社区配套还存在一些突出问题,如:公共服务和基础设施配套还不充足,针对外来农民工需求的特色公共服务设施和项目还不能满足需要,已有的社区配套还没有得到充分利用,配套设施有闲置和改作他用的现象,没有发挥出应有作用。提升社区硬件配套,首先要注重社区公共服务基础设施的建设和完善,除必要的社区硬件配套设施,如图书馆、健身器材、医院、文化馆、居民活动中心等公共基础设施和社区活动场所外,还应该从社区居民和外来农民工生活需要出发,增加社区市场、老人照料服务站、小孩托管中心、社区综合服务站、社区托儿所和幼儿园等。政府主管部门提供公共财政和政策支持,要依据社区农民工数量和服务外来农民工工作推进情况,来提供硬件支持、政策奖励和资金帮扶。其次要针对外来农民工需要拓展社区服务项目,吸纳在专业服务和社会工作方面有经验的民间组织参与社区服务,丰富就业、住房、医疗、子女教育、困难帮扶等方面的服务项目,解决外来农民工之所急,增强他们对社区和城市社会的认同。

二要强化社区组织作用。各类社区组织是提供社会资源最重要的平台,参与社区组织,在社区获取资源,是外来农民工利用社会资源、拓展社会资本、提升融入城市能力的重要途径。社区服务外来农民工的常规组织,有社区居民委员会、社区党支部、工会组织、社区居民代表大会和社区工作站等,要充分发挥已有社区组织的作用。首先要创新社区党支部建设,实现社区基层党组织建设工作和社区管理服务日常工作的有机结合,切实发挥基层党支部的战斗堡垒作用和社区党员的先锋模范作用。在社区基层党建实际中,党支部的党建工作和社区的管理服务工作存在一定程度的分离状态,党建工作还没有充分融入服务社区居民和外来农民工的日常工作与社区活动。社区党支部的党员同时是社区工作人员,承担着繁重的社区工作,如果党建工作和社区工作完全分离,在党员社区工作者时间和精力有限的情况下,在党支部建设和社区管理服务工作中可能会顾此失彼,工作受影响、效果打折扣。从社区具体工作出发寻找结合点,开展党支部建设,将党支部建设活动融入社区公共服务活动,可以实现党建和社区服务的双赢。在党建和社区工作的结合中,要把优秀社区工作人员发展成党员,使他们在社区工作中发挥党员的先锋模范作用,还要把党员工作者培养成优秀的社区干部,在具体工作中团结社区工作队伍和社区居民,在社区服务外来农民工工作一线充分发挥先锋模范作用。社区党支部发挥战斗堡垒作用,还应注重与其他社区组织工作有机融合,提升社区组织提供服务的实际效果。

为提升社区服务农民工的效果,还需要通过政府引导和政策支持,在社区设立、培育和引进相关社会组织,与居委会、街道办、社区工作组织相互补充、相互配合,发挥各自优势,提升服务社区农民工的能力。同时要加大吸引外来农民工加入社区组织和参与社区组织活动的力度,社区组织接纳外来农民工的程度、外来农民工参与社区组织活动的程度,都直接影响着社区组织服务外来农民工的效果。外来农民工参加社区组织能提升社区组织服务的针对性,同时在这个过程中能充分利用社区组织提供的服务,在互动中强化其对城市的认同。

三要促进社区深度融合。社区是城市居民生活的基本单位,是外来农民工在城市生活的主要场所,是他们了解所在城市社会的重要窗口,是他们融入城市社会的重要载体。推动外来农民工在社区的深度融合,是社区管理服务外来农民工工作的落脚点。社区工作对外来农民工的支持度、社区居民对外来农民工的接纳度、外来农民工对社区的熟悉度和认同度、社区环境氛围的和谐度,都直接影响他们对城市的认同。在社区这个共同生活场域内,外来农民工与城市居民如果能长时间地交往沟通、持续性地良性互动,他们将在熏陶感染中积累越来越多的市民特征,城市居民也会逐步改变对他们的看法,有利于实现外来农民工在社区的融合。

外来农民工在社区里与当地居民共同居住,但他们中的很多人并没有参与社区活动,与城市居民交往较少,仍然处于一种局外或边缘的状态,更没有从心理上认同城市。在社区无法实现人际关系和生活环境等方面的融入,外来农民工就难以彻底融入城市生活。外来农民工在社区的融合是一个双向互动的过程,一方面,社区工作要深入外来农民工日常生活,城市居民要真诚接纳外来农民工。社区要明确管理和服务外来农民工的职能,增加公共服务资源配置,配备外来农民工身份的管理服务者和志愿者,既能有的放矢提供符合他们需求的公共服务,又能激发他们在社区的参与意识和主人翁责任感。社区为外来农民工提供公共服务,既要讲覆盖、更应求细致,要能够走近外来农民工家庭、深入日常生活。可以通过引入社会组织和发挥志愿者作用等途径,关注和解决外来农民工家庭生活中的子女教育、老人照料、困难帮扶和心理关爱等问题,切实解决他们生活中的实际困难,促进外来农民工认同社区、主动与社区互动融合。宁波市奉化区西坞街道的力邦社区,在外来人员的管理服务方面探索出一条政府主导、社会协同、农民工参与的途径,形成了外来人员"关系在企业、活动在社区、奉献双岗位"的和谐共赢模式,是外来农民工融入城市社会的重要借鉴。力邦社区的模式之所以值得借鉴,就在于能够充分发挥政府、社区和外来农民工的作用,来实现外来农民工的社区融合。另一方面,外来农民工参与社区活动也要积极,自我提升和社区交往也要主动,要主动参加社区社会活动、参与社区决策管理、参与社区互动交往,增强参与意识和主人翁意识,增强责任感和归属感,实现有效的社区融入,进而实现有效的城市融入。

第五节　运用网络媒体推动外来农民工文化认同

文化认同是外来农民工认同城市社会、融入城市社会的根本所在。在外来农民工城市融入过程中,与经济融入和身份融入相比较,更为根本的是文化认同,只有实现了文化认同,才能实现价值观念、行为规则、生活方式的根本转变。外来农民工认同城市文化,产生文化认同,前提是要了解城市文化、认可城市文化,外来农民工在城市工作生活,网络媒体是他们接受城市文化、了解城市文化的重要平台,利用好网络媒体平台的宣传引导作用,能有效推动外来农民工对城市社会形成高度的文化认同。

一、加强网络引导推动外来农民工形成城市文化认同

在外来农民工形成对城市的文化认同过程中,城乡分割的传统观念仍然是其中的根本障碍,受城乡二元社会结构的深刻影响,"城乡对立"的观念依然在不同程度上存在于各个领域。很多城市、地方政府还不能将外来农民工融入城市视为城市现代化之必需;城市居民一定程度上依然将外来农民工视为城市的"不速之客",在心理和行为上从多方面排斥他们;外来农民工还不能完全认同和接纳城市文化,不能将自己视为城市的主人。为了改变此种境况,需从以下几方面加以改变。

第一,要加强正面宣传,引导观念转变。外来农民工在城市的社会融入是城市社会和外来农民工双向互动的过程,城市社会对外来农民工的接纳与外来农民工对城市社会的认同同等重要。将外来农民工纳入城市公共文化服务体系,强化外来农民工城市文化认同是中国城镇化和外来农民工市民化的关键,这个过程也是双向互动的:一方面,政府和社会要提供制度、政策、资金等支持保障,将外来农民工纳入城市公共文化服务体系;另一方面,外来农民工也要积极主动参与城市各类文化活动,自觉融入城市社会。然而在这种双向的过程中,传统的城乡二元观念仍然是根本障碍。在我国城乡分割的二元社会结构长期影响下,城乡分割的观念根植于政府、社会、市民和外来农民工的内心。这种观念认为农耕文明是中国现代化的负担,农业和农村要始终无条件为工业化、城镇化让路,农村的发展和农民的利益被置于次要位置,缺乏从农村和从农民的视角考虑问题的理念。在农村剩余劳动力转移进城,需要分享城市资源和权益的时候,就会受到来自城市各方面的忽略,甚至是排斥,这种观念认为城市资源是城市和市民独享的,外来农民工没有资格享受,由此成为外来农民工进入城市公共文化服务体系的根本障碍。受这一因素影响,外来农民工也很难把自己视为城市的主人,缺乏城市主人翁意识,融入城市社会的主动性也不强。

网络媒体在现代社会中已经深入生活的方方面面,要将外来农民工纳入城市公共文化服务体系,通过网络媒体平台加大宣传引导,能够助推各方加快观念转变。官方的观念在全社会起着统领和导向作用,因而政府首先需要尽快彻底转变旧观念,引导城市社会尽快转变"农民工是农民"的观念。政府部门要增强意识、提高站位,注重通过互联网渠道和新媒体平台宣传外来农民工给城市社会做出的贡献,树立外来农民工的正面典型,强调外来农民工在城市建设和城市正常运转中不可或缺的重要性,引导城市居民理性认识外来农民工共享城市发展成果和文化服务,消除对外来农民工的排斥心理和行为。同时也要通过网络宣传和引导,推动外来农民工加快观念的自我革新,自觉提高思

想文化素质,从思想、文化、观念、习俗等方面不断发生转变,培育文化主体意识,激发外来农民工参与文化活动的主动性,推动他们逐步融入城市文明,以文化融入促进城市融入,为最终融入城市社会提供根本动因。

第二,要畅通网络参与,强化外来农民工的融入意愿。网络信息时代,每天通过网络平台获取各种信息、办理日常事务是绝大多数人生活的常态。在浙江省内,很多事关切身利益的工作、生活大事也会通过网络平台办理,在方便生活的同时,也因其便捷高效而强化了对所在城市的欣赏和认同。外来农民工群体拥有、掌握的网络参与和网络表达的平台不够丰富、渠道不够畅通,这在一定程度上强化了他们"外地人"的心理,也不利于他们了解城市社会、参与城市生活,会制约他们融入城市的意愿。畅通网络参与和网络表达平台,为外来农民工提供深度参与城市生活、便利解决生活问题的渠道,能够极大增强外来农民工对所在城市的认同,强化他们积极主动融入城市社会的主观意愿。

外来农民工也会借助手机、电脑、电视等终端,通过网络媒体了解城市社会、获取基本信息,但由于很多网络平台是专为城市居民设置的,很多信息是宣传城市社会和城市居民的,外来农民工更多时候是以局外人和旁观者的心态在被动接受网络信息,因而针对外来农民工提供更多网络平台,丰富外来农民工网络参与的渠道就成为当务之急。浙江省"互联网+政务服务"体系极大方便了群众生活,但省级和各地市级的官方的外来农民工网络平台数量不多。职能部门的工作网站也有设置农民工专栏,但是覆盖面不够。鉴于此,省市级政府要全面设立本级负责的外来农民工专门网站,省市各级政府和职能部门的官方政务网站和便民网站都要设置外来农民工专栏。此外还需要设立专门服务外来农民工的官方微信公众号、微信小程序、微博等网络平台,宣传解读外来农民工有关政策、提供外来农民工需求的各类信息、记录外来农民工的生活状态、提供职业培训和技能提升、助力外来农民工权益保障等。当前,浙里办手机软件和浙里办支付宝小程序已经成为浙江人线上办理服务事项的重要平台,可以办理事关民生大事的公共支付、生育登记、诊疗挂号、社保证明打印、公积金提取、交通违法处理等便民服务项目。但外来农民工身份特殊,有些事项不能够和市民一样在"浙里办"线上通办,还需要线下在窗口办理。"浙里办"可以考虑设置外来农民工专区,便利外来农民工办理户籍、保险、医疗、子女入学等事项,和城市居民共享智能、贴心的电子政务服务。在设立外来农民工专门网站、专栏、专区、微信公众号、微博等平台时,要设置专门岗位,由专门人员专职负责,不断提升服务外来农民工实效,增强外来农民工在城市社会的获得感。主流网站和媒体要做好宣传引领和示范,激发外来农民工网络参与的主动性,发挥网络媒体传播、监督和引导作用,规范外来农民工网络媒体参与,强化他们实现城市融入的主观意愿。

第三,要做好舆论引导,增强外来农民工对城市的文化认同。外来农民工融入城市既是行为方式的融入,更是价值观念的融入,对城市的文化认同是外来农民工主动在行为方式和价值观念上融入城市的动力。外来农民工对城市社会的文化认同,既需要他们全面、理性、客观地认识城市文化、接纳城市文化,更需要通过政府主导、运用网络媒体,来把握舆论导向、实现价值引领、引导观念变革,促进外来农民工形成对城市社会的文化认同。

城市社会对外来农民工的接纳程度、城市基本公共服务覆盖外来农民工的程度、城市居民对外来农民工的评价、外来农民工在城市发展未来的可能性及心理上的满意度,直接决定了外来农民工对所在城市包容度的主观感受和心理认知,进而影响他们对城市的文化认同。城市政府要充分利用官方网站、主流媒体的宣传作用,宣传城市服务农民工的制度政策,宣传无差别为农民工提供基本公共服务的政策取向、保障农民工职业上升的通道、城市服务外来农民工的具体案例、外来农民工成功融入城市的典型人物,通过这些宣传让他们体会到城市社会对他们的接纳,增强他们在城市的归属感。同时要注重净化网络空间,清除不利于外来农民工文化认同的负面信息,杜绝虚假信息,把握舆论导向,形成良好的舆论氛围,增强外来农民工融入城市的期待和信心。官方网站和主流媒体还要充分发挥引导作用,在网络上对城市生活中的正面事件加以宣传,对负面事件客观评价、正确解读,防止谣言扩散、舆论恶化,引导外来农民工形成积极的情绪和心理;引导市民对外来农民工平等宽容相待,弱化外来农民工与城市居民的相斥心理;引导外来农民工形成积极向上的价值追求、审美品位、消费理念和行为方式,强化其在城市的自我认同。

二、搭建网络平台丰富公共文化服务

文化需求是社会人的基本需求。随着我国经济社会发展水平和人民生活水平不断提升,外来农民工的物质需求基本得到满足时,更高层次的社会需求就会被激发出来,他们的追求已经从较低层次的生存需求扩展到较高层次的文化需求。以新生代农民工为主体的农民工群体,在城市的梦想已经由生存型向发展型转变,物质追求不再是他们唯一的追求,他们的精神文化需求同样迫切。将外来农民工纳入城市公共文化服务体系,关心他们的精神文化需求,保障他们享受与城市居民无差别的公共文化服务,实现包括公共文化产品和公共文化服务在内的基本公共服务均等化,必然能极大增强外来农民工对城市文化的接纳和认同。推进城市基本公共服务均等化,是实现共享改革发展成果、满足外来农民工文化需求的必然选择,搭建网络平台为外来农民工提供公共文化产品和公共文化服务,发挥网络平台低成本、便捷高效的优势,能为他们提供更丰富、更便捷的公共文化服务。

第一,要准确把握外来农民工文化需求,加强文化服务的针对性。为外来农民工提供基本公共文化服务,必须充分考虑这一群体的特殊文化需求。外来农民工群体的文化需求既有群体特点,又有内部差异:作为一个特殊群体,他们与城市居民的文化需求并不相同;受年龄、受教育程度、工作环境和收入水平等因素的影响,他们的文化需求在群体内部也存在不同程度的差别,受教育程度不同尤其会影响他们的文化生活需求。国家统计局 2020 年农民工监测调查报告显示,农民工受教育水平继续提升,农民工群体中,大专及以上文化程度的农民工占 12.2%,所占比重比上年提高 1.1 个百分点。外来农民工受教育水平还要偏高,大专及以上文化程度的占 16.5%,比上年提高 1.7 个百分点。[①] 随着外来农民工文化水平的提高和城市发展目标的提升,他们对文化的需求已经不仅仅是简单的娱乐消遣,而是兼具提升自身文化水平和综合素质的需求,接受和参与文化服务的态度也从被动旁观向积极参与转变,呈现出较高的文化期望。调研显示,外来农民工一方面有追求文化娱乐生活的强烈愿望,他们不满足于碎片化、低层次的文化生活,希望能够在工作之余享受丰富多彩、健康进步的精神食粮;一方面还有获得科学文化知识、提高专业技能、提升职业素养等需求。外来农民工,特别是新生代农民工,迫切需要获得提升职业竞争力的专业技能、能在求职中脱颖而出的一技之长。和父辈相比,新生代农民工文化水平有了显著提高,职业追求也在改变,但由于没有一技之长,很多新生代农民工想摆脱低级打工状态却心有余而力不足,有更高职业追求的新生代农民工渴望学好一门过硬的技术,掌握职业转换的"敲门砖"。随着产业结构的优化升级,产业部门对工人的专业技能需求也日益提高,外来农民工要胜任本职工作也需要不断提升职业技能。虽然他们已经具有了较强的学习意识,但由于学习成本较高以及收益的不稳定性,在专业技能培训上存在很多误区,也较为迷茫,需要政府有关部门的关注。省级政府相关部门要用政策等手段调动各级地方政府的积极性,投入人力、物力对外来农民工具体文化需求进行调查研究,把握他们的文化生活状态和需求特点,从而有针对性地为外来农民工提供公共文化服务。

第二,要拓展网络服务平台,便利外来农民工享受公共文化服务。通过课题组调查访谈显示,外来农民工的业余文化生活方式主要是利用手机上网,被访谈的外来农民工基本都是手机不离身,随时上网看信息、刷视频,新生代外来农民工业余时间上网比例更高,对网络上的文化产品和文化服务比较热衷。他们热衷网络文化产品和服务,主要原因在于成本低、内容多,受时间和空间的限制较小,能够随时随地获取,非常契合他们经济水平不高、工作强度较大、整块时间较少等特点。为丰富外来农民工业余文化生活,用工单位和所在社区多建有文体娱乐基础设施,但他们参与利用率普遍不高,在生产任务紧、加班时间长的企业,外来农民工没有更多业余时间,虽然感知自身精神文化生活比较匮乏,但没有更多时间和精力去参与企业和社区的文化活动。另外,外来农民工群体的文化生活质量普遍不高,很多外来农民工只通过网络看电影、刷视频、看消息、聊天,没有充分利用网络在信息传递、文化提升、人际交往等方面的优势。网络平台可以为外来农民工提供便利和低成本的公共文化服务,让他们能够通过互联网随时随地便捷享受文化服务。因而搭建更多网络平台,并通过其提供更加丰富和便捷的文化服务和文化产品供给,是将外来农民工纳入城市公共文化服务体系、提升公共文化服务外来农民工能力的重要途径。

---

① 见国家统计局网,《2020 年农民工监测调查报告》,http://www.stats.gov.cn/xxgk/sjfb/zxfb2020/202104/t20210430_1816937.html。

除引导外来农民工充分利用网上已有的文化产品和服务之外,还要本着提升外来农民工对城市的认可度、文化生活满意度的目标,提供符合外来农民工需求的文化新产品、新服务。政府应配备专门的力量,建立外来农民工网站,或者在主要网站设置外来农民工专栏,通过专门的外来农民工网络工作平台为他们提供有针对性的网上文化服务。推进把外来农民工所需的文化知识和各类专业技能上网、将传统的文艺节目上网集中展演等活动的进度,不断提高网络文化服务和文化产品的供给能力。在外来农民工手机利用率高的现实背景下,更应用好这一媒介,通过开办官方微博、微信公众号,及时推送他们需要的文化知识、职业技能信息,第一时间发布针对外来农民工的职业信息,经常性发布符合他们需求的文化产品和活动,能让他们在更便捷地享受文化服务。通过调研访谈可见,浙江省已有的公共服务网络平台浙里办手机软件、微信公众号浙江发布、浙江人社政务微博微信、"新杭州人帮帮网"、"宁波·e乡"手机软件等新平台,极大便利了外来农民工,深受他们欢迎。网络是外来农民工获取知识技能、社会信息和文化娱乐的重要渠道,深刻影响着他们的工作生活和思想观念,政府相关部门在为外来农民工提供文化服务的同时,还需要引导他们科学合理地利用互联网,充分发挥网络平台的积极作用,获取积极健康的文化产品,引导他们形成积极向上的文化观念。

第三,要加强网络平台文化服务的针对性。当前,由于对外来农民工文化需求的了解不够准确、全面和深入,外来农民工文化服务工作仍然主要是供给导向而非需求导向,文化服务和文化产品的供应与外来农民工的文化需求并不对应,外来农民工的文化参与度也明显不高。早在 2011 年,人力资源和社会保障部与中华全国总工会下发《关于进一步加强农民工文化工作的意见》,其中明确要求要加强农民工文化需求调研,研究分析农民工的文化需求特点和文化消费规律,提供有针对性的文化服务。[①] 时至今日,外来农民工文化服务内容丰富、质量提升,但仍然不同程度存在供给与需求的不对应。将外来农民工纳入城市公共文化服务体系,提升外来农民工文化服务水平,一定要从浙江省实际情况出发,深入调查研究,把握外来农民工文化需求特点,确保文化服务由供给导向转为需求导向,为他们提供有针对的文化服务,确保文化服务的实效性。

把握农民工文化需求,正确处理原有公益性文化服务与农民工文化新需求的关系,提供针对性文化服务,既要充分利用城市已有的公共文化服务平台、形式和内容,使其更多向外来农民工群体延伸和覆盖,使更多的公共文化设施和公共文化产品能够为外来农民工所享用;又要根据外来农民工群体的特点,增加提供更适合他们需要的文化服务,增强文化服务的实效性。以外来农民工文化需求为导向提供公共文化服务,特别要注意避免满足和局限于公共文化服务原有的种类和形式,不仅要在数量和规模上做文章,更要

---

① 见中华人民共和国文化和旅游部网,《文化部 人力资源社会保障部 中华全国总工会 关于进一步加强农民工文化工作的意见(文社文发〔2011〕45 号》,https://www.mct.gov.cn/whzx/bnsj/ggwhs/201411/t20141106_764491.htm。

在内容和形式上做调整。同时,因为外来农民工群体内部的差异性,针对外来农民工群体的专门文化服务也不能"一刀切",在内容和形式上要分层次、有区别,各级政府要在深入了解外来农民工文化需求和文化生活状况的基础上,为他们"量身定制"一些专属文化服务,切实把他们的文化生活需求转化为城市公共文化服务的具体内容:外来农民工没时间、没精力参加企业和社区的文化活动,就为他们提供更多更丰富的网络文化活动,保证他们不受空间和时间制约,方便享受文化服务;外来农民工收入水平不高、文化消费能力不强,就为他们提供更多免费的文化服务活动;外来农民工文化活动参与度不高,就积极组织以他们为参与主体的文体活动。网络文化服务要关切外来农民工的新特点、新需求、新期待,注重从推动外来农民工城市融入的需要出发,加强对他们的人文关怀、精神抚慰和心理疏导,强化他们的价值观念塑造,引导外来农民工提高文化素质、规范自身行为、增强城市融入能力。

三、线上线下融合形成文化服务合力

将外来农民工纳入城市公共文化服务体系是一个长期而复杂的系统工程,仅仅依靠政府的力量很难实现,单纯的网络文化服务也远不能满足外来农民工的文化需求,要整合各方力量、调动各方社会支持,政府主导、企业共建、全社会参与,推动线上文化活动与线下文化服务相融合,构建将外来农民工纳入城市公共文化服务体系的长效机制,形成为外来农民工提供文化服务的合力。

第一,要充分利用城市现有公共文化资源。党的十八大以来,公共文化服务体系建设呈现出整体推进、重点突破、蓬勃发展的良好态势,我国覆盖城乡的公共文化设施网络基本形成。在文化建设大背景下,浙江省城市公共文化服务的投入力度不断加大,覆盖城乡的公共文化服务网络也基本建成,公共文化设施和文化产品日益丰富和完善,公共文化服务能力明显提高,具备了将外来农民工纳入公共服务体系的能力。因此,提升外来农民工公共文化服务的水平,要首先充分利用城市现有的公共文化服务设施和文化服务产品。

具体而言,要进一步加大城市公益性文化设施向外来农民工开放的力度,包括文化馆、博物馆、图书馆等机构,不仅要免费开放,还应利用现有条件逐步设置适应外来农民工需要和特点的文化服务内容,如在公共图书馆设置"农民工图书角"、在博物馆设置"农民工建设城市成就展";利用现有的电视台和网络平台,专门设置外来农民工栏目,满足他们在文化知识、专业技能、艺术娱乐等方面的基本需求,提供有针对性的公益性文化服务。城市公益性文化服务部门还要加强文化服务队伍建设,增加配备外来农民工文化服务的专项队伍,设置专门岗位和人员负责外来农民工文化服务,并对工作人员进行专门培训,增强为外来农民工提供文化服务的意识和能力。当前,公共文化服务对外来农民工主要采取"送文化"为主的服务方式,这在一定程度上解决了他们基本的文化需求,但由于针对性不强以及"送文化"的单向性、空间和时间的局限性,外来农民工并不能充分参与。因而在"送文化"的同时还应注重引导和扶持外来农民工自主举办文化活动,为他们提供展示和交流文化艺术才能的平台,不断提升他们自主参与文化活动的能力与水平。此外,还应特别发挥高校在专业知识技能方面的优势,高校应定期开展外来农民工专业知识技能讲座,高校教师和大学生定期举行外来农民工文化服务志愿活动,为他们提供急需的、高质量的科学文化知识和专业知识讲座或技能培训。

第二,要加大社区对外来农民工的文化服务力度。本研究调查显示,外来农民工渴望所在社区提供有针对性的文化服务。外来农民工是城市建设的主力军,城市社区应责无旁贷地将为外来农民工提供文化服务作为社区工作的重要内容,成为外来农民工文化服务的主要平台和载体。社区在以往的文化服务工作中,一贯将城市居民作为主要服务对象,忽略甚至排斥外来农民工享受社区公共文化服务。所以,政府和上级主管部门应改革社区文化建设的考核评价体系,建立文化建设目标责任制,督促社区将外来农民工纳入文化服务的工作对象。一方面,地方政府要在工作制度上将外来农民工文化服务工作纳入社区工作考核指标,纳入和谐社区建设的评价体系。社区应将外来农民工文化建设纳入社区常规工作,明确外来农民工文化服务的具体工作目标,完善社区文化服务外来农民工的经费保障机制,建立专门的社区文化工作队伍。另一方面,社区应充分发挥作为公共文化服务中的主要平台和载体的作用,充分考虑辖区内外来农民工的人数、工作特点和具体文化需求,有针对性规划建设和优化配置社区的公共文化设施,构建以社区文化设施为依托的外来农民工文化服务平台,积极发挥网络媒介易用性的优势,开发可用的线上资源以提供文化服务,并常态化举办有针对性的各种文化活动,调动他们参与社区文化活动的积极性,促进他们融入社区文化生活。社区在向外来农民工开放社区文化服务站、文化活动室、社区图书馆等的同时,还可定期为他们举办线上或线下的专场讲座和培训,满足区内外来农民工对文化知识和基本技能的需求。

第三,要调动企业为农民工提供文化服务的积极性。用工企业是外来农民工生活、工作的主要场所,在为外来农民工提供文化服务方面具有不可替代的地位。在市场经济条件下,企业为外来农民工提供文化服务,需要时间、资金等方面的投入,会增加企业的运营成本,不符合企业追求经济效益最大化的目标,因此单靠企业主动而为还远远不够。各类用人单位的主管部门应设计切实可行的制度和政策,为企业文化建设提供物质奖励和政策资金支持,鼓励调动用工企业为外来农民工提供文化服务的积极主动性。尤其是农民工数量较多的制造加工类企业、民营企业和中小企业,可考虑把企业为外来农民工提供的文化服务工作与资金支持和政策支持相挂钩,要求企业设置配套的基本文化设施,倡导企业设置农民工文化建设专项工作。

建议着重从以下几方面入手,提高用工企业对农民工的文化服务能力:首先,要给予政策和资金支持,调动用工单位为外来农民工提供文化服务的积极性。地方各级政府应发挥主导作用,加强对企业外来农民工文化工作的指导,通过政策和资金的引导和支持,鼓励企业在文化建设和企业发展中将外来农民工的文化生活纳入规划,推动政府与企业共建外来农民工文化服务体系机制的形成。其次,用工企业应在文化服务管理上配备专门的工作人员,提高企业文化服务管理水平,确保外来农民工在工作单位能够享受正常的文化生活。在工业园区等外来农民工生产生活密集区,可以参照城市社区的标准建设配套的文化服务设施,在建筑施工工地等外来农民工临时性聚居区,可以提供流动性文化服务或配置临时性文化服务设施,确保他们在工作之余能享受文化服务。同时,企业要依托本单位的党支部、共青团、工会等组织,将外来农民工纳入本单位的日常文化活动,同时鼓励和扶持本单位外来农民工自建农民工文艺团队,开发线上、线下多种渠道,提高农民工文化活动的组织能力。

第四,要充分发挥各社会团体和公益组织的作用。将外来农民工纳入城市公共文化服务体系是一项复杂性和长期性的工作,需要调动各方因素、整合各方力量、发挥各方作用,通过政府主导、企业共建、全社会参与,形成合力。在外来农民工文化建设的理论研究和实践调研中发现,行业协会、各类民间文化组织等机构,在满足农民工基本文化需要方面的作用都不可忽视,要充分调动社会团体和民间文化组织积极参与外来农民工文化建设,为民间资本进入公共文化领域畅通渠道,为社会团体服务农民工提供政策支持,利用高校的独特优势提供文化培训和文化产品,发挥各类组织及网络媒介的优势,采取灵活多样的方式,从不同角度、用不同手段为外来农民工提供文化服务。

总之,从外来农民工需要出发,充分利用网络平台,将外来农民工完全纳入城市公共文化服务体系,使他们接受现代城市文明、城市生活习俗等方面的影响和熏陶,发挥文化潜移默化的影响力,能加快外来农民工思想文化、观念习俗的城市化。经常性参与文化生活,还可以从心理精神层面增强外来农民工对城市生活的认同感,激励他们自强不息、奋发进取,以自信乐观的心态积极主动融入城市社会。通过将外来农民工纳入城市公共文化服务体系,还可以增强他们在城市生活的主人翁意识和责任感,并能逐步改变城市居民对外来农民工的原有看法和成见,促进城市社会对外来农民工的接纳。从这个意义上讲,文化是外来农民工完全融入城市的重要桥梁,是不可替代的重要纽带。搭建文化桥梁,破解城乡二元结构形成的心理沟壑,以文化融入促进社会融入,推动外来农民工在职业转化、地域转移、身份转换的同时,不断提高知识文化素养,加快文化层面的转变,帮助外来农民工群体最终实现市民化。

第六节　借助数字化改革优化外来农民工服务

为外来农民工提升公共服务水平和服务效果,服务理念和制度支持是前提,服务手段和服务能力是保障。在传统服务手段的基础上,充分利用现代数字化技术,借助浙江省数字改革的大环境,把"互联网+政务服务"延伸到外来农民工服务领域,以数字技术赋能外来农民工公共服务,提升服务外来农民工的水平,是提升外来农民工对城市的满意度和认可度,推动其加快融入城市进程的重要途径。

一、重视"数字化"服务外来农民工的优势

数字化是 21 世纪社会经济发展和政府治理服务的大背景,运用现代数字技术提升数字治理能力,是国家治理能力治理体系现代化的重要内容。党的十九大报告提出新时代建设网络强国、数字中国、智慧社会的发展战略,要求各级政府要快速适应数字化环境,推动政府职能转变。近年来,我国出台了一系列促进数字化发展和数字化转型的政策。《中华人民共和国国民经济和社会发展第十四个五年规划和 2035 年远景目标纲要》以专门一篇部署了数字中国建设,提出要迎接数字时代,加快建设数字经济、数字社会、数字政府,建设数字中国,以数字化转型整体驱动生产方式、生活方式和治理方式变革。2021 年,中共中央国务院出台《关于加强基层治理体系和治理能力现代化建设的意见》,明确提出加强基层智慧治理能力建设,市、县级政府要将乡镇(街道)、村(社区)纳入信息化建设规划,统筹推进数字技术的基础设施、系统平台和应用终端建设,强化系统集成、数据融合和网络安全保障,实施"互联网 + 基层治理"行动,提高基层治理数字化智能化水平。①

数字化时代,治理和服务的数字化转型已经成为国家治理现代化的重要内容,数字化技术已经成为现代治理体系和治理能力现代化的重要工具。要重视数字化技术在外来农民工公共服务中不可替代的优势,重视运用人工智能、互联网、大数据等现代信息技术手段,以数字化、信息化赋能外来农民工公共服务,持续提升外来农民工公共服务的现代化、均等化、科学化、精细化、便捷化水平。现代社会的复杂性、风险性显著提升,公共生活的不同场景相互交织,各种因素相互影响,给国家和社会治理带来新的挑战,数字化技术能够把不同治理场景更好地整合统筹起来,提高治理能力和治理效率。以当前一些城市建构起来的"一网统管"体系为例,这一体系能够把城市运行中的各个系统整合起来,基本覆盖城市治理中的社会治理、交通治理、风险治理、环境治理等领域的多个治理场景,通过数据流动构筑扁平化的行政关系,打破部门之间、地区之间的隔阂,通过业务流程的智能化来简化行政流程,让政务沟通、政务服务从烦琐的层级制中解放出来,极大提升政府部门对各类风险的监测预警和应急处置能力。数字化技术作为现代治理和服务的重要手段,正在推动社会各领域、各行业治理和服务体系全面转型。在数字化时代,以数字技术提升社会治理能力和服务能力是大势所趋,亦是城市社会提升外来农民工公共服务能力的必然选择。

公平、普惠、高水平的公共服务,是外来农民工在城市产生获得感、幸福感和归属感的重要来源,是外来农民工评判所在城市是否适合定居的重要衡量指标。与用传统手段

---

① 见中国政府网,《中共中央　国务院关于加强基层治理体系和治理能力现代化建设的意见》,http://www.gov. cn/zhengce/2021-07/11/content_5624201.htm。

提供的服务相比,数字化治理能够为外来农民工提供更为精准与便捷的服务,提升公共服务的科学化、精准化与高效能。数字化与智慧治理能够更加灵敏、准确地感知农民工群体的规模、结构和诉求,基于需求精准施策,有针对性地提供个性化服务,提高公共服务供给的科学化和精准度。与传统的服务方式相比,数字化服务能大大提升信息传递效率、降低信息传递沟通成本、提升资源共享程度:通过数据库的完善与共享,打通信息壁垒,重构服务流程,将传统单纯线下的服务模式转变为线上线下融合的服务模式,做到"数据多跑路,群众少跑路",有些甚至"一次都不用跑",实现在网络终端随时随地办理业务、享受服务,能极大提高公共服务的可得性与便捷性;通过搭建数字化治理平台、基于大数据技术的运用,打破传统治理模式之下存在的条块、条条之间的信息壁垒,优化公共服务流程,推动政府和公共服务部门进行跨部门、跨层级的数字分析和研判,实现协同联动,在政府、企业、社会之间搭建桥梁,充分发挥职能部门和不同服务主体的功能优势,提升公共服务的获得感和高效能。数字化服务平台还能提升服务对象的参与度,外来农民工作为城市里的弱势群体,自身的主客观条件都制约了他们在城市公共服务中的参与度,运用数字化技术搭建数字服务平台,创新公共服务的形式和内容,延伸已有公共服务的覆盖度,使外来农民工便于通过互联网终端随时随地共享服务资源、享受公共服务,能够提升外来农民工的主动参与度和满意度。

二、借鉴浙江数字化治理经验

浙江省在数字化建设方面较早进行探索实践,在数字化治理和服务方面形成了一系列可效仿的做法、可推广的经验。提升服务外来农民工效能,促进外来农民工融入城市,要借助省内各领域数字化治理和服务的已有做法和经验,借鉴、延伸或直接应用到外来农民工公共服务中,以数字化优化外来农民工服务。本研究通过咨询、访谈和文献调查,特别关注了数字浙江建设中数字化技术提升公共服务效能的一些具体做法,认为这些数字化服务手段和方式完全可以推广应用到外来农民工服务领域,以提升公共服务效能。

数字浙江建设是浙江省的重要战略,习近平总书记在浙江工作期间做出建设数字浙江的决策部署以来,浙江省持续推动数字化建设。2003 年 8 月,浙江省政府召开全省"数字浙江"建设工作会议,全面部署推进"数字浙江"建设工作。2003 年 9 月,省政府印发《数字浙江建设规划纲要(2003—2007 年)》,从指导思想、总体目标、主要任务等方面对"数字浙江"建设进行了全面部署。近年来,数字浙江建设加速推进,从"最多跑一次"改革到政府数字化转型,再到数字化改革,有一系列标志性成果和省域特色的做法值得关注和借鉴。

1. "最多跑一次"改革

2017 年浙江省全面启动"最多跑一次"改革,回应社会发展所需、基层群众所盼、民心民意所向,运用数字技术建立为企业和群众全程服务和长效服务的工作机制,把数字化资源重点投向民生所需的公共医疗、社会保障、就业培训、义务教育、公共基础设施、社会安全、环境保护等领域,打造服务型政府,改善人民群众生活质量。至 2018 年,浙江省基本完成了个人综合库、法人综合库、信用信息库数据归集;完成了省直部门前 100 项办事事项的数据需求整理和数源确认工作;首批 25 个省级部门的 45 个"信息孤岛"基本完成对接;市县本地系统和"一窗受理"平台对接,累计打通 127 套市级系统、98 套县级系统。截至 2018 年 2 月底,浙江省市县三级开通网上申请的比率分别达到 86.8%、73.7%、73.1%,统一公共支付平台累计缴费量达 4 905 万笔。[①]"最多跑一次"改革的成功实践中,最主要的标志性成果是政务服务的"一张网""一窗受理"和"一证通办"。"一张网",即浙江政府服务网这个互联网政务平台;"一窗受理",即一窗受理、集成服务、一次办结,数据多跑路、群众少跑路、最多跑一次;"一证通办",即以个人身份证作为统一凭证,能够办结社保、医疗、养老、公安、国土、卫计、民政、纳税等管理服务事项。"最多跑一次"改革,是以人民为中心发展思想的具体行动,极大方便了群众生活,提升了政府服务效能,已在全国范围内推广,是数字化应用的成功实践,为数字赋能浙江外来农民工服务提供了基本条件。

2. 政府数字化转型

在"最多跑一次"改革成功实践的基础上,2018 年 11 月,浙江省通过《浙江省保障"最多跑一次"改革规定》,提出推动政府数字化转型,以政府数字化转型撬动全省经济社会全方位数字化转型。该规定对"行政服务中心的法律地位""重复提交材料、转嫁责任证明、办事时间长""信息孤岛"等群众反映强烈的改革难点和痛点问题,在立法层面予以破除。[②] 2018 年,浙江省人民政府办公厅印发《浙江省数字化转型标准化建设方案(2018—2020 年)》,2018 年底,浙江省人民政府印发《浙江省深化"最多跑一次"改革推进政府数字化转型工作总体方案》,对政府数字化转型进行了具体部署。政府数字化转型是政府主动适应数字化时代背景,对施政理念、方式、流程、手段、工具等进行全局性、系统性、根本性重塑,通过数据共享促进业务协同,提升政府治理体系和治理能力现代化的过程。[③] 具体来讲,政府数字化转型就是运用云计算、大数据、人工智能等数字技术,促进政府治理和服务的即时感知、科学决策、主动服务、高效运行、智能监管,推进多部门、多业务的协同式与场景化应用,让政府服务方式从"碎片化"转变为"一体化",让群众和企业办事从"找多个部门"转变为"找整体政府",提升政府治理体系和治理能力的科学化和现代化。在政府数字化转型中,建设政务"一朵云",聚集省级部门多个信息系统,打通信息孤岛,形成信息互通;建设全省一体化公共数据平台,归集整理基础数据,为政府治

---

① 见中国政府网,《浙江深化"最多跑一次"改革:持续发力打破"信息孤岛"》,http://www.gov.cn/xinwen/2018-05/08/content_5289244.htm。

② 见中国政府网,《浙江省保障"最多跑一次"改革规定》,http://www.gov.cn/xinwen/2019-09/03/content_5426859.htm。

③ 见浙江政务服务网,《浙江省人民政府关于印发浙江省深化"最多跑一次"改革推进政府数字化转型工作总体方案的通知》,http://www.zj.gov.cn/art/2018/12/28/art_1229019364_55369.html。

理和服务提供依据；建设一体化政务服务平台和"互联网＋监管"系统等数字化应用项目，构建业务协同、数据共享模型，通过业务、技术和数据的融合，实现跨层级、跨地域、跨系统、跨部门、跨业务的协同管理服务，推进政府决策科学化、社会治理精英化、公共服务高效化。[①] 通过统一的移动政务服务平台"浙里办"和一体化在线政务协同平台"浙政钉"，全面推进服务在线，加快推进政府业务在线，实现科学、便捷、高效的"掌上办事、掌上办公"。从"最多跑一次"改革到政府数字化转型，浙江政务服务通过数字赋能不断提升科学化和高效能水平。

"浙里办"手机软件是浙江政府数字化转型的总入口，汇集了浙江省政务服务、社区治理、城市生活等领域的各类场景化应用。其中各类便民惠企服务项目不断上线，注册用户不断增加，打开"浙里办"手机软件，政务办事、医疗服务、公积金社保、就业教育、身份户籍、生活服务、运动健身、旅游出行等事项都可以掌上点击办理。通过浙江政务服务网和"浙里办"手机软件，浙江省推行政务服务全程网办、快递送达，不断拓展掌上办事的范围，推行"一证通办"，一些项目的跨省通办，极大便利了包括外来农民工在内的群众生活。"浙政钉"是浙江一体化在线政务协同平台，各级、各部门、各领域政府工作人员通过该平台进行工作沟通和办公协同，线上集成应用不断迭代升级，实现了政府各系统之间协同互动和高效沟通，建成了政务机关内部"最多跑一次"的协同办公系统，突破了政府不同部门之间的藩篱，通过"一套材料、一次告知、一表申请、一口受理、一网通办、一次办结"，实现了一件事最多跑一次，极大提升了政务办公的效率。浙江政府在数字化转型中，依托"浙里办"和"浙政钉"两个主要在线政务平台，实现了"掌上办事"和"掌上办公"，极大提升了政府政务办公效率和政务服务能力，极大提升了群众的满意度和获得感。

3. 数字化改革

2021年初，浙江省委召开全省数字化改革大会，全面部署数字化改革工作，随后，中共浙江省委全面深化改革委员会印发《浙江省数字化改革总体方案》，全面启动浙江数字化改革，"数字浙江"建设进入数字化改革的新阶段。数字化改革是围绕建设以人为核心的现代化和数字浙江目标，统筹运用数字化技术、数字化思维、数字化认知，把数字化、一体化、现代化贯穿党的领导和经济、政治、文化、社会、生态文明建设全过程，对省域治理的体制机制、组织架构、方式流程、手段工具进行全方位、系统性重塑的过程。[②] 数字化改革是"最多跑一次"改革和政府数字化转型基础上的迭代深化，不仅在具体场景应用上拓展升级，更推动了生产方式、生活方式、治理方式发生基础性、全局性和根本性的改变。

数字化改革聚焦党政机关、数字政府、数字经济、数字社会、数字法治，在省市县三级构建了"1＋5＋2"工作体系："1"是一体化智能化公共数据平台，作为智慧化平台中枢支撑各级、各系统应用创新；"5"即5个综合应用，即党政机关整体智治综合应用、数字政府

---

① 浙江省大数据发展管理局：《浙江省探路政府数字化转型》，《中国建设信息化》2020年第3期，第44－47页。
② 《改革突破争先　建设数字浙江》，《人民日报》2021年3月17日第7版。

综合应用、数字经济综合应用、数字社会综合应用和数字法治综合应用;"2"是构建理论体系和制度规范体系共两套体系。在数字化改革推进中,依托"浙里办"手机软件,事关民生大事小事的数字化应用不断上线。[①] 2021 年,浙江公布两批数字化改革"最佳应用",第一批最佳应用有"七张问题清单""浙里民生'关键小事智能速办'""健康大脑·浙医互认"等 25 个应用入选;第二批最佳应用有"安薪在线""浙里好家政""民呼我为"等30 个应用入选,这些数字化应用非常便民、广受好评。如"浙里民生'关键小事'智能速办"应用,针对出生、养老等民生领域的关键小事,依托"浙里办"手机软件在 2021 年 8 月上线,围绕个人全生命周期,提供事务的"智办""秒办",进一步拓展了"掌上办事"的事项范围,涵盖了出生、入学、就业、养老、生活、救助等个人全生命周期 6 个阶段的 50 件"关键小事",通过运用大数据、人工智能等新兴数字技术与政府治理的深度融合,实现了民生服务从人工受理到自动办理、从被动响应到主动服务、从事后分析到预判提醒的重要转变。为不断提升数字化应用的实用性,政府开通政务热线、微信公众号等渠道接受群众提出的意见、建议,通过定期开展数字化改革项目现场路演等手段接受群众评判,在群众反馈下推动数字化应用的进一步完善、升级。在浙江省人民政府网站搜索"数字化改革"关键词,就能在"浙江在行动""数字化改革'最佳应用'""我身边的数字化改革"等模块里,进一步了解具体情况。在数字化改革中,"社区矫正协同应用""浙江 e 行在线""防汛防台在线"等试点应用的部分业务模块,已经开始在宁波、衢州等地,实现省、市、县、乡、村的网格全贯通,初步形成了改革成果向乡镇以下延伸的实现模式和技术路径。通过数字化改革,"城市大脑 + 未来社区 + 未来乡村"正在服务群众衣食住行的方方面面,不断增强群众的获得感。在共同富裕示范区建设中,浙江省不断深化"最多跑一次"改革,持续推动政府数字化转型,深化数字化改革,重视数智赋能,运用大数据、人工智能等技术全面提升政务和民生服务效率,省域治理体系和治理能力现代化水平不断提升。把外来农民工纳入城市公共服务体系,为其提供无差别、科学化、精准化和高效能的服务,需要借鉴数字浙江建设中的系列具体做法和成功经验,将"互联网 + 政务 + 服务"延伸和覆盖到外来农民工服务上,不断提升外来农民工在城市生活的满意度、获得感和对城市社会的认同度。

三、数字化赋能外来农民工公共服务

在数字化时代,为外来农民工提供精准化、科学化、高效能的服务,应借助数字浙江建设经验,运用数字化技术,赋能外来农民工公共服务,提升服务外来农民工的精细化水平和智慧化能力,实现外来农民工公共服务的均等化、普惠化、便捷化和高效化。要坚持服务外来农民工的理念,做好政府数字化转型的顶层设计,以制度变革为推力,技术创新

---

① 何花:《数字政府建设:发展历程、建设内容与创新路径——基于浙江省数字政府建设的分析》,《攀登》2021 年第 6 期,第 94 - 102 页。

为保障,强化线上线下服务相融合。

第一,要坚持服务外来农民工的理念。数字浙江建设推进到数字化改革的现阶段,各类数字化平台和数字化应用种类多、覆盖面广,市民全生命周期的基本服务基本都可以在线上办理。但是,外来农民工是一个过渡性的特殊群体,有一些独属于这个群体的个性化服务需求,需要予以特别关注,提供针对性服务。数字化赋能外来农民工服务,不能简单机械地将已有服务应用平移到外来农民工群体上,也不能想当然认为已有数字化平台和应用已经覆盖了外来农民工,更不要把已有的已经覆盖城市居民的数字化平台和应用视为已经为外来农民工提供了均等无差别的公共服务,将外来农民工等同于市民群体,置于服务对象中。数字化赋能外来农民工服务,必须要首先强化和突出服务外来农民工的理念。一方面,已有的数字化平台和数字化应用要无差别覆盖外来农民工,他们在城市里生活,正常的子女入学、就业、养老、生活等事项应和市民一样可以通过已有的数字化平台和数字化应用线上办理,享受"最多跑一次"的服务。另一方面,要基于外来农民工群体在城市的特殊需求,为他们开发、上线专属于外来农民工群体的数字化应用,解决群体性需求比较强烈但已有数字化应用并不能解决的服务需求。基于服务外来农民工的理念和推动外来农民工城市融入的目的,还要主动建设契合性、开放性、整合性的相关制度体系,以适应外来农民工服务的数字化转型需要。

第二,要开发外来农民工专属的数字化应用。以数字技术赋能外来农民工公共服务,要针对性地开发必要的专门数字化应用场景,建立和完善掌上服务平台和交流平台,运用数字化技术实现市域或省域范围内外来农民工服务一体化,加强数字管理和服务外来农民工的水平。数字化平台是数字化赋能外来农民工服务的基础,提高数字化服务效能,关键是要加强数字化平台建设,提升服务部门的数字化水平。将外来农民工群体的信息和他们需要的各类服务信息打造成互通互联的信息网络和数据平台,实现数据的开放、共享、融合,消除他们线下获取信息和沟通的障碍,提供全流程、一体化在线服务平台。将他们最关注的领域与问题摆在专门数字化应用的显著位置,持续强化这些领域的数字平台建设,让数字技术为提升外来农民工在城市的获得感、幸福感、安全感提供强大助力。目前,浙里办数字化应用中,"浙里安薪""流动人口服务"等应用能够为外来农民工提供一些针对性服务,"浙里安薪"应用能提供在线欠薪投诉举报、办事进度查询、工资确认等服务,辅助解决外来农民工遭遇的工资拖欠问题,但是仅通过这一线上应用并不能彻底解决工资拖欠问题。"全省通办、一次办成"模块里提供公积金、医保、社保、教育就业、身份户籍等服务,其中的"流动人口服务"能在线办理流动人口的居住登记等事项,与外来农民工部分相关的服务可以在线办理;在"跨省通办"里,外来农民工能够办理跨省流动中的社保医保等一些基本事项。然而目前的一体化政府服务平台还不能有针对性解决外来农民工在城市的所有问题。开发适应外来农民工群体需求的功能模块和接口,是提升外来农民工公共服务效能之必需。在已有数字技术应用的基础上,需坚持为外来农民工服务的理念,开发操作流程便捷化、服务手段数字化、公共服务精准化、农民工参与普遍化的数字化应用,通过数字化技术加快补齐服务短板,提高服务均等化水平,创新服务提供方式。实施"互联网+农民工服务"行动,大力开发和上线"农民工一体化服务"的专门数字化应用,丰富和完善外来农民工身份信息、职业信息等基础数据,建设市域或省域范围的外来农民工信息数据库,推动外来农民工服务的数据资源共享,通过数字化平台让外来农民工共享全省范围内就业、培训等信息和服务。通过政策宣传、民情沟通等手段,让外来农民工主动运用数字化应用线上办理相关事项。

第三,要推进线上线下公共服务深度融合。外来农民工的公共服务需求具有特殊性、复杂性和个体化、差异化的特点,他们在城市融入中的问题难以通过数字一体化平台全部在线上解决,需要线下服务辅以线上服务,推动线上线下服务深度融合,提升公共服务效能。以外来农民工欠薪问题为例:为治理农民工欠薪问题,浙江自2017年深入开展"浙江无欠薪"活动,通过数字治理和线上支付等手段,保障在浙江务工的农民工及时、足额拿到劳动报酬。"浙里办"上线"浙里安薪"数字应用,为农民工解决拖欠工资问题提供查询基本信息、解决基本问题的平台。依靠浙江政府"智慧建管"系统,推行农民工工资线上支付系统,要求一些企业设立农民工工资专用账户,通过银行开发的线上工资支付系统线上支付农民工工资。2018年,兴业银行杭州分行对接温州市住建委,提供农民工工薪保障支付,成功上线农民工工资保障支付系统,成为全国首个上线的农民工工资保障支付系统。通过在系统中嵌入农民工工资考勤功能,采用新型人脸识别、指纹签到、刷卡签到等技术手段计算农民工实际到岗天数,确保工资规范准确核算、自动划转、足额到位,选定中国人民银行超级网银系统作为代发他行卡的渠道,让工资实现一秒到账;并通过开设农民工代发工资专户,让资金往来与政府"智慧建管"平台实现数据互通,实现代发数据的实时监管,为农民工工资的发放与监控提供数字化支撑,确保农民工工资专项监管、专款专用、准确核算、自动划转、足额到位,一定程度上解决了系统内农民工工资拖欠问题。但是,外来农民工在城市里从事的具体工作千差万别,农民工集中从事的建筑施工、制造加工等行业,能够通过线上工资支付系统保障工资,但相当一部分外来农民工从事快递、餐饮、外卖等服务业,灵活就业、分散就业、转岗频繁、签订劳动合同的比例不高,致使线上工资支付系统实施有一定难度,线上的无欠薪服务目前还难以覆盖这一群体,只能通过线下的政务监管和法律监督制裁等手段保障外来农民工工资。另外,外来农民工的公共文化服务、社会保障等基本权益的维护也都呈现复杂性、差异化的特点,仅通过数字化技术提供线上服务还远远不够,需要把握他们特殊性、差异化的需求,做好线上线下服务的衔接和融合。一方面要充分利用已有数字化应用,持续开发专门用于外来农民工服务的数字化应用,以外来农民工普遍参与和服务实际效能提升为目的,将数字化应用的开发、上线、运用、效果、评估进行闭环管理,线上运行、线下评估,增强他们线上参与的主动性,提升服务精细化、科学化水平;另一方面,线下服务要做好兜底,多角度、多层级、多部门联合施策,运用现代科技手段横向协同、纵向联动,解决外来农民工在城市遭遇的难点、痛点问题;同时,还要做好线上线下的联动和融合,提升服务效能。线下服务要借助线上平台,及时反馈问题和效果、提出意见和建议。例如,杭州市西湖区用科技赋能基层社会治理,市民有任何关于行政管理、公共服务等方面的意见、建议,都可扫描"西湖码"反馈问题和寻求回应。在农民工公共服务中,可以借鉴"西湖码"等基层治理创新举措,开发诸如"外来农民工热点问题码"等应用,让外来农民工可以随时扫码反映热点、焦点和痛点问题,为城市政府制定制度政策、提供公共服务提供依据。

为外来农民工提供公共服务是一项系统工程,不仅需要数字化技术赋能,也需要企业、公众、社会组织等各方面的广泛参与和共同努力,通过各方协同发力,不断完善服务体系以覆盖全体外来农民工,给他们公平获得服务的机会,使服务内容涵盖更多领域,提供更多服务项目,服务水平在数字化技术赋能下不断提升,让外来农民工获得更加优质的服务。通过数字化赋能,让治理更智慧,让服务更高效,以共建共治共享提高外来农民工的获得感、安全感和幸福感。

第七节　弱化社会资本消极作用以化解内部推力

社会资本在外来农民工城市社会融入中发挥着不可替代的重要作用,对社会资本的合理适度运用,能够强化外来农民工对城市社会的认同,推动其城市社会融入进程,但是,社会资本也具有消极作用。美国社会学家亚历山德罗·波茨明确提出了社会资本的消极作用,认为社会资本可能产生四种消极作用。第一,社会资本会排斥圈外人:社会关系网络内群体成员会阻止社会网络之外的人获得该群体掌握的特定资源;第二,会制约社会关系网络内群体成员的发展:在某些条件下,社会关系网络内社会关系的封闭性将会阻止群体成员获得进一步发展;第三,会限制社会关系网络内成员的个人自由:社会网络内部社会关系的强化,可能对群体成员要求过多,会一定程度上限制个人自由;第四,会强化与主流社会的隔阂:社会关系网络这个小群体内的社会关系可能会导致其成员对主流社会的相对隔阂、排斥,甚至是敌视的态度。[1] 社会资本的这些消极作用非常不利于外来农民工与城市社会的融合,不利于他们积极主动进行持续性自我提升,不利于他们积极主动融入城市。本研究认为,需要从以下几方面限制外来农民工社会资本的消极作用,弱化其在外来农民工社会融入中产生的内部推力。

一、权利均等是化解社会资本消极作用的前提

社会资本是广泛存在于社会网络关系之中,并能够被行动者投资和利用以便实现自身目标的社会资源。不同社会群体生活在不同的社会网络关系之中,拥有不同的社会资

---

① PORTES A. "Social Capital: Its Origins and Applications in Modern Sociology," *Annual Review of Sociology*, No. 24(1998): 1 - 24.

本,在不同的社会行动中各自使用以实现自己的目标。通常情况下,不同社会群体使用自己的社会资本,在不同领域实现不同的行动目标,可以实现不相冲突、互不影响,但是,在同一社会环境里,当使用有限的社会资源来实现相近的行动目标时,不同社会关系网络中的群体成员之间就会存在冲突,拥有的社会资本量的多少、质的高低就会影响个体目标实现的程度,客观上的权利不均等现象就会出现。权利不均等对于社会融合和群体融入的制约作用非常突出,主要表现在权利弱势的一方,他们会产生严重的不公平感、被剥夺感、不安全感,继而产生对社会的不认同,甚至是排斥和否定。在城市社会里,外来农民工群体和城市其他群体运用各自的社会资本实现各自的工作、生活和发展目标,城市资源是相对确定和有限的,相较之下,外来农民工群体就是这个相对弱势的群体。

关系型社会资本具有强纽带性、重复使用性等特征,这些特征使得社会成员在获得相对稀缺资源时首先考虑运用关系社会资本。在一个相对封闭的城市社会里,资源相对有限,有些资源甚至非常稀缺,运用各自拥有的关系型社会资本以最大限度获取社会稀缺资源显得更加重要。因为各种先天优势和后天条件,一些社会群体会拥有数量多、质量高的关系型社会资本,继而能够获取更多城市稀缺资源,拥有其他群体无法获取的特殊权利,这种特殊权利的获取和拥有,是相对弱势的其他群体无法企及的,相应的不平等感的产生亦是自然而然的。外来农民工从外部进入城市,一方面为城市社会创造财富,另一方面自然要分享城市的已有资源。而从农村迁移到城市,他们拥有的城市关系型社会资本数量少、质量低,在寻找工作、子女入学等方面处于绝对的弱势,无法企及城市原有市民和一些高知高能的社会阶层所拥有的社会资本,他们面临就业艰难、工作岗位不理想、工资收入不高,甚至经常面临失业风险。外来农民工群体对城市稀缺资源望尘莫及,而在其他群体成员获得稀有资源特殊权利的对比下,会对城市社会产生严重的制度不信任,产生强烈的被排斥感,会削弱他们城市融入的主观愿望。由于拥有社会资本的不同而导致权利获取的不均等,是社会资本消极作用的突出表现。

本研究认为,化解社会资本这一消极作用,一要规范和引导城市社会群体对关系型社会资本的拓展和使用。在原有城乡"二元"的城市治理理念之下,城市市民因为其拥有城市户籍身份,本来就先于外来农民工占有附着在户籍之上的城市基本权益,与外来农民工在占有资源和享有权益方面具有先天的差别。这种基本权益的不均等,加之后天拓展的关系型社会资本在量和质上的明显差异,加剧了其在城市里被边缘化的主观感受和客观境遇。因而要加强对城市原有居民群体投资、拓展和使用关系型社会资本的引导,限制原有市民的特有权利,实现城市发展成果真正共享,增强社会公平感,防止外来农民工因比较利益和比较地位下降而弱化社会融入意愿。二要以强有力的制度型社会资本来平衡关系型社会资本的不平等。如前所述,制度型社会资本是社会成员获得的来自国家和政府的制度政策、法律法规、规则秩序等制度型资源,在社会资源的占有使用过程中,制度型社会资本是最有力的。在外来农民工还没有获得城市户籍之前,城市和市民自然视他们为"外来人口",面对城市资源相对有限的情况,城市地方政府和原有市民都不愿意让外来农民工分享有限的资源。外来农民工在城市的融入，既取决于他们对城市社会的认同，又取决于城市社会对他们的接纳。而城市社会接纳外来农民工最真实的表现，就是接受他们与城市市民共享城市的就业机会、社会保障、公共服务等城市资源，在观念上接纳他们成为城市社会的一员，在行动上保障他们无差别占有和使用城市资源。

为改变此种不均等的境况，国家和地方政府也开始通过制度政策进行干预，制定完善相关制度政策、法律法规、规则办法，改革城乡二元社会体制机制，大力推动城市公共权益均等化。浙江省将外来人口统一称为"新居民"，把农民工视为与当地户籍居民身份平等的群体，纳入城镇居民服务管理范畴，首创"新居民事务局（所）"，负责辖区内新居民服务管理工作的组织、协调、指导和综合管理，践行农民工居民化服务管理理念，市县成立"新居民事务局"，乡镇（街道）成立"新居民事务所"，社区、村和100人以上的企业建立"新居民事务站（点）"，配备专职协管员为新居民提供服务。对新居民实施居住证制度，在本地居住一定年限、符合一定条件但不具备户口迁移条件的流动人口，凭办理的居住证，同本地常住人口在子女教育、计划生育、公共就业服务、医疗卫生等方面享受基本同等的待遇。① 这些制度型社会资本对限制城市居民特权、保障外来农民工基本权益、实现基本公共权益无差别共享产生显著效果。针对外来农民工群体实现城市融入的需要，政府还需要继续加大制度变革力度，以强有力的制度型社会资本限制特权的使用，平衡外来农民工群体由于相对弱势而产生的不平等。

二、适度使用是化解社会资本消极作用的根本

适度使用社会资本，能够促进外来农民工在城市生活工作和社会融入中自发进行合作，通过在各自社会关系网络拥有的社会资源实现行动目标。但社会资本尤其是关系型社会资本一旦被过度使用，就会出现一些明显的弊端，甚至产生适得其反的效果。

其一，过度使用关系型社会资本会破坏社会规则，产生社会排斥现象。随着中国治理体系和治理能力的现代化，各项经济社会事业愈来愈制度化、契约化，社会关系网络中的群体成员错误理解和过度使用关系型社会资本，会在一定程度上破坏社会契约和规则。外来农民工在求职就业中会更多运用关系型社会资本，以获取就业信息、谋求职业岗位，而在用人市场的求职者中，不仅仅只有外来农民工在使用社会资本。一些人在使用社会资本过程中存在对社会资本的歪曲理解，认为社会资本就是拉关系、走后门，在激烈的求职竞争中采取不正当手段谋求职业岗位，造成不公平的就业环境，导致就业能力不高的人可能获得较好的职业岗位，而就业能力较高的人未必能获得较好的职业岗位，既浪费了优质的人力资源，又影响了就业岗位获得最优人才，破坏了就业市场的资源优化配置。这种对社会资本的错误认识和过度使用，阻碍正常的就业和升迁途径，打击正常求职人的信心，破坏就业市场秩序。外来农民工来到城市求职就业，在文化水平、职业

---

① 高亚春、战梦霞:《浙江省农民工享受城镇基本公共服务问题研究》,《实践与探索》2017年第9期,第20－23页。

技能、综合素质等方面都不占优势,只能凭借某一方面的相对优势获取一份并不理想的工作,比如能够接受不高的工资、不确定的劳动时间、较差的劳动条件、较高的劳动强度、较小的职业发展空间等。长久如此,外来农民工在城市就会产生强烈的被剥夺感、长期处于底层生活的被压迫感,会对城市社会产生不认同,甚至是逃离,无法实现在城市的社会融入。

其二,过度使用关系型社会资本会造成整个社会成本上升,社会效率降低。美国理论家马克·波特斯(Mark Poster)曾经指出,社团内过强的社会资本有可能导致不利于社会公众的共谋,并限制社团内部个人的发展。[①] 清华大学晋军进一步指出,在一个资源稀缺和结构封闭的社会中,对社会资本的依赖将导致"过度资本化",并使整个社会的效率降低。晋军进一步讨论了个人社会资本如何对社会产生消极作用,认为当群体成员的社会资本被用来获取社会稀缺资源时,能够明显降低该成员自身行动的成本,但却会大大增加外人的成本。[②] 当所有社会成员在社会行动中都普遍使用社会资本时,所有人就都会相应地承担大量额外的成本,这无疑将会导致整个社会活动成本的提高,由于社会活动成本的提高,当个体使用社会资本为自己获取社会稀缺资源时,就会降低该资源在社会中的配置效率,整个社会成员对社会资本的普遍过度使用就会降低整个社会的效率。过度使用关系型社会资本获取稀缺资源达到行动目的,还可能会造成"关系崇拜"和"权力崇拜"心理的滋长,这种崇拜心理会诱导人们去过度投资关系型社会资本。外来农民工如果产生这种心理和行动趋向,就会投资更多人力、物力、财力、精力去拓展关系型社会资本,以为自己谋求理想的工作、满意的收入、有发展前景的职业空间,从而极大增加在城市生活、发展和融入的成本。这种过度使用和过度追求关系型社会资本,也会弱化外来农民工个体对自身职业技能、综合素质的积极主动提升,因为这种认识和心理会让他们误以为只要有足够丰富和高质量的关系型社会资本,在城市的职业空间和发展空间就是无限的,反而去忽略职业技能和个人能力在职业升迁和个人发展中的决定性作用,最终会极大制约农民工城市融入能力的提高。相比于关系型社会资本,制度型社会资本才是外来农民工城市融入过程中更为有力、最为根本的社会资本,如果过度使用和热衷投资关系型社会资本,还会导致外来农民工忽略或轻视制度型社会资本的作用,造成制度型社会资本的闲置和浪费,难以充分发挥其应有作用,降低社会效率。

其三,过度使用社会资本会造成群体成员与主流社会的隔离。由于不同社会关系网络拥有各不相同的社会资本,不同社会网络中的群体成员运用不同质量的社会资本获取的资源的数量和质量也会有较大差别,相对弱势的群体由于自己所处的社会关系网络,拥有的关系型社会资本质量不高,运用质量不高的社会资本求职就业反而只能获取低质

---

① 周运清、刘莫鲜:《社会资本在农村劳动力流动中的负面效应分析》,《江汉大学学报(人文科学版)》2004 年第 3 期,第 5—8 页。

② 陈柳钦:《社会资本及其主要理论研究观点综述》,《东方论坛》2007 年第 3 期,第 84—91 页,第 221 页。

量的工作。美国学者威尔逊等人在对美国城市贫民区居民的研究中发现,处于社会底层的人们由于自身条件的限制,难以在正规劳动力市场通过正式途径找到工作,他们只能依赖自己圈子内的社会关系网络来获取就业信息和机会,但由于相似的生活环境和交往范围,他们身处其中的社会网络成员也多是和本人相似的贫穷无业人员,这些人本来也很少有可能获得质量更高的工作,由此,在社会关系网络内部,成员拥有的社会资本质量是类似的,反复运用这些社会资本,就会形成弱势群体与主流社会恶性循环的隔离状态以及"自我复制"的贫困,难以改变被动和弱势的困境。[①] 从本研究前面对外来农民工社会资本存量的调研来看,外来农民工以亲缘和地缘关系建立起来的关系型社会资本总量不多、质量不高,多集中于亲戚、老乡、朋友这些狭小圈子,在求职过程中使用这些关系型社会资本,极不利于他们获得更优质的求职信息和资源,也就无法获得更高质量的工作,不但没有给他们带来明显的益处,反而只能让他们获得收入不高、条件不好、质量较差的工作,制约他们经济收入、生活水平的提高,使他们一直处于较低层次的社会地位且难以提升,弱化他们在城市社会的认同感和归属感。反复过度利用关系型社会资本,还会使外来农民工一直局限在自己狭小的圈子里,与城市社区和居民较少互动,制约他们与城市居民的正常接触和交往,阻碍其城市融入。

　　基于过度使用关系型社会资本的一系列弊端,必须引导外来农民工和城市市民适度使用社会资本,以最大限度发挥社会资本的积极作用。本研究认为,弱化对关系型社会资本的过度使用,关键要做好以下三方面:第一,要积极改革完善劳动力市场,尽快建立真正统一、公平、高效的劳动力市场,为外来农民工求职就业及时提供信息和资源,让他们能够比较方便地通过劳动力市场这一正规途径实现最佳的岗位配置,实现资源配置最优化;第二,要通过知识、学历教育和职业技能培训等方式,不断提高外来农民工的求职竞争力,提高他们以人力资本获取理想工作的能力,帮助他们走出依靠低质量社会资本获取低质量工作岗位、运用社会资本陷入社会隔离的反复,逐步融入城市社会主流;第三,要充分发挥制度型社会资本的作用,制度型社会资本产生并形成于国家政府及有关部门,存在于法律法规和制度政策之中,具有较高的权威性和强制力,是推动外来农民工实现城市融入最有效的一部分社会资本。显而易见的是,如果制度型社会资本能够完全解决外来农民工的基本问题,他们将不会进行更多投资去使用关系型社会资本。因此,积极培育和完善制度型社会资本,充分发挥制度型社会资本的作用,是弱化过度使用关系型社会资本最根本、最有效的途径。

三、规范外来农民工非正式组织是限制社会资本消极作用的关键

　　外来农民工在城市获取各类资源以求立足和发展,各类社会资本对他们而言都有不可或缺的作用,刚刚进入城市的他们主要利用的社会资本首先是关系型社会资本。基于

[①] 赵延东:《再就业中的社会资本:效用与局限》,《社会学研究》2002 年第 4 期,第 43 - 54 页。

情感沟通交流、经济利益获取、政治诉求表达的需要,他们会自发形成一些非正式组织,作为在城市实现行动目标的关系型社会资本加以利用,这种非正式组织在外来农民工城市工作生活中具有极大影响力,若使用不当,会成为社会资本消极作用产生的主要来源。由此,规范和引导外来农民工非正式组织的发展和活动是限制社会资本消极作用的关键。

第一,要规范外来农民工非正式组织。非正式组织是指成员为了满足人际交往、感情交流、利益实现和诉求表达等社会需要,在共同的工作和生活过程中自发凝聚而成、靠非正式规则联结的、独立于正式组织之外的社会群体。非正式组织虽然没有官方正式的名称和法律地位,但是有共同的目标、有相同的利益、有非正式的规则。社会转型时期出现的新社会群体会自发形成新的社会组织来满足自我需求、维护自身利益。外来农民工作为城市化、现代化进程中出现的过渡性社会阶层,在城市社会作为一个特殊群体与其他群体的社会交往遇到明显阻碍,城市社会对外来农民工的接纳度不足以满足他们所需要的社会支持。为实现自身基本利益和满足自我需求,外来农民工自发形成了一些非正式组织,比如老乡群、亲友群、工友群等。农民工非正式组织基于特定的需要自发形成,具有明显的临时性、松散性、集团性和非正式性。① 这些非正式组织能够为实现组织内成员的共同目标而集体行动,能够为组织内成员的经济权益实现、情感沟通交流、诉求集体表达等需求提供支持和帮助,也能够在一定程度上补充正式组织在解决农民工问题时的不足,在公共服务供给、社会秩序维系、冲突矛盾化解等方面都能够发挥积极作用。但其负面作用也不可忽略:非正式组织以组织成员的利益实现为首要行动目标,具有一定的狭隘性,过度依靠非正式组织,容易形成外来农民工的小圈子,制约他们与城市人的交往和接触,使他们更加独立于城市社会,会强化他们与城市社会和市民的分歧与隔阂,制约他们在城市的融入;依靠外来农民工非正式组织的资源去求职,还可能会限制他们的收入水平,制约他们生活水平和消费水平的提高,阻碍他们对城市社会的认同和归属;由于这些组织的相对封闭性,还可能在行动中与正式组织产生冲突,从而影响社会和谐。由此,需要对外来农民工非正式组织进行规范和引导,一方面要引导外来农民工非正式组织规范内部的规则和制度,提升组织行动的规范性,以更好发挥组织自身作用;另一方面要引导外来农民工非正式组织合理合法规范地获取资源、实现权益,与正式组织进行合理有序的互动以形成合力。

第二,要引导外来农民工加入正式组织。外来农民工之所以通过非正式组织谋求利益和实现需求,是因为他们没有在正式组织之中,或通过正式组织实现需求的成本较高,或有些需求很难通过正式组织来实现。规范非正式组织以制约社会资本的消极作用,关键是要引导他们加入工会等正式组织,通过正式组织实现更多利益追求。现在的用工企业基本都有自己的工会组织,但是,一方面,现有工会的组织模式不利于外来农民工维

① 刘小年:《农民工的组织状况研究》,《中国劳动关系学院学报》2008 年第 10 期,第 62 - 65 页。

权,另一方面,外来农民工流动性很大,他们很多从事快递外卖、餐饮娱乐、物流运输等灵活就业岗位,很难参加工会组织。基于这种现实情况,一方面要探索尝试工会组织活动模式的改革,同时积极引导外来农民工加入所在单位的工会组织,最大限度发挥工会维护外来农民工权益方面的作用。2020 年浙江省通过《浙江省实施〈中华人民共和国工会法〉办法》(以下简称《办法》),对农民工加入工会组织做出进一步规定,要求全省各单位不得拒绝农民工加入工会,凡是与本单位存在劳动关系的农民工,不论户籍归属在哪里,不论和企业之间是什么样的用工形式,不论在本单位工作时间是长是短,都要把他们依法组织到工会中来。① 浙江省还规定工会在企业各类评选活动中具有提供相应意见的权利,以督促企业积极吸纳农民工加入工会组织。浙江省非公企业数量较多,非公企业里农民工入会的比例还不高,为促使更多的外来农民工更快地加入工会组织,还应该在落实《办法》上加大力度,监督所有用工企业依法建立工会组织,并将本单位的所有外来农民工纳入工会组织。现在很多外来农民工从事灵活岗位,没有可以直接依托和参加的工会组织,所以在他们融入城市的过渡时期,为最大限度为他们提供维护权益和实现需求的正式组织,城市相关部门还要积极引导建立省属、市属或区属的农民工工会组织,针对性地为他们提供服务。当前,全国范围内很多地方都在尝试成立农民工工会,浙江省内的农民工联合工会也呈发展之势,全省在各市县都应主导成立农民工联合工会,把没有加入工会的农民工都吸纳到农民工联合工会中来,同时也不拒绝已经加入了本单位工会的农民工,通过农民工联合工会帮助农民工解决此前只能通过非正式组织才能解决的问题,从而弱化甚至是抵消外来农民工过度使用非正式组织产生的消极作用。

第三,以正式组织作用弥补外来农民工非正式组织的不足。对外来农民工而言,非正式组织在帮助他们实现经济利益、生活发展需求等方面的作用是不可否定的,引导他们加入工会等正式组织,并不意味着现阶段就要否定和消除外来农民工非正式组织,而是应该一方面规范和引导外来农民工合理适度利用非正式组织,一方面加大正式组织解决外来农民工问题的力度和实效。这里讲的正式组织是指广义上的正式社会组织,包括政府、工会、党支部、共青团、妇联、社区等。外来农民工在城市社会的过渡阶段,因为群体的特殊性,在求职工作、经济收入、职业提升、子女教育、社会保障、住房安全、就医看病等方面都有不同于城市市民的特点和需求,城镇化进程中的外来农民工问题是复杂的,不可能仅靠某一部门、某一组织单方面在短时间内就能够解决。政府部门、党支部、妇联、社区等正式组织资源多、力量强,是解决外来农民工问题的根本依托,各正式组织要立足城市化、现代化的高度,将外来农民工作为工作的重要对象,将解决外来农民工的问题置于工作规划的重要地位。各级各类正式组织和外来农民工非正式组织相互配合、彼此互补,解决城市社会融入中的各类问题,最终帮助外来农民工实现市民化。

---

① 见浙江省总工会网,《浙江省实施〈中华人民共和国工会法〉办法》,https://www.zjftu.org/page/zj_zgh/zj_zcwj/zgh_zcwj_zcwj/2017-08-07/3630434983755198.html。

浙江省外来农民工城市融入
状况调查问卷

亲爱的朋友:

您好!

为了解在浙江省的外来农民工对务工所在地的社会认同和融入状况,为促进外来农民工社会融入提供实证资料和借鉴,特开展此次随机问卷调查。本问卷是无记名问卷,纯学术调研,谢谢您的配合!

所有问题均为单项选择,请在您最认可的一个选项序号上打"√":

1. 您的户籍所在地:
   ① 浙江省内　② 浙江省外

2. 您的性别:
   ① 男　② 女

3. 您的出生年份:
   ① 1980 年前　② 1980—1990 年间　③ 1990 年后

4. 您的文化程度:
   ① 初中及以下　② 高中　③ 大专及以上

5. 您来浙江务工的目的:
   ① 赚钱　② 发展　③ 定居

6. 您来浙江省务工,是一个人进城还是家庭成员所有人进城?
   ① 一个人　② 举家进城

7. 您认为自己目前的身份是什么?
   ① 农村人　② 城市人　③ 说不清楚

8. 您每月的月收入是多少?
   ① 3 000 元以下　② 3 000—5 000 元　③ 5 000—6 000 元　④ 6 000 元以上

9. 您每月的消费支出是多少?
   ① 3 000 元以下　② 3 000—5 000 元　③ 5 000 元以上

10. 您在浙江省内务工的住房是:

    ① 租住　② 自有　③ 职工宿舍

11. 您喜欢自己现在工作的这座城市吗?

    ① 喜欢　② 不喜欢　③ 一般

12. 您觉得自己与城市居民相比较最大的差异是什么?

    ① 经济条件差　　　② 社会地位低　　　③ 缺乏社会保障

    ④ 生活习惯不同　　⑤ 工作条件差

13. 您是否打算在浙江省长期定居?

    ① 打算长期定居　② 不打算长期定居　③ 还没想好

14. 您觉得自己长期定居城市最大的困难是什么?

    ① 无住房　　　② 收入低　　　③ 子女教育难

    ④ 社会保障不够　⑤ 没有城镇户口　⑥ 就业机会少

15. 您对在浙江省务工的就业状况和收入水平满意吗?

    ① 满意　② 不满意

16. 您所在社区是否有为外来务工人员提供的针对性公共服务活动?

    ① 有　② 没有

17. 您是否经常参与所在社区的文化体育等公共活动?

    ① 经常参加　② 不经常参加　③ 从不参加

18. 您了解浙江省已有的与农民工相关的制度和政策吗?

    ① 了解得很全面　② 了解得不多　③ 完全不了解

19. 您对浙江省目前保障农民工权益的已有做法是否满意?

    ① 满意　② 不满意　③ 不太了解

20. 您认为所在城市提供的公共服务能满足您的需求吗?

    ① 基本满足　② 不满足　③ 完全不符合

21. 您对自己子女在所在城市的上学情况是否满意?

    ① 满意　② 不满意

22. 您对在浙江省内务工的生活满意吗?

    ① 满意　② 不满意

23. 您是否觉得自己和所在社区居民的基本权利无差别?

    ① 基本无差别　② 差别很明显　③ 差别特别大

24. 您觉得决定您是否定居务工地的最主要的影响因素是什么?

    ① 收入状况　② 就业和职业培训　③ 子女教育　④ 社会保险　⑤ 文化生活

    ⑥ 住房情况　⑦ 维护农民工权益的相关法律制度　⑧ 城市社会的接纳度

25. 如果您是浙江省外务工人员,您是否准备成为一名"新浙江人"?

    ① 准备成为"新浙江人"　② 不准备成为"新浙江人"　③ 还不确定

26. 您最希望当地政府提供的公共服务是什么？
　　① 免费的公共文化服务　② 和城市居民无差别的社会保障　③ 职业技能培训
　　④ 丰富求职信息　⑤ 子女在城市平等的受教育机会　⑥ 其他

关于外来农民工社会融入影响因素的调查问卷

您好!

为了解影响浙江省外来农民工实现社会融入的因素,特开展此次随机问卷调查。本问卷属学术调研,是无记名问卷,谢谢您的配合!

所有问题均为单项选择,请在您最认可的一个选项序号上打"√":

1. 您的户籍所在地:
   ① 浙江省内　② 浙江省外

2. 您的性别:
   ① 男　② 女

3. 您的出生年份:
   ① 1980 年前　② 1980—1990 年间　③ 1990 年后

4. 您的文化程度:
   ① 初中及以下　② 高中　③ 大专及以上

5. 您来浙江务工的目的:
   ① 赚钱　② 发展　③ 定居

6. 您的婚姻状况:
   ① 已婚　② 未婚

7. 您来浙江务工的时间:
   ① 一年以下　② 一年以上、三年以下　③ 三年以上

8. 您认为经济收入(工资)在您的城市生活中有多重要?
   ① 非常重要　② 比较重要　③ 不太重要

9. 您觉得在城市是否拥有属于自己的住房影响您定居城市的选择吗?
   ① 非常影响　② 一般影响　③ 不影响

10. 您认为在城市能否拥有稳定的工作影响您定居城市的决定吗?
    ① 非常影响　② 一般影响　③ 不影响

11. 您认为在城市社会和谐的人际关系重要吗?

① 非常重要　② 比较重要　③ 不太重要

12. 您认为业余文化生活在您的城市生活中重要吗？
　　① 非常重要　② 比较重要　③ 不太重要

13. 您认为子女在城市受教育的情况影响您定居城市吗？
　　① 非常影响　② 一般影响　③ 不影响

14. 您觉得在城市是否有社会保险重要吗？
　　① 非常重要　② 比较重要　③ 不太重要

15. 城市居民对外来农民工的态度影响您定居城市吗？
　　① 非常影响　② 一般影响　③ 不影响

16. 您觉得落户城市这个问题重要吗？
　　① 非常重要　② 比较重要　③ 不太重要

17. 您觉得城市对外来农民工的制度政策影响您定居城市吗？
　　① 非常影响　② 一般影响　③ 不影响

18. 您对自己在城市的生活状况满意吗？
　　① 非常满意　② 一般满意　③ 不太满意

浙江省外来农民工社会融入情况个案访谈提纲

一、外来农民工对城市社会融入的个人期待方面

1. 您是否打算在浙江省内长久定居？

2. 您想成为浙江省内的正式市民吗？

3. 您已经具备了哪些定居浙江省内的条件？

二、关于外来农民工社会融入的影响因素

1. 您觉得决定您是否定居务工地的最主要因素是什么？

2. 您对在城市里的个人家庭生活状况满意吗？有什么突出的问题？有什么特别的期待？

3. 您对户籍问题是怎么看的？

4. 平时和城市居民的关系怎么样？有没有经常性来往？

5. 城市居民比较优越的工作和生活条件对您有影响吗？

6. 在决定自己是否定居浙江省的因素里面,本人的个人因素和城市社会的外来因素,您认为哪个最具决定作用？

三、对浙江省为外来农民工提供的保障和条件方面的了解程度、利用程度和满意程度方面

1. 您所了解的浙江省为外来农民工提供的保障和支持有哪些？

2. 您是否在主动利用这些保障和支持？是觉得雪中送炭？还是锦上添花？

3. 您觉得目前浙江省在外来农民工服务方面哪些做得比较好？

4. 在您期待的公共服务方面,您觉得浙江省在哪些方面特别需要改进和完善？

四、外来农民工对自身社会融入状况的自我认知和感受方面

1. 您觉得自己在城市里是什么样的地位？

2. 您对城市文化观念和生活方式是否完全适应和接受？

3. 您觉得自己和城市居民最大的不同(或者差别)是什么？

4. 您觉得城市社会和居民完全接纳你们吗？

References

参考文献

[1] Bourdieu. P：The forms of social capital [M]. New York：Greenwood Press，1986.

[2] 燕继荣. 投资社会资本——政治发展的一种新维度[M]. 北京：北京大学出版社,2006.

[3] 林南. 社会资本——关于社会结构与行动的理论[M]. 上海：上海人民出版社,2005.

[4] 燕继荣. 社会资本与国家治理[M]. 北京：北京大学出版社,2015.

[5] 谢建社. 新生代农民工融入城镇问题研究[M]. 北京：人民出版社,2011.

[6] W.L.托马斯,F.兹纳涅茨基. 身处欧美的波兰农民[M]. 张友云,译. 南京：译林出版社,2000.

[7] 清华大学社会学系. 农民工：社会融入与就业——以政府、企业和民间伙伴关系为视角[M]. 北京：社会科学文献出版社,2008.

[8] 康红梅. 农民工城市认同与市民化意愿研究[M]. 北京：社会科学文献出版社,2018.

[9] 浙江政务服务网. 浙江省人民政府关于解决农民工问题的实施意见(浙政发〔2006〕47号)[EB/OL]. (2006-09-04)[2021-12-13]. http://www.zj.gov.cn/art/2006/9/4/art_1229591319_64343.html.

[10] 冷向明,徐元元. 城市融入：促进农民工市民化的社区治理创新研究——以浙江省Z社区为例[J]. 领导科学论坛,2016(4)：66-75.

[11] 李惠斌,杨雪东. 社会资本与社会发展[M]. 北京：社会科学文献出版社,2000.

[12] 科尔曼. 社会理论的基础[M]. 邓方,译. 北京：社会科学文献出版社,1990.

[13] 福山. 信任[M]. 呼和浩特：远方出版社,1998.

[14] 托马斯·福特·布朗. 社会资本理论综述[J]. 马克思主义与现实,2000(2)：41-46.

[15] 杨雪冬. 社会资本：对一种新解释范式的探索[J]. 马克思主义与现实,1999(3)：51-59.

[16] 方向新. 农民工城市融入问题研究[M]. 人民出版社,2019.

［17］朱斌.论社会关系对教育收益率的影响——兼评社会资本的消极作用［J］.社会学评论，2015（2）：77－88.

［18］赵凌云.争议与解决途径——再论社会资本的功能［J］.内蒙古社会科学，2008（4）：117－120.

［19］钱芳.强关系型社会资本和弱关系型社会资本对农民工就业质量的影响［J］.甘肃社会科学，2014（1）：56－59.

［20］龙欢，王翠绒.社会资本理论的争辨与整合［J］.湖南农业大学学报（社会科学版），2016（5）：49－54.

［21］李笑晓，支文.基于"推拉理论"的农民工流动分析［J］.科技经济导刊，2019（2）：23－29.

［22］吕晓健，韩福国.社会转型中的非正式组织变迁——以义乌农民工组织为个案的研究［J］.中共浙江省委党校学报，2009（2）：95－101.

［23］周晨虹.社会资本理论在西方社区发展实践中的应用［J］.学术交流，2015（6）：169－174.

［24］汝信，陆学艺，李培林.社会蓝皮书：2012年中国社会形势分析与预测［M］.北京：社会科学文献出版社，2011.

［25］李培林，陈光金，王春光.社会蓝皮书：2020年中国社会形势分析与预测［M］.北京：社会科学文献出版社，2020.

［26］国家统计局网.第七次全国人口普查公报（第七号）［EB/OL］.（2021－05－19）［2021－12－13］.http://www.stats.gov.cn/ztjc/zdtjgz/zgrkpc/dqcrkpc/ggl/202105/t20210519_1817700.html.

［27］新华网.习近平：在庆祝中国共产党成立一百周年大会上的讲话（2021年7月1日）［R/OL］.（2021－07－01）［2021－12－15］.http://www.xinhuanet.com/2021-07/01/c_1127615334.htm.

［28］中国政府网.中共中央国务院关于支持浙江高质量发展建设共同富裕示范区的意见（2021年5月20日）［EB/OL］.（2021－06－10）［2021－12－13］.http://www.gov.cn/zhengce/2021-06/10/content_5616833.htm.

［29］浙江新闻网.浙江高质量发展建设共同富裕示范区实施方案（2021—2025年）》［EB/OL］.（2021－07－19）［2021－12－14］.https://zjnews.zjol.com.cn/202107/t20210719_22819041.shtml.

［30］国家统计局网.第七次全国人口普查公报（第三号）［EB/OL］.（2021－05－19）［2021－12－15］.http://www.stats.gov.cn/ztjc/zdtjgz/zgrkpc/dqcrkpc/ggl/202105/t20210519_1817696.html.

［31］田凯.关于农民工的城市适应性的调查分析与思考［J］.社会科学研究，1995（5）：90－95.

[32] 四川机关党建网. 王兆国在中国工会第十四次全国代表大会上的报告[R/OL]. (2008 - 05 - 06)[2021 - 12 - 15]. http://www.scjgdj.gov.cn/B000000095/200805/41845.html.

[33] 中国政府网. 2004 年中央"1 号文件":《中共中央国务院关于促进农民增加收入若干政策的意见》[EB/OL]. (2005 - 07 - 04)[2021 - 12 - 31]. http://www.gov.cn/test/2005-07/04/content_11870.htm.

[34] 中国政府网. 国家统计局. 2016 年农民工监测调查报告[R/OL]. (2017 - 04 - 28)[2021 - 12 - 31]. http://www.gov.cn/xinwen/2017-04/28/content_5189509.htm#1.

[35] 刘传江,徐建玲. 第二代农民工及其市民化研究[J]. 中国人口、资源与环境. 2007(1):6 - 10.

[36] 褚清华,杨云彦. 农民工社会融合再认识及其影响因素分析[J]. 人口与发展,2014(4):28 - 36.

[37] 张文宏,雷开春. 城市新移民社会融合的结构、现状与影响因素分析[J]. 社会学研究,2008(5):117 - 141.

[38] 杨菊华. 从隔离、选择融入到融合:流动人口社会融入问题的理论思考[J]. 人口研究,2009(1):17 - 29.

[39] 王佃利,刘保军,楼苏萍. 新生代农民工的城市融入——框架建构与调研分析[J]. 中国行政管理,2011(2):111 - 115.

[40] Donald J. Bague. Principles of Demography [M]. New Jersey:JohnWiley & Sons,Inc,1969.

[41] Everett S. Lee. A theory of Migration [J]. Demography,1966(1):47.

[42] 方永丽,胡雪萍. 农业转移人口市民化进程中的"推力——拉力"分析[J]. 中国农业资源与区划,2017(8):169 - 175,182.

[43] 黄少安,孙涛. 中国的"逆城市化"现象:"非转农"——基于城乡户籍相对价值变化和推拉理论的分析[J]. 江海学刊,2012(3):90 - 96.

[44] 刘庆乐. 推拉理论、户籍制度与中国城乡人口流动[J]. 江苏行政学院学报,2015(6):70 - 75.

[45] 许恒周,殷红春,石淑芹. 代际差异视角下农民工乡城迁移与宅基地退出影响因素分析——基于推拉理论的实证研究[J]. 中国人口·资源与环境,2013(8):75 - 80.

[46] 李斌,吴书胜,朱业. 农业技术进步、新型城镇化与农村剩余劳动力转移——基于"推拉理论"和省际动态面板数据的实证研究[J]. 财经论丛,2015(10):3 - 10.

[47] 常桂祥,傅蓉. 布尔迪厄、科尔曼和帕特南的社会资本理论比较分析[J]. 中共济南市委党校学报,2021(2):37 - 44.

[48] 李伟. 农民工城市融入问题研究综述[J]. 经济研究参考,2014(30):38 - 49.

[49] 科尔曼.社会理论的基础[M].北京:社会科学文献出版社.1990.

[50] 周晔馨.社会资本与农民收入[M].北京:北京大学出版社,2017.

[51] 肖慧等.社会资本促进农民工幸福感的提高——基于 CLDS 2016 调查数据[J].云南农业大学学报(社会科学),2021(3):21 - 27.

[52] 张敏等.社会资本对农民工心理健康的影响——基于福建省农民工的调查[J].福建农业大学学报(哲学社会科学版),2021(2):80 - 89.

[53] 杨政怡等.社会资本与新生代农民工就业质量研究——基于人情资源和信息资源的视角[J].青年研究,2021(2):17 - 31 + 94 - 95.

[54] 吴玉锋等.从"结构"到"认知":社会资本与流动人口社会融合——基于 2014 年中国劳动力动态调查数据[J].人口与发展,2019(5):111 - 122.

[55] 丁士军等.异质性社会资本对农民工城市融入水平的影响——基于鄂粤两省农民工的调查数据[J].新疆农垦经济,2020(9):62 - 70.

[56] 林南.社会资本[M].张磊,译.上海:上海人民出版社,2005.

[57] Putnam R. Making democracy work [M]. Princeton:Princeton University Press,1993:31.

[58] 帕特南.使民主运转起来[M].南昌:江西人民出版社.2001.

[59] 陆迁.社会资本综述及分析框架[J].商业研究,2012(2):141 - 145.

[60] Hanifan L.J. The Community Center [M]. Boston:Silver,Burdette,and Co,1916.

[61] 詹姆斯·科尔曼.社会理论的基础[M].邓方,译.北京:社会科学文献出版社,1999:371.

[62] 张其仔.社会资本论——社会资本与经济增长[M].北京:社会科学文献出版社.2002.

[63] 卜长莉.社会资本与吉林省的经济发展[J].新长征,2002(10):27 - 28.

[64] 卜长莉.社会资本与社会和谐[M].北京:社会科学文献出版社,2005.34.

[65] 周建国.社会资本及其获取途径[M].上海交通大学学报(哲学社会科学版),2005(6):31 - 37.

[66] 牛喜霞,邱靖.社会资本及其测量的研究综述[J].理论与现代化,2014(3):119 - 127.

[67] 弗朗西斯·福山.大分裂:人类本性与社会秩序的重建[M].刘榜离等译.北京:中国社会科学出版社,2002:18.

[68] 帕特南.使民主运转起来[M].南昌:江西人民出版社,2001.

[69] PORTES A. The Economic Sociology of Immigration:A Conceptual Overview [A]. Portes. The Economic Sociology for Immigration:Essays on Networks,Ethnnicity and Entrepreneurship [C]. New York:Russell Sage

Foundation，1995.

[70] 杨雪冬,李惠斌.社会资本于社会发展[M].社会科学文献出版社,2000.

[71] 边燕杰,丘海雄.企业的社会资本及其功效[J].中国社会科学,2002(2):87-99.

[72] 肖冬平,顾新.知识网络中的社会资本及其作用[J].科技进步与对策,2009(6):101-104.

[73] 福山.信任——社会道德与繁荣的创造[M].呼和浩特:远方出版社,1998.

[74] 田凯.科尔曼的社会资本理论及其局限[J].社会科学研究,2001(1):90-99.

[75] BOURDIEU P. The forms of capital [M]//RICHARDSON J. Handbook of Theory and Research for the Sociology of Education. Westport，CT：Greenwood，1986:241-58.

[76] 詹姆斯·科尔曼.社会理论的基础[M].北京:社会科学文献出版社,1999.

[77] 刘豪兴.社会学概论[M].北京:高等教育出版社,2019.

[78] 常桂祥.社会资本的特性与构成要素探析[J].中共济南市委党校学报,2020(2):83-88.

[79] 詹姆斯·S.科尔曼.社会理论的基础(上)[M].邓方,译.北京:社会科学文献出版社,2008.

[80] 杨东柱.帕特南的社会资本理论解析[J].理论界,2017(4):10-15.

[81] 林南.社会资本——关于社会结构与行动的理论[M].张磊,译.上海:上海人民出版社,2005.

[82] 李培林.农民工:中国进城农民工的经济社会分析[M].北京:社会科学文献出版社,2003.

[83] 刘传江,周玲.社会资本与农民工的城市融合[J].人口研究,2004(5):12-18.

[84] 悦中山等.从"先赋"到"后致":农民工的社会网络与社会融合[J].社会,2011(6):130-152.

[85] 童雪敏,晋洪涛,史清华.农民工城市融入:人力资本和社会资本视角的实证研究[J].经济经纬,2012(5):33-37.

[86] 徐美银.人力资本、社会资本与农民工市民化意愿[J].华南农业大学学报(社会科学版),2018(4):53-63.

[87] 国家统计局网.2020年农民工监测调查报告[R/OL].(2021-04-30)[2021-12-31]. http://www. stats. gov. cn/xxgk/sjfb/zxfb2020/202104/t20210430_1816937.html.

[88] 安尼鲁德·克里希纳.创造与利用社会资本[M]//帕萨·达斯吉普特,伊斯梅尔·撒拉格尔丁.社会资本:一个多角度的观点.北京:中国人民大学出版社,2005.

[89] 中国政府网.2014年国务院政府工作报告[R/OL].(2014-03-05)[2021-12-31].http://www.gov.cn/guowuyuan/2014zfgzbg.htm.

［90］ Portes. Alejandro. Social Capital：Its Origins and Applications in Modern Sociology［M］. Annual Review of Sociology，1998，24：1－24.

［91］ 国家统计局网.2017 年农民工监测调查报告［R/OL］.（2018－04－27）［2021－12－31］，http：//www. stats. gov. cn/tjsj/zxfb/201804/t20180427＿1596389. html.

［92］ 中国政府网.国务院关于进一步推进户籍制度改革的意见（国发（2014）25 号［EB/OL］.（2014－07－30）［2021－12－31］，http：//www. gov. cn/zhengce/content/2014-07/30/content_8944. htm.

［93］ 中国政府网.国务院办公厅关于积极稳妥推进户籍管理制度改革的通知（国办发〔2011〕9 号）［EB/OL］.（2012－02－23）［2022－1－15］，http：//www. gov. cn/zwgk/2012-02/23/content_2075082. htm.

［94］ 浙江省统计局网.浙江省第七次人口普查主要数据（新闻发布稿）［EB/OL］.（2021－05－13）［2022－01－15］，http：//tjj. zj. gov. cn/art/2021/5/13/art_1229129213_4632760. html.

［95］ 张文宏,雷开春.城市新移民社会认同的结构模型［J］.社会学研究,2009（4）：61－87.

［96］ 董志勇,戴圣涛.城乡流动、户籍转换与社会地位认同感［J］.理论经济,2021（3）：5－19.

［97］ 全国总工会新生代农民工问题课题组.关于新生代农民工问题的研究报告［J］.江苏纺织,2010,（8）:8－11.

［98］ 中国政府网.人力资源社会保障部关于印发农民工稳就业职业技能培训计划的通知（人社部函〔2020〕48 号）［EB/OL］.（2020－06－02）［2022－01－18］,http：//www. gov. cn/zhengce/zhengceku/2020-06/02/content_5516681. htm.

［99］ 人民网.严重拖欠农民工工资将被列入失信联合惩戒名单［J/OL］.（2021－11－22）［2022－2－10］,http：//bj. people. com. cn/n2/2021/1122/c82840-35015765. html.

［100］中国政府网.人力资源社会保障部等十部门关于印发《工程建设领域农民工工资专用账户管理暂行办法》的通知（人社部发〔2021〕53 号）［EB/OL］.（2021－07－15）［2022－02－11］，http：//www. gov. cn/zhengce/zhengceku/2021/07/15/content_5625083. htm.

［101］杭州市公安局网.浙江省公安厅.《浙江省常住户口登记管理规定》［EB/OL］.（2021－08－24）［2022－02－11］,http：//police. hangzhou. gov. cn/art/2021/8/24/art_1229559258_1736976. html.

［102］杭州市人民政府门户网.关于贯彻执行浙江省司法厅、浙江省人力社保厅、浙江省总工会《关于加强农民工法律援助工作的意见》的通知［EB/OL］.（2021－08－30）

[2022 - 02 - 15]，http：//www. hangzhou. gov. cn/art/2021/8/30/art _ 1229063383_1740633. html.

[103] 蔡昉. 新型城镇化与新发展格局[J/OL]. (2020 - 10 - 23)[2022 - 02 - 15]，https：//baijiahao. baidu. com/s? id = 1681249371934797077&wfr = spider&for = pc.

[104] 中华人民共和国民政部网. 关于促进农民工融入城市社区的意见[EB/OL]. (2011 - 12 - 23)[2022 - 02 - 16]，http：//xxgk. mca. gov. cn：8011/gdnps/pc/content. jsp? id = 13892&mtype = 1.

[105] 中国政府网. 国家发展改革委办公厅关于督察《推动1亿非户籍人口在城市落户方案》落实情况的通知[EB/OL]. (2018 - 10 - 11)[2022 - 02 - 16]，http：//www. gov. cn/xinwen/2018-10/11/content_5329523. htm.

[106] 中国政府网. 国务院办公厅关于转发人力资源社会保障部财政部城镇企业职工基本养老保险关系转移接续暂行办法的通知[EB/OL]. (2009 - 12 - 29)[2022 - 02 - 16]，http：//www. gov. cn/zwgk/2009-12/29/content_1499072. htm.

[107] 中国政府网. 国务院关于整合城乡居民基本医疗保险制度的意见[EB/OL]. (2016 - 01 - 12)[2022 - 02 - 17]，http：//www. gov. cn/zhengce/content/2016-01/12/content_10582. htm.

[108] 宁波民工社区留住民工的心[N]. 解放日报，2006 - 2 - 17(07).

[109] 郎晓波. "乡城"迁移视野下农民工城市融入的代际差异和社区支持[M]. 浙江大学出版社，2019.

[110] 徐伟. 社会组织参与农民工维权作用与路径分析[J]. 山东理工大学学报，2019(3)：41 - 46.

[111] 王毅杰，倪云鸽. 流动农民社会认同现状探析[J]. 苏州大学学报(哲学社会科学版)，2005(2)：49 - 57.

[112] 徐伟. 社会组织参与农民工维权作用与路径分析[J]. 山东理工大学学报，2019(3)：41 - 46.

[113] 中国政府网. 中共中央　国务院关于加强基层治理体系和治理能力现代化建设的意见[EB/OL]. (2021 - 07 - 11)[2022 - 02 - 17]. http：//www. gov. cn/zhengce/2021-07/11/content_5624201. htm.

[114] 中国政府网. 浙江深化"最多跑一次"改革：持续发力打破"信息孤岛"[J/OL]. (2018 - 05 - 08)[2022 - 02 - 22]. http：//www. gov. cn/xinwen/2018-05/08/content_5289244. htm.

[115] 中国政府网. 浙江省保障"最多跑一次"改革规定[EB/OL]. (2019 - 09 - 03)[2022 - 02 - 23]. http：//www. gov. cn/xinwen/2019-09/03/content_5426859. htm.

[116] 浙江政务服务网. 浙江省人民政府关于印发浙江省深化"最多跑一次"改革推进政

府数字化转型工作总体方案的通知[EB/OL].(2018 – 12 – 28)[2022 – 02 – 23]. http://www.zj.gov.cn/art/2018/12/28/art_1229019364_55369.html.

[117] 袁家军.改革突破争先建设数字浙江[N].人民日报,2021 – 3 – 17(07).

[118] PORTES A. Social Capital:Its Origins and Applications in Modern Sociology [M]. Annual Review of Sociology. 1998.

[119] 高亚春,战梦霞.浙江省农民工享受城镇基本公共服务问题研究[J].实践与探索, 2017(9):20 – 23.

[120] 晋军."外人成本"与过度资本化:消极社会资本理论.清华大学社会学系:《清华社会学评论(特辑2)》[M],厦门:鹭江出版社,2000.

[121] 赵延东.再就业中的社会资本:效用与局限[J].社会学研究,2002(4):43 – 54.

[122] 刘小年.农民工的组织状况研究[J].中国劳动关系学院学报,2008(10):62 – 65.

[123] 孟颖颖.中国农民工城市融合问题研究[M].北京:人民出版社,2018.

[124] 雷开春.城市新移民的社会认同——感性依恋与理性策略[M].上海社会科学院出版社,2011.

[125] 陈静,田甜.社会资本研究综述[J].湖北经济学院学报(人文社会科学版).2019 (2):22 – 35.

[126] 陶金.论社会资本的定义及其属性[J].江汉论坛,2008(1):27 – 29.

[127] 周柏春,娄淑华.公共政策视角下的新生代农民工城市融入问题探究[J].农村经济,2017(8):101 – 107.

[128] 刘艳萍,张卫国.农民工城市融入的包容性分析[J].财经问题研究,2018(8): 121 – 129.

[129] 方向新.农民工城市融入的演变趋向、突出特征与推进策略[J].求索,2019(4): 147 – 156.

[130] 何绍辉.双重边缘化:新生代农民工社会融入调查与思考[J].中国青年政治学院学报,2013(5):64 – 69.

[131] 中国政府网.2018年农民工监测调查报告[R/OL].(2019 – 04 – 30)[2022 – 02 – 21].http://www.gov.cn/xinwen/2019-04/30/content_5387773.htm.

[132] 国家统计局网.2019年农民工监测调查报告[R/OL].(2020 – 04 – 30)[2022 – 02 – 23].http://www.stats.gov.cn/tjsj/zxfb/202004/t20200430_1742724.html.

[133] 刘风,葛启隆.人口流动过程中推拉理论的演变与重塑[J].社会科学动态,2019 (10):26 – 31.

[134] 马克·格兰诺维特.镶嵌:社会网与经济行动[M].罗家德,译.北京:社会科学文献出版社,2015.

[135] 何花.数字政府建设:发展历程、建设内容与创新路径——基于浙江省数字政府建设的分析[J].攀登,2021(6):94 – 102.

［136］浙江省大数据发展管理局.浙江省探路政府数字化转型［J］.中国建设信息化，2020(3):44－47.

［137］中国政府网.国务院关于进一步做好为农民工服务工作的意见［EB/OL］.(2014－09－30)［2022－03－15］.http://www.gov.cn/zhengce/content/2014-09-30/content_9105.htm.

［138］中国政府网.国务院办公厅关于转发人力资源社会保障部财政部城镇企业职工基本养老保险关系转移接续暂行办法的通知［EB/OL］.(2009－12－29)［2022－03－15］,http://www.gov.cn/zhengce/content/2009-12/29/content_8104.htm.

［139］陈柳钦.社会资本及其主要理论研究观点综述［J］.东方论坛,2007(3):84－91.

［140］李丹青.今明两年每年培训农民工七百万人次以上［N］.工人日报,2020－06－02.

［141］郑春颖.企业集群发展中的企业家社会资本作用分析［J］.辽宁师范大学学报(社会科学版),2009(2):41－44.

索　引

后　记

　　本书为浙江省哲学社会科学规划课题《基于社会资本变动的浙江省外来农民工社会融入研究》(项目号：21NDJC164YB)的研究成果。

　　农民工是我国城镇化进程中农村剩余劳动力向城市转移过程中出现的过渡性阶层，农民工问题是中国城镇化、现代化进程中出现的问题，具有突出的中国特点，同时，由于中国经济社会发展中明显存在的区域差别，农民工问题在全国范围内的各地域、各省份也存在明显的差别和地域特点。从农民工流动的方向上来看，东部地区特别是长三角和珠三角地区仍然是农民工净流入地区，中西部地区近年来吸纳农民工就业人数持续增加，但仍然是农民工净输出地。具体到不同地域的各省份、各城市，农民工流动的方向、趋势和特点也各不相同。基于此，各地区、各省份解决农民工问题也会基于本地区具体情况作出不同的应对。

　　笔者多年来一直关注农民工问题，从 2005 年开始陆续发表了一些研究农民工问题的论文，承担过多项以农民工为主题的辽宁省哲学社会科学规划课题、辽宁省教育厅人文社会科学项目和浙江省哲学社会科学规划课题，其中多项课题基于社会资本视角研究了不同地域、不同方面的农民工具体问题，这些研究为本书提供了资料积累和理论支撑。

　　此项研究的顺利开展和成果形成来之不易，课题的申报、立项、研究、结题，到本书的撰写、修改和定稿，得到了各方面的支持和帮助，在此向他们表示最诚挚的谢意。

　　感谢浙江省哲学社会科学规划办的关心支持，感谢课题结题的评审专家给予的鼓励和认可，感谢众多专家学者和同行同事的指点与帮助。

　　感谢本研究的课题组成员和所有参与者，本研究汇集了课题组成员的辛苦付出，在课题研究过程中，课题组成员对浙江省外来农民工实际拥有的社会资本存量和外来农民工社会融入状况进行问卷调查和实地访谈，并对调研数据和信息等资料进行整理分析，成为本书重要的参考和引证内容。

　　感谢那些愿意接受问卷调查和个案访谈的农民工朋友，是他们的积极参与、真心倾诉和认可同意，才有了书中具体的研究数据和案例资料。而且，这些农民工朋友对实际问题的倾诉和对未来的美好期待与向往，也为本研究提供了很多灵感和思路。感谢他们对本研究的大力支持，感动于他们为立足城市的努力奋斗，也祝福他们通过自身的艰辛付出和各界的支持推动,早日实现对美好生活的向往与追求。

感谢辽宁谨思律师事务所艾国春律师为本研究提供的专业法律咨询,感谢上海大学法学院研究生艾思源同学在本研究实证调研中付出的辛勤劳动。

感谢上海交通大学出版社编辑老师为本书倾注的大量心血,她严谨、细致的工作作风以及对书稿认真的审阅和校对为本书增色不少,也使得本书能够如期顺利出版。

当然,由于作者水平所限,书中难免存在一些疏漏和不足之处,敬请读者批评指正。

滕丽娟

2022 年 5 月